負けへんで！

東証一部上場企業社長vs地検特捜部

山岸 忍

文藝春秋

負けへんで！　東証一部上場企業社長vs地検特捜部

目次

負けへんで！

東証一部上場企業社長vs地検特捜部

プロローグ　社長、逮捕される

「チーママ」と呼ばれた女検事

取調べ担当の山口智子検事は、

「ちょっと待っててね」

軽やかに言い残すと、シャツの上に羽織った真っ白なカーディガンをひるがえし、検事室を出た。

大阪地検特捜部の捜査官という肩書きだけだと、こわもてのように感じるが、彼女はとても気さくで明るく、話題も豊富で長い時間話していても飽きることがない。

彼女が検察庁のなかで「チーママ」という異名を持っていることは知らなかった。

いまから思えば天性の人たらし能力の持ち主だった。

はじめての事情聴取から48日目。

連日のように大阪市福島区にある大阪中之島合同庁舎へ通っていたので、もはや友だちのような感覚である。

この日はほとんどが雑談で、事件のことなど話題にものぼっていない。

すでに知っていることは話し切っていた。

あまりにも同じことを聞かれるので、

「検事さん、頭わるいんですか？　さっきも言いましたやんか」

と冗談で告げたうえ、同様の説明を繰り返したことさえあったほどだ。

自分の会社の従業員が捕まってしまったわけだから、協力は惜しまないつもりだったものの、かなりの頻度で呼び出されていたため、仕事に差し障るようになっている。

「わたしはそんなヒマではないんですよ」

と訴えたこともたびたびだった。

ようやくわかってくれたのかもしれない。

正直、そう思った。

２０１９年12月16日午後６時前のことである。この年も残すところあと２週間あまり。どうしても顔を出さなくてはならない忘年会なども重なり、師走のせわしなさが実感されるころだった。

検事室の椅子に座ったまましばし山口検事の帰りを待つ。

これまでも山口検事は取調べの際、たびたび席を外すことがあった。彼女が「主任」と呼ぶ、今回の捜査の指揮官・蜂須賀三紀雄検事の指示をあおいでいるようだった。

今日はやけに長いな。

そう思っていると、ようやく扉が開く。

上気した表情の彼女が叫んだ。

「社長。こんなん出てしもたやんかぁ。悔しいわぁ。どうする？」

一枚の紙片をピラピラさせる。

「えっ、なんですのん？」

いきなり「こんなん」が「出た」と言われてもなんのことだかわからない。

山口検事が差し出した書面をのぞきこむと、〈逮捕状〉の文字が目に飛び込んできた。

「えー、えー。ウソやん。えー」

「ウソちゃうがな、こんなん出しよったんやん」

どういう意味であるか瞬時に理解できず、何度も紙と山口検事との間で視線を往復させ、彼女の表情を確認していると、
ドカン。

いきなり検事室のドアが開き、数人の男がなだれ込んできた。

ぐるりと囲んでわたしを取り押さえると、手錠をかけ、腰縄をほどこす。

「ウソやん」

口をついて出る言葉はこれしかない。

偽らざるわたしの気持ちだった。


所持品をすべて取り上げられたうえ、いったん手錠を外すと、検事の前に座り、簡単にこれまでの流れを確認された。弁解録取という手続だったらしいのだが、動揺していることもあり、なにを聞かれたのかほとんど覚えていない。

ただ、

「ごはん、食べられますのん？」

と尋ねたことだけは記憶に残っている。

「もう、この時間やったら拘置所では食べられへんから、５００円までで、おにぎり買ってきてあげるわぁ。あと、予算のなかでなんかほしいもん、ある？」

「じゃあ、サラダお願いします」

取調べを受ける椅子のうえで、渡されたおにぎりを慌ただしくほおばった。


その後、護送車に乗せられ、大阪拘置所へと連れて行かれる。

マスコミが待ち構えていたようなのだが、

「写真に撮られるのは避けてあげますから」

同乗していた検察事務官は車の外から見えないよう、カーテンを引いてくれた。

到着すると、まずシャワーを浴びるよう命じられる。

真冬なのにメチャクチャ冷たい。

その後は身体検査。

「ケツの穴、見せろ」

「はあ？」

「こうするんや」

複数の看守の前でスッポンポンになったまま四つん這いにさせられた。

「玉入れしてへんな？」

「はあ？」

性器に真珠を入れていないかどうか、尋ねているのだという。

ここは、そういう人たちが来るところなんだとあらためて実感した。

支給された下着と緑色の上っ張り、長ズボンに着替える。もちろん靴も取り上げられた。替わりに履くよう促されたのはボクらが子どものころ、いろいろなところで見かけたビニール製の便所スリッパ。

とにかく自分の身の上に起こっていることに実感がなく、「なんなんや、これは?」という思いばかりがこみ上げてくる。

夢なんじゃないか。

何度もそう思った。

刑務官に連れられ、房へと案内される。

C棟の605号室。

独房だった。

なかに入ると思いのほか寒い。

(こんなとこで寝んならんのか。かなわんなぁ)

いきなりあてがわれた新居に戸惑っていると、ほどなく看守がやって来て、

「1543番、弁護士接見」

と告げられた。

接見室に入ると、中村和洋弁護士、渡邉春菜弁護士、高田脩平弁護士が待っていた。時計がないので正確な時間はわからないが、夜の9時はまわっていただろう。

3人の弁護人とは6日前にはじめて会ったばかりだった。

念のために弁護人選任届は書いておいたのだが、まさか自分自身が容疑者の立場になるなど予

想だにしていなかっただけに、かなり取り乱してしまった。

開口一番、

「これ、どういうことですねん？」

憤然と問いかける。

「あなたは逮捕されました」

「いやいや、だから、どういうこと？　いつ釈放されるんですか？　すぐ出られますか？」

逮捕されたということはわかっている。なにか重大な間違いが起こって誤認されたと思っていたので、そう尋ねたのだった。

「まず被疑事実っていうのを聞かされたと思うんですよ。覚えている範囲で結構ですんで、どういう理由で逮捕されましたか？　共犯は誰って書かれていましたか？」

元検察官である中村弁護士はいたって冷静に問いかけてくる。

「えと、業務上横領と言われました。共謀して21億円横領したと。共犯は小森と山本さんと、あといろんな人がいたと思いますが知らん人です」

思い出せることを伝える。

「もう一回、確認しときますと、山岸さんは知らないということで間違いないんですよね」

「当たり前やないですか」

この点は納得してくれたようだった。

「で、すぐ出られますのん？」

「特捜部が逮捕したんですから、勾留請求されます。しばらく、ここにおってもらわなあきません」

「そんなアホな」

「人きな事件やし、共犯者も沢山います。特捜部が逮捕した以上、なんらかの証拠があり、嫌疑があるわけですから、必ず勾留まで行きます。われわれも不服申し立てはしますけれども、正直、かなり厳しい」

「……………」

「上場企業の現役社長を逮捕したわけですから、間違いなく上層部の決裁まで取っていて、起訴するという方針も決まってます」

「はあ？」

「そうじゃないと逮捕しません。あなたが無実だということは、このあと裁判で証明していかないといけない。本腰を入れる覚悟を決めてもらわないと」

「……………」

この人はなにを言っているんだろう。

そう感じていた。

間違いで逮捕されたのだから、一刻もはやく、それを証明してここから出してもらわねばと思って話しているのに、これから裁判になるのだというのである。わたし自身、起訴されることなど考えも及ばないことだった。

「われわれ弁護人は起訴されるまで証拠を一切見ることができません。検察庁に対し、誰がなにを言っているのか、客観的な証拠にどういうものがあるのかもわかりません。ですから、そういうものをきちっと見て、正しい記憶をよく思い出してから説明しないと、山岸さんにとって不利になりかねない。ですので、これからの取調べには黙秘してください」

起訴されるだの、裁判になるなど、意味不明なことを告げられたうえ、黙秘しろと指示されることにわたしはカチンときた。

「なんで黙秘なんかせなあきませんの。なんにも悪いことしてへんのに」

「しゃべればしゃべるほど相手を利します」

「だって、いままでも供述調書作ってるやないですか」

「任意取調べのときに黙秘すると逮捕のリスクが上がりますが、いまは検察官の手のひらの上です。黙秘してください」

「そんなんやってたらずっと出られへんやないですか」

「否認するならしゃべってても黙っててもおんなじです。黙秘してください」

「できません」

「してくださいと言ったらしてください」

語気を強めて言い募るのだが、

「いやです」

と返すと、

「簡単なことですよ。こうやって、黙ってるだけでいいんです」

横を向いてボンヤリ壁を見つめる表情をするので、

「そんなことはできません」

と、大きな声で言い返すと、

「そうですか」

中村弁護士はいったん引き下がった。

「取調べのなかで証拠のようなものを見せられたことありますか？」

「ボクがあの物件の話をはじめて聞かされたとき、部下の小森から見せられた『覚書』みたいなもんについて尋ねられましたね」

「どんな風に見せられたんですか？」

「チラッと見せられました」

「小森さんに見せられたとき、中身を確認したんですか？」

「いえ」

「それについて調書は取られた？」

「表紙ぐらいはチラッと見たという調書に署名したと思います」

「中身も確認してないのに、どうしてその書類だとわかるんですか？」

「明浄学院から売渡承諾書をもらったとき、見せられた記憶はあるので」

「もし違ってたらどうするんです。その書類にどう書いてあるのかわからへんのに、『たしかに見ました』という調書に安易に署名して、あとになって違っていたら、それはあなたにとって不利になるかもしれませんよ。だから黙秘せなアカンのです」

「自分は潔白やのに、なんで黙秘せんとアカンのですか。そんな卑怯なこと、できません」

「黙秘してください」

「小森や山本さんは逮捕されてから、変なことを言ってるんです。わたしが黙秘したら、彼らの言い分が通ってしまう」

「彼らの言い分が信用できると思われてるからあなたは逮捕されてるんです。特捜部が大物を逮捕して起訴しないということはありえない。どんな証拠があるかもわからないので、現時点ではたしかなアドバイスができません。とりあえず黙ってください。供述調書にはサインしないでください」

「ひとこともしゃべらんってこと？」

「山口検事に『弁護士に黙秘しろと言われたからしゃべりません』と伝えてください」

「わたしは違法なことはやってない。それを説明せなアカンのです」

「山岸さん、目を覚ましてください。自分を守るために黙秘するんです」

「いやです。潔白なんやから、黙秘なんて卑怯なことする必要はありません」

「あやふやな記憶で話をするのは危険なんです」

「これまでもいっぱい調書を取ってるわけやし、いまさら黙秘なんかしても意味がない」

「それが一番の正解なんです」

「黙秘はしません」

おたがいに立ち上がり、大声を出し合っての激しい口論になった。

結局、中村先生が折れた。

「わかりました。そこまでおっしゃるんだったら、供述してください。ただし、先ほど言ったように、やっぱり証拠がこちら側にまったく出て来ていないなかでしゃべるわけですし、時間が経ってて記憶も曖昧なところがあるでしょうから、キチッとよく思い出して確実なことだけしゃべってください」

「わかりました」

「取られた調書はよく確認してくださいね。わからないことはわからないとハッキリ言ってください。調書っていうのは重要な証拠になってしまうんです」

「気をつけます」

「毎日誰かが接見に来ます。ですので、ちょっとでも疑問に思うことがあったら署名せんと、そのときに相談してください」

この日を境にわたしの人生は一変した。
とはいえ、そう遠くない時期に拘置所から出られると考えていた。
まだなにもわかっていなかったのだ。
わたしはこのとき、ちゃんと説明すればわかってもらえると信じていた。
検察庁は「真実」を追求する「正義」の組織だと思っていた。

第一章　危機感はゼロだった

学校法人が土地を売りたがっている

たしかに魅力的な土地だった。

大阪市内で地下鉄谷町線の文の里駅から歩いて2、3分。天王寺駅という巨大ターミナルへも歩ける距離であるうえ、周囲は文教地区なので住宅地としては抜群の立地である。

総面積1万3701平方メートル。ファミリー向けマンションで600戸を建設できるほど広大な敷地であり、しかも南向きの物件を作れるような土地の形状をしていて、とても効率的な集合住宅を建てることが可能だ。

そこには明浄学院という女子高等学校があり、運営する学校法人が土地を売却したがっているのだという。

当時わたしが経営していたプレサンスコーポレーションはマンションディベロッパー。土地を仕入れ、そこに自社でマンションを建設し、自社で販売を手がけることをメインの事業としていた。そんなわが社にとって、この場所が購入の検討対象となったのは2度目だった。

2015年の夏ごろ、土地の仕入れ担当幹部である高野雅英がこの商談を持ってきたことがあった。明浄学院高等学校は1921年に「明浄高等女学校」として創立された歴史と伝統を誇る名門校。校舎が老朽化したため、郊外に土地を買い求め、移転する計画が浮上しているという話だった。

しかし、高野と取締役・事業本部長の多治川淳一が明浄学院の吉村理事長と面談した結果、深入りすることはやめたという経緯があった。

吉村理事長とともに学校関係者として面談に臨んだ人物が、一般人ではないような風体だったのである。この人物の調査をしてみると、好ましくない風評をつかむこともできた。

プレサンスは東証一部上場企業であり、反社関連の人物の関わる取引はコンプライアンス上、あり得ない。

問答無用でわたしが却下した案件だった。

それから3、4ヵ月後である2015年12月、同じ仕入れ担当幹部であり、のちに逮捕されることになる小森という子会社の代表から、またしてもこの物件についての提案があった。

地図とラフプラン、収支予測を手に、

「この土地を検討したいんです」

と持ちかけてきたのだ。

「この土地はアカンやろ。前に高野がやってて、まわりにややこしい人がおるいう話やんか」

「経営者が代わるんです。せやから大丈夫なんです」

NPO法人サクシード代表、佐橋久美子という名前の名刺を差し出す。

「この人、誰やねん?」

ややこしい人のまわりにはややこしい人がいる場合が多い。

「もともとは警察官をやっていた方です」

「ちゃんと調べたんか？」

「いえ、調べてません」

「ちゃんと調べとけよ」

「はい」

小森の出してきた書類には売買金額は60億円。手付金は20億円と記載されていた。

「なんで、こんなに手付けが高いねん？」

「学校の再建資金です」

「それってなんやねん？」

「学校の移転費用、そして辞められる理事さんの退職金、新しい理事さんの給与などです」

たしかに運営中の学校であれば、現在も生徒さんがいる。学校用地を売ってから移転先に校舎を建てようとすると、校舎の建設中は生徒さんが学校に通えなくなってしまう。あらかじめ新たに学校用地を取得し、そこに校舎を建設しておかなくてはならない。そのためには学校用地を売るよりも前に莫大な費用がかかるので、先行資金が必要となってくるのだろう。

手付金が高いことも納得できた。

ちょうど来客があったので、いったん席を外す。

30分後に26階のオープンスペースにある社長用デスクに戻った。

「さっきの佐橋っていう人、調べたんか？」

小森はモゴモゴと口ごもり、なにやら言いにくそうな様子だったため、総務の中上部長を呼び、

「小森から依頼のあった佐橋っていう人物の調査はどないやった？」

と尋ねると、

「過去に逮捕歴があることがわかりました。あとネット上には詐欺師という書き込みがありますね」

と答える。

「小森、ほら見てみい」

「でも不起訴になってます」

と反論するので、中上部長に、

「不起訴ってどういうことや？」

と尋ねると、

「いまある情報だけではわかりません」

と言う。

「いまの段階では検討でけへんな」

わたしがそう言うと小森は少し不満げな様子だった。


その数日後のこと。

小森はいったん却下されたこの案件をふたたび持ち出してきた。

「山本さんの会社を間に入れた取引にしたら検討してもらえますでしょうか？」

明浄学院とプレサンスとの直接取引にはしないことで、レピュテーションリスク（悪い風評が広がる可能性）を低減させるというものだった。それほど頻繁ではないものの、われわれの業界ではときどき使われる手法である。

山本さんは以前よりわが社と取引があり信用している人物だった。

小森の熱意に少し耳を傾ける気になった。

専務取締役であり管理本部長だった土井豊のところへ小森を連れて行き、相談に乗ってもらった。資金繰りも含め、経理全般は土井に任せており、社長のわたしといえども彼の了解なしに進めるわけにはいかない。

小森が作った資料に目を落とした土井は、

「なんで手付けが20億もいるんですか？」

わたしが小森に尋ねたのと同じことを聞いてきた。

「学校の再建費用にいるらしいでぇ」

「再建費用ってなんですの？」

「学校の移転費用、そして辞めていく理事さんの退職金、新しい理事さんの給料やな？」

横にいる小森に話を振り、あとの説明を任せた。

「出せというなら出せますよ」

とりあえず資金面での土井の承諾は得られたので、小森の依頼する買付証明書の発行を決裁した。

「買付出すんやったら売渡と交換やぞ」

「はい」

買付証明書も売渡承諾書も法的な拘束力のある書類ではないが、われわれの業界ではお互いの意思確認のために取り交わされるものである。「売渡承諾と交換やぞ」と命じたのは、われわれが出した買付証明を元に別の業者と値段交渉されることを防ぐためだ。

数日後、小森が「先方から売渡承諾をもらった」と報告してきた。

あれほど大きな土地で、しかも学校法人という組織なのに、随分とスピーディーだなと思った。

事業部のオープンスペースにあるミーティングテーブルで書類を見せてもらう。

わが社は学校法人明浄学院宛てに買付証明を出したのに、売渡承諾は石川なる個人名になっている。

「これ、誰なんや?」

すると、小森は石川なる人の名刺、運転免許証のコピー、それから、現理事長である吉村氏と石川なる人との間で交わされた学校法人継承についての覚書を机に置いた。そして、覚書の石川という署名欄を示しながら、

「次の理事長になられる方です」

「あれ? 佐橋っていう人じゃないの?」

「いや、この方になったみたいです」

この「覚書」なる書面こそ、わたしが逮捕された当日、中村弁護士と言い合いになった元となるものである。

そこには石川なる人物が学校法人の経営継承にあたって、吉村理事長に10億円を支払うということが書かれていたようである。のちに検察官はこの覚書こそわたしが学校買収に関与していた証拠だと考えることになる。

しかし、小森からはそのような説明は一切なかった。というよりも土地が買えるようになって

から、わたしが決めなくてはならない事項が多々出て来るのであって、それまでの所有者の売買に至るまでのプロセスや資料までいちいちチェックする余裕はない。

当時のわたしにとっては、買えるか買えないかだけが興味の焦点であり、数日前に説明を受けた逮捕歴のある佐橋さんよりこの名刺の人の方がいいな、くらいの感覚だった。

土地の売買の情報が来ても契約に至らずに流れるケースの方が圧倒的に多い。

明浄の敷地を仕入れることができればうれしいと思ってはいたものの、大阪市内の駅近の一等地で、これほどの広さの売地はほとんどない。競合になれば三井、住友、野村といった財閥系や関西で圧倒的なネームバリューを誇る阪急のような電鉄系の大手に勝てるわけがないとも考えていた。

当時のプレサンスは分譲マンション供給戸数ランキングで全国6位。近畿圏では6年連続1位を誇っていた。3年後までの土地の仕入れも終わっている。

無理をしてまで買い求める必要もなかった。

引っ込みがつかなくなって、男気を出してしまう

いったんは頓挫した明浄学院の案件は、小森によって再浮上した。彼が大手不動産会社・大京からわが社に移籍してきて、まだ6ヵ月目のことである。

入社のきっかけは先に名前の出た不動産会社TGF社長の山本さんより、

「小森さんが大京を辞めたがっているんだけど、プレサンスでどうですか？」

と打診があったからだ。

同時にプレサンス社員で東海地方の仕入れを統括していた平野賢一もまた、小森の入社を推挙してきた。

平野は先に小森の推薦で大京からプレサンスに移ってきた人物で、とても仕事のできる男だった。信頼できるふたりが推してきたので、雇うことにした。

小森は当時、ライオンズマンションのブランドで知られる大京の事業部長。大京はわたしの古巣の会社で、小森は2年後輩にあたる。ただし、わたしは営業担当、小森はマンション用地を仕入れる事業部だったため、交流はなかった。社内の人間にも評判を聞いたうえ、受け入れることを決意したのだった。

とはいえ小森は年齢が50歳を超えていた。かたやプレサンスの仕入れ部門の幹部はみな30代半ばである。その部下にするわけにもいかないし、小森を部長にして同列に位置づけた場合、反発が出る可能性も考えた。それでわざわざ小森のためにプレサンスリアルエステートという子会社を設立し、社長に据えたのである。プレサンスの用地マンにはないノウハウを注入してもらいたいと考えていた。

ところが入社してからまったく実績がついてこない。

高野を筆頭に、ほかの3人の仕入れ担当幹部は毎月、数件の案件を成約させていたのだが、小森だけは鳴かず飛ばず。

しまいには、

「あのオッサン、なんであんなに仕事でけへんねん」

「あれが大京の仕入れの部長かいな」

というような陰口が、わたしの耳にまで届くようになってくる。

「おまえ、あんな若いヤツらにバカにされて恥ずかしないんか。負けんようにがんばれ」

と叱咤激励することもあった。

もちろん、当時はまだ彼に期待をしていた。

小森だって、この時点で会社に迷惑をかけようなどとは毛頭思っておらず、ただただ成果を挙げたい一心で動いていたものと思われる。

ただし一緒に組んだ人物が問題だった。その名は佐橋久美子。のちに明浄学院の理事長に就任する女性だった。

年が明けて2016年1月のこと。わたしは自分の頭を整理しようと、小森ら仕入れ部門の幹部を呼んで、報告させた。

当時のプレサンスは年間、約100案件ほどの物件を成約していた。契約に至らないまでも、検討対象になる土地建物はだいたい500くらいである。自分の頭のなかを整理したかったのだった。

順次、手持ち案件の進捗状況を尋ねる。

小森の番になった。

「年末に言うてた学校の土地はどうなってん？」

と問いかけると、

「まだスポンサーが見つかっていないんです」

と言い、紙に三角形を書いて説明しはじめた。

スポンサーが見つかっていないと言われても、それは学校側の事情であって、買い主であるプレリンスには関係のないことだ。

「わかった、わかった」

まったく進んでいないと判断する。ほかの仕入れ部門幹部とは違い、小森に進行している手持ち物件もなさそうだ。これ以上尋ねても前向きの成果は出て来ないだろうと判断したため、ミーティングはものの1分くらいで終わらせた。

それから数週間が過ぎた1月末日、取締役会と事業部会の間の昼休みのこと。小森がすっとわたしの横にやってきて、

「明浄学院の件を動かすため、山本さんに社長個人のお金、18億円を貸してください」

と言ってきた。

「え、オレの金を貸すんかい？」

「はい。そうしないと、この案件が前に進みません」

「そういう風に貸したら、いつ返ってくるんや？」

「プレサンスが手付けを先方に入れた段階で戻ってきます」

「ということは、手付けに移行していくもんなんか？　ブリッジみたいなもんか？」

本件の場合、土地を売れば明浄学院にはすぐに高額の手付金が入ってくる。その前に学校法人が大きなお金を必要としており、手付金が入ってくるまでの、つなぎ資金を借りたいのかと確認したのである。

「はい、そうです」

移転先が確定しないと、いまの学校用地を売ることはできない。しかし移転先を確定するには色々物入りなのかもしれない。そこでまず、誰かが山本さん経由で18億円を学院に貸す。それを

元に学院は移転事業を進める。移転先が確定したら、プレサンスと明浄学院の間で現在の学校用地の売買契約を締結。会社から学校に手付金を支払い、そのうち18億円を学校が山本さん経由で資金提供者に返すという仕組みなのだろうと理解した。

手付けに移行していくお金ということで、18億円も当然、山本さんを経由して学校法人の口座に入るものと思っていた。

この点がのちのち最大の争点になってくる。

「山本さんには連帯保証をさせます。手形も入れさせます」

小森はこうも話した。

この仕組みのもとで山本さんに貸し付けられるお金には不動産などによる保全はない。信用貸しということになる。

そのため金銭消費貸借契約書上で個人保証をさせたうえ、山本さんの会社名義の約束手形まで入れさせるというのだ。

手形期日が来て、当座預金から引き落としできなければ不渡りになってしまう。わたしがお金を貸す山本さんは逃げられないようにするというのである。

18億円が焦げ付いてしまったら、山本さんや彼の会社に全額を弁済する資産はないだろう。とはいえタワーマンションの最上階に住み、高級なベンツに乗っていて、家族をとても大切にしている人物だ。そんな山本さんが、失敗したら全財産をなげうつ覚悟でこの取引に参画してくれるという。

「いつ、手付けは打てるんや？」

不動産売却の段取りが整い、プレサンスから学校に手付金を支払う時期、つまり土地の売買契約成立の時期はいつなのかを確認した。

「3、4ヵ月後です」

移転先をどこにするかほぼ煮詰まっていて、あとは資金をどうやって調達するかの問題だけなのだろうなと思った。

もちろん個人のお金を18億も、しかも無担保で貸すのはイヤだった。

これは会社の事業のための貸付金なので、会社で出せないかなと思い、担当の部署へ小森を連れて行き、

「小森がやってる例の学校の案件やけど、手付けを打つまでに先に金がいるみたいで、貸してくれと言うとんねんけど、会社で貸されへんかな?」

と問いかけた。

「それは無理です」

担当者は間髪入れずに返答する。

会社の定款に金融業をうたっていないため、そりゃそうだろうと思った。

「そんならオレが貸さなアカンのかな」

そうつぶやいたのは、「そんなんあきません」と口添えしてくれることを期待したからである。

ところが担当者は、

「社長が貸さはるんやったら、なんも言いませんけど」

と返してきた。

願っていた答えと正反対の言葉が戻って来たのである。

外堀を埋められたような気がした。

18億円の自己資金を拠出するのがイヤだから、会社のお金を借りることができないかと相談しにいったのに、できませんと言われ、「じゃあ、自分のお金を貸すのもダメ。明浄学院との案件はお流れにしろ」とは言いづらくなってしまったのである。

その当時、わたしのなかの認識では、会社のお金を個人のために使うことはダメだが、個人のお金を会社のために使うことは「あり」だと思っていた。むしろ個人がリスクをとって第三者への貸し付けを行うことは、会社のための自己犠牲でいいことなのだとさえ考えていた。

ふだんは社員に対し「会社のためにつくせ」と言っているにもかかわらず、個人の資金を出し渋って、会社のチャンスを逃す形になってしまっては、示しがつかない。あとに引けなくなって、小森に対し、

「わかったわ。出すわ」

と返答した。

小森と山本さんはこの案件を成功させようと一生懸命動くだろうし、貸し付けの相手方も学校法人というしっかりした組織で、プレサンスからの手付金という返済原資も存在し、ほんの3、4ヵ月後には返済もされるというのであれば、大きなリスクではない。

「近々、山本さんがあいさつに来ますので、よろしくお願いします」

こうして18億円の個人貸し付けはあっさり決まった。もちろん決めたのはわたしである。そしてこの決断がわたしの人生を大きく変えることになってしまう。

それから1ヵ月の間、音沙汰はなかった。

内心、もうこの話はなくなったんだなと安堵する自分がいた。男気を出していったんは個人貸

し付けを承諾してしまったものの、時間が経つにつれて、はやまった決断だったという気持ちが強くなっていた。

ところが2月22日、山本さんがやってきた。27階の社長室へお通しする。雑談ののち、山本さんは、

「明浄学院側にお金（18億円）が入った段階で、理事が入れ替わります」

と計画の詳細を説明しようとした。

「小森から聞いておりますので、そのへんはお任せします」

すでに18億円を山本さんへ貸し付けると言ってしまっている。

細かいところはしっかりやってもらえばよく、特段説明を聞く必要もなかった。

わたしにとっての興味はちゃんと学校が土地を売るかどうかだけ。それ以外のことについては関心がない。

もちろん、18億円は手付金に移行していくお金なので、山本さんを経て、明浄学院の口座に入るものと疑ってもいなかった。

「で、この土地、買えるようになりますのん？」

社長としてもっとも気になる点を問いかけた。

「買えます。わたしも学校法人の理事に入りますので」

「なんで山本さんまで理事にならなアカンのですか？」

「佐橋さんを見張っとかなあきませんから」

山本さんがみずから体を張って、学校とプレサンスの土地売買契約をまとめてくれようとしていることを聞き、安心感が募った。

「お金はいついるんですか?」

「15億が3月中、3億が4月中に必要となります」

「わかりました。準備しておきます」

山本さんが帰られてから、小森に対し、

「この件、しっかり弁護士さんと相談しながら進めてるんやろな?」

と問いかけると、

「はい、山本さんの会社の弁護士とうち合わせをしながらやってます」

と言う。

「ウチの顧問弁護士にも言うとかなアカンやろ」

「わかりました」

たしかに小森はそう言った。

資金を用立てるため、わたし個人の定期預金を解約しなくてはならない。大正銀行に連絡を入れると、

「わかりました。すぐうかがいます」

と言い、大口預金の流出をなんとしても食い止めたい担当者と上司が飛んできた。

「で、差し支えなければ、どういった御用向きでお使いになられるのかうかがえますと……」

わざわざ出向いてくれた部長さんがおずおずと尋ねるので、

「プレサンスが阿倍野の南の方の学校法人の用地を取得しようと思ってます。業者を間に入れて契約しようと考えてるんですけれども、先方に先に資金需要があるにもかかわらず、会社から貸せず、その業者の資金力がないんで、わたしが立て替えなしゃーないようになってしもて」

ありのままの事情を説明する。

２０１６年3月17日、山本さんを交え、金銭消費貸借契約書を取り交わしたらしい。ただし、すでに18億円を貸すと口頭で合意していた以上、書類の作成は単なる手続に過ぎず、この日の記憶がわたしには完全に抜け落ちていた。

こうして3月と4月の2度にわたり、計18億円がわたしの口座から山本さんの会社へ向け送金された。そのお金はそのまま明浄学院の口座に入るはずだった。

手付金が横領されるとは知らなかった

山本さんと個人的な付き合いはなかった。

ただ当時、ふたりともシティプラザホテルのフィットネスクラブの会員だったので、そこで会った際はちょくちょく世間話をするようなことはあった。

18億円の貸し付けが終わってしばらく経ったころ、クラブにあるサウナで汗を流していると、山本さんが入ってきて、

「あの佐橋のオバハン、たまりませんわぁ」

と愚痴っぽく話しかけてきた。

すぐに明浄学院の件だと理解し、

「大変なんでしょうけど、お願いしますわぁ」

とだけ返答した。

当初、3、4ヵ月と言われていた貸し付け期間は何度か延長された。11月に2度目の手形ジャンプをした際、

「移転用地取得のため、吹田市と交渉を進めていますが、万が一、この交渉がまとまらなければ、学校の敷地の半分だけを売ってもらい、残り半分の敷地に学校が新校舎を建てます」

という報告を小森、山本さん双方から受けた。

半分になったとしても、ファミリーマンションが300戸入るビッグプロジェクトになる。建築費も圧縮され、資金調達は楽になるので、

「わかった」

と答えた。

2017年4月に入り、小森から、

「吹田市との合意ができなかったので、学校は移転しないことになりました。当社が買える土地も当初の想定の半分になります」

という報告があった。

「売買代金が半分になったんやったら、会社が払う手付けも半分にしてもらえよ。先に貸してるお金も過払いになるから半分返金してもらってくれ」

と告げると、

「それは無理です」

と言う。

「交渉もせんと無理って、それはおかしいやろ。交渉してこいや」

うながすも、小森は、

「無理です」

と返してくるのみで理由すら説明しない。移転しないというのであれば、土地確保の資金はいらなくなるのだから、返金できるはずである。のれんに腕押し状態の小森に業を煮やし、

「交渉してこい」

と命ずると、

「わかりました」

と返答した。

小森はその後、指示に対してしっかりとした答えを持ってはこなかった。わたしも再度は問いかけていない。

移転はなくなったとしても、新しい校舎を建てるための資金需要が発生するので、学校としては借りているお金を吐き出したくないんだろうなと思ったのと、もう契約が間近に迫っているなかで波風を立て、交渉が暗礁に乗り上げることのないよう配慮する気持ちもあった。

２０１７年7月6日、プレサンスは明浄学院との間で、敷地の約半分の土地の売買契約を締結し、手付金21億円を支払った。当初の計画の手付金は20億円だったのだが、小森が、

「学校側の都合で1億足して21億円にしてほしい」

と言ってきた。売買金額は変わらず、手付金が増えるだけなので、その条件も呑む。

あとでわかったことだが、山本さんの分け前を増やすために1億プラスされたのだった。

山本さんの会社が明浄学院の土地に抵当権を設定し、わたしが貸していた18億円はその日のうちに、山本さんの会社から返済される。

取引が終わってからほどなく、山本さん、小森を交えて会食をした。

山本さんが今回の案件についてとても骨を折ってくれたことへのお礼である。

その際、

「こんな取引、どこで儲けますのん？」

と尋ねた。山本さんは取引の仲介業者ではないので、コミッションを得る立場になく、不思議に思ったのである。

「もうかりますから大丈夫です」

との返答があった。21億円からわたしへの返済金18億円などを引いた差額が山本さんの報酬になっていたとは聞かされていない。

すでに副理事長として明浄学院の実権を握っていた佐橋はこの取引の1ヵ月前、理事長に就任していた。

明浄学院は残った土地に新校舎の建設を開始する。

それから2年の月日が経った。

その間、小森の起こした不祥事が次々に発覚し、社内で問題となっていた。

自分にとって都合のいい情報はうのみにして、悪い情報を見ようとしない。そして、事態が悪化しても表面化するまで内密にし、ひとりで解決しようと試みる。都合の悪いことは隠蔽してしまうのである。そのため、傷口がより一層広がるというケースが多発していた。

小森に対する見方が変わってきていた２０１９年7月2日、毎日新聞が明浄学院について「大学の資金流用指示、前理事長が1億円」と報道した。

学校法人明浄学院は大阪観光大学も運営しており、その運営資金を仮想通貨（暗号資産）の購入に流用したのだという。すでに佐橋は理事長を解任されていたため、「前」という肩書きになっていた。

この時点では、まさか自分に関わりのあることだとは思っていない。

さらに同月20日には同じく毎日新聞が明浄学院について「観光大学法人21億円不明の疑い　高校の土地売却手付金」と報じる。

わたしは琵琶湖で趣味のウェイクボードをやっていて靭帯を断裂し、縫合手術のため入院中であり、病院でこのニュースを知ってビックリした。

なにしろ、ウチの会社の払った手付金21億円が大阪府吹田市内の不動産仲介業者に入金された後、行方不明になってしまっているというのである。

退院してすぐさま小森を呼び出した。

「この21億って、ウチの手付金やんけ。こんなでかい金がなんで消えるねん？」

「いやあ」

「こんな大金、消えるわけないやろ。なんで消えるねん？」

「さあ」

小森は首をかしげる。

「ということは、お前はなんで消えたかわかってないねんな？」

「はい」

「すべては向こうサイドの問題というふうに理解してエエんやな？」

「そういうことだと思います」

「もおエエわ。こんな物件、気持ち悪いから、もう解約せえ。小谷をサポートにつけるから、一緒にやれ」

「はい」

小森ひとりではなにをしでかすかわからないので、仕入れ担当の幹部である小谷勝久とともに明浄学院との取引を白紙に戻すよう命じた。

このとき、小森が契約の際、ウチの顧問弁護士にキッチリと相談していなかったことも、この日の数日前、山本さんや佐橋をプレサンス本社に招き、密談していたことも気づいてはいなかった。

検事の第一声は「社長、いらっしゃーい」だった

2019年10月29日のこと。わたしは大京の営業マンだったころからの習わしで、火曜日と水曜日を休みにしており、この日はまた大好きな琵琶湖に行くつもりだった。靭帯を断裂して間もないため、ウェイクボードはできないものの、リハビリも兼ねて自転車でも乗ろうかなと思っていたのである。

滋賀方面へと向かっている途中、副社長になっていた土井豊から電話があった。

「社長の家のまわりを5人くらいの男が見張ってます」

わたしはその3年ほど前に離婚をしていたのだが、住民票は以前暮らしていた神戸の住所のままになっていた。

別れた妻と三女の暮らすその家の近くに土井も住んでいたため、電話をくれたのである。

「なんのこっちゃねん。意味わからん」

ほどなく、見知らぬ番号から着信があった。

「大阪地検特捜部です」

正直、イタズラ電話かと思った。

「なんの用件でしょうか。ウチの娘か、前の女房がなんかしましたか？」

「違います」

「じゃあ、わたしのことですか？」

「そうです」

「はあ？　えー？」

「ちょっとおうかがいしたいことがありまして」

「学校のことですか？」

「はい。ちょっとご協力していただきたいんですけど……」

家宅捜索したいので、カギを開けてほしいという。検察は前妻にも電話を入れたのだが、

「イタ電、してくるな！」

と言って切られてしまったらしい。

住民票を置いてはいるものの、わたしは神戸の家のカギを持っていない。

長女に来てもらうことにしたうえ、

「わたしも家まで行きますわぁ」

検察庁の担当者にそう伝えると、

「社長さんは立場のある方ですから、家に来られてもし世間の目に触れてもなんですので、近くで待ち合わせましょう」

と言う。

長女とも落ち合い、解錠するよう頼むと、ひとりの事務官が、

「誠に申し訳ないんですけれども、社長さんに検察庁まで来ていただきたいのですが」

と言ってきた。とても気を遣っている様子が見て取れたので、

「いいですよ。ボクは車なんで一緒に乗っていきますか？」

「いいんですか。じゃあ、お言葉に甘えて」

こうして大阪市福島区にある合同庁舎までとって返した。


午前11時半過ぎに到着。検事室に案内され、扉を開けると、

「社長、いらっしゃーい」

テレビ番組『新婚さんいらっしゃい！』さながらの甲高い声で出迎えてくれた女性は矢継ぎ早に言葉を放つ。

「検事の山口です。こっち、座って座って。いやー、会いたかったわぁ。わたしも同志社なんです。偉大な先輩として、尊敬してるぅ。いや、ホンマにあこがれとったんよ」

それなりにきれいな方でもあるので、銀座や新地のホステスさんかと思った。

まずわたしの衣装を指さして大爆笑。

「社長、なんちゅう格好してはるの。もうすぐ11月やでぇ。寒ないん？」

「ボク暑がりで、楽なんが好きなんです」

琵琶湖畔で自転車に乗ろうと向かっている途中にUターンしたので、上下アンダーアーマーのTシャツ短パン姿だったのだ。

その後、山口検事は携帯電話を預かりたいと言い出した。

「そんなん、あきませんわ。商売道具やでぇ。いつ重要な電話がかかってくるかわかりませんし」

「ダメやねん。出して」

「なんでですのん？」

「ゴメン、決まりやねん」

「うーん。しかたない。ほんなんやったら、帰る前に返してくださいね。そうじゃないと仕事できひんし」

「わかった。それは約束する」

そのあと、取調べに入る。

山口検事は気さくで明るく、そして早口でよくしゃべる。

同じ大学出身で、しかも同じ法学部法律学科だったこともあり、共通の話題にも事欠かない。

つねにタメ口で語りかけてくるので、こちらも自然とざっくばらんな口調になっていく。

基本的に雑談が多かった。

そのなかで、事件について尋ねられたのは、

「なんで18億も自分のお金、貸しはったん？」

ということだった。

「普通の人間やったら貸さへんやんか？」

「いやいや、ボクは貸したんやから」

「なんで？」

「いや、あの土地が買いたかったからですよ」

「なにに使うって言われてたん？」

「移転費用とか再建費用に使うって頼まれたからですわ。これがないと進まないと言われたから貸しただけですやん」

雑談をはさんで同じことばかり聞いてくる。途中、買ってきてくれたおにぎりをほおばるなどして、夜の8時くらいまで聴取が続く。

終わり際にひと悶着あった。携帯を返却できないと言い出したのである。

わたしは切れた。

いい人だと信用していただけに裏切られた気持ちもあったため、

「お前なあ、約束ぐらい守れや。オレらは商売してて、約束守らんヤツはアウトやでぇ。なんで、こんな約束守られへんねん。せやからオレは公務員、嫌いなんじゃ」

わたしの父親も地方公務員だったのだが、あえてこう言い放つと、山口検事は憤然と言い返してきた。

「なんなん、それ。公務員のこと悪く言わんといて。そんなん言われたらわたしも腹立つわぁ」

結局、携帯は戻してもらえないままその日は帰宅する。

翌日の10月30日も取調べに応じるよう依頼された。水曜日のこの日も休みだったので、午前10時に検察庁へ出向く。

会うなり、

「はい、これ返すわ」

と言って携帯電話を差し出してくる。

「ちゃんと約束守ったやろ」

その日のうちに返すと言っておきながら、丸一日預かったにもかかわらず、山口検事はそう言ってのけた。

（こいつホンマもんのアホちゃうか。約束守ってへんのに、守ったたって言い張りよる）

と思ったものの、少しでも拘束時間が長引くのはイヤだったので言い返さなかった。

この日も雑談を交えての聴取だったが、途中で山口検事が切り込んできた。

「社長、あのな、昨日から貸し付けた18億円の資金使途が学校の再建費用やとか、移転に使うお金やって聞かされた言うてはるけど、小森さんや山本さんは買収資金やって伝えたと言ってるらしいでぇ」

「えっ？」

いったいなにを言っているのか理解できず、

「学校の経営権を握るためにお金を貸してくれと伝えたって言うてはるんよ」

「学校の買収資金？」。いかにも怪しげな資金使途である。

移転費用などの「学校の再建資金」というもっともな理由があったからこそわたしは金を出したのであって、よくわからない「買収費用」に使うなんて聞いていたら、金を貸すわけがない。そんなことに使ってしまったら、18億円が消えてしまう。

「ボク、そんなん聞いてませんよ。小森と山本さんに、ちゃんと話を聞いてもらえませんか。とくに小森はちょっとボケたところがあって、ハッキリ物事を言わんとこがあるんで、こっちから筋道立てて聞いてあげんといつまで経ってもなに言うてるかわからんのですわ」

心からの善意でそう伝えると、

「そない言わはるけど、社長が貸したお金はこういう風に流れて行ったんやで」

と話しながら、一枚のチャート図を差し出した。

3年前の春、わたしが山本さんに貸し付けた18億円のうち13億円は、明浄学院の口座には入金されておらず、スクールメディアという佐橋のダミー会社に送金されていた。残りの5億円は、学校の口座に入金されているものの、なぜか貸付金ではなく寄付金として処理されている。

「ウソやん？」

「ホンマやねん」

学校の再建費用として使うために学校に貸し付ける金なのだから、全額、貸付金として学校の口座に入ると聞いていた。なぜ山本さんはわたしから受け取った18億円をそのまま学校に直接入金していないのか。

さらにである。

佐橋のダミー会社の口座に入った13億円のうち10億円は吉村という当時の理事長に支払われており、そこからさらに岡山在住の人物などに流出しているというのだ。

また残りの3億円のうち2億円は、貸し付けから1年数ヵ月後に締結された学校とプレサンス間の土地売買を仲介した大阪府吹田市のエス企画という業者に流れていた。まだ学校に売買の手付金すら入っていないのに、土地売買についての仲介料が支払われていたとは論外である。

残る1億円も、佐橋の親族など、いろいろなところにばらまかれている。

わたしが山本さんを経由して学校に貸し付けたはずの18億円のうち、13億は学校以外の有象無象の手にわたってしまっていた。

「えっ？　そんなはずないでぇ」

思わず口走る。

「いやいや、これが事実なんやから」

「そんなアホな」

頭のなかが混乱した。わたしが貸した18億円は手から離れるや、一瞬でなくなってしまっているということになるのではないか。とはいえ検察がここでウソを言うわけがない。なにかが狂っている。自分の知らないところで得体の知れないことが起こっていることをようやく実感した。

その日の取調べの最中のこと。

山口検事は突然、驚いたようにこう口走った。

「社長、会社の方にガサが入ってしもたわぁ。腹立つわぁ」

プレサンスの本社事務所へ強制捜査が行われたのだという。いきなりのことで、おそらく大変な混乱状態に陥っているだろう。

たったいま、知らされたかのような口ぶりだったため、

「仕事中に踏み込まれてあいつらかわいそうやなぁ」

と返答すると、

「そうやね。ひどいねぇ」

同情してくれた。

同じ特捜部員なのだから、あらかじめ知らされていないはずはないのだが、迫真の演技をわたしはすっかり信じてしまっていた。山口智子という人物はつねにわたしの側に立つ検事さんなのだとすり込まれていたのである。

この日の取調べの終了間際、山口検事から、

「小森さんとか山本さんとかとあんまりしゃべらんといてな」

と言われた。

わたしだけでなく、会社の幹部もまた、プレサンスへの家宅捜索は明浄学院内の金銭トラブルについての反面調査のために行われたものだと思っていた。

総務部長の友池が特捜部員に、

「わたしどもの社員のなかに被疑者はいますか？」

と尋ねたところ、捜査官が、

「それはない」

と言明したことも理由のひとつだった。

あくまでも捜査に協力してあげているというスタンスであり、プレサンスの関係者に関わりのある事件だとは露ほども思っていなかった。

だが、プレサンス子会社の代表である小森は最初から被疑者だった。

なぜ、このとき特捜部員がウソをついたのかはわからない。

「オレの金、即座に熔けとるやないか」

翌10月31日の朝、オープンスペースへ小森を呼びつけた。

山口検事にあんまりしゃべるなと言われていたので、ふたり切りだとよくないかなと思い、取締役・事業本部長の多治川、小森のサポート役につけていた仕入れ担当幹部の小谷も同席させた。

「貸し付けた18億円の資金使途、これ、再建費用やって言うてたよなぁ」

「はい」

「検事さん、そう言うてへんやないか」

「……」

「しかも、このオレの金、即座に熔けとるやないか」

「……」

「おまえ、これ、知っとったんか？」

「知りませんでした」

「金が佐橋に流れるっちゅうことも知らんかったんか？」

わたしは学校に入金されると説明されてお金を貸し付けたのであって、見ず知らずの女性に送金されるなど聞かされていない。

「山本さんが勝手にやったんです」

「えっ。保全もなしにか？」

「いや、あの、理事全員を連帯保証人にするつもりでした。それを公正証書にするつもりでした」

理事全員の連帯保証や公正証書といった言葉は小森からも山本さんからも一度も聞かされたことはない。山口検事も、山本さんが佐橋のダミー会社に金を流す際、学校の理事が連帯保証したなどという説明はしていない。

小森は自分の立場が悪くなると、突拍子もない言葉を口走ることが多かったが、このときもなにを言い出したのかまったく理解できなかった。

「連帯保証？　公正証書？　なんじゃい、それ。実際、なってないやんけ」

「いや、するつもりだったんです。するつもりだったんです」

小森はうわごとのように何度も何度も、「するつもりだった」と繰り返し、会話にすらならない。これ以上、問い詰めてもムダだと感じたため、

「おまえ、ちゃんと検事さんに話できてるんか？」

と問いかけた。

「………」

「オレの担当の検事さん、女性やねんけど、すごい親切で紳士的に応対してくれてるでぇ。筋道立てて話したら、わかってもらえるんや」

「はい」

「もっとちゃんと頭を整理せえ」

「はい」

「それで、正しい記憶に基づいて、しっかりと話をしろ」

「わかりました」


翌11月1日、山口検事による3度目の取調べがあった。

わたしは、鬼の首を取ったかのように、

「検事さん、小森はわたしには『学校の再建費用』って伝えた、言うてましたでぇ」

と話した。

小森は相手に調子を合わせ、玉虫色の供述をするので、これからはちゃんと聞いてあげてほしいと伝えたつもりだったのだが、

「うわー、しゃべったんやー。小森さんと事件のこと、しゃべったんやー」

冗談とも本気ともつかぬ、軽い非難を込めたような調子で言葉を返してくる。

「同じ会社におるんやから、そりゃ、しゃべりますよ」

「そんなんしたら罪証隠滅《ざいしょういんめつ》って言われるわー」

小学生が同級生に対し、「そんなんしたら先生に怒られるでぇ」というような口調で言い募る。

「それやったら、最初からハッキリと言うといてくださいよ」

「『しゃべらんといてな』って言うたやん」

「オレには目ぇもついてるし、耳も口もついてる。しゃべらんってどうしたらいいんですか?」

「うーん、『なんでも正直にしゃべるように』とだけ言うといて」

その日以降、わたしは小森に対し「なんでも正直にしゃべれ」以外の言葉をかけていない。


しばらくの間、ほぼ毎日、山口検事のもとへ通った。訪れるのは検事室。検事さんは自分の個室を持っているのである。

取調べはいつも同じ検察事務官が同席する。とはいえ、この人はほとんど口を開かない。山口検事がなにかを問いかけたときに限り、手短に返答するだけで、ふだんはずっとパソコンを打っている。山口智子検事と野口堅司事務官のパソコンの画面はつながっていて、ふたりだけで文字を通してやり取りもできるようになっているらしい。

事情聴取とはいっても、あいかわらず雑談がメインで、ときどき事件のことについて触れるというような塩梅《あんばい》だった。

世間話のなかで、いろいろな有名人との交流も明かしてくれた。野球選手のイチローさんとか、そのときはすでに亡くなっていたが、ラグビー日本代表の平尾誠二選手などの大物と親しく交友していたことも話してくれる。

「社長、マスコミってどう思う？」

と聞かれたこともあった。

「どう思うって、別にどうも思わんけど」

「わたし、マスコミ大嫌いやねん。むかし、いらんこと書かれたことあんねん」

と述懐する。そのときは、〈鶴瓶、イチローも心酔 全身シャネルの美人検事〉という見出しをつけて週刊新潮で記事にされた経験があるなど、知る由もなかった。

こうして1ヵ月以上もの間、連日のように大阪地検特捜部に呼ばれることが続いた。

しかし、わたしは部下の小森、そして不動産業者の山本さん以外の関係者と会ったことがないどころか、電話で話したことすらない。この事件について知っていることなどほとんどないのである。必然的に同じ話を聞かれ、同じように答え、そのほかは雑談となってしまう。

とはいえ、世間話だけというわけではなく、さりげなく本題に触れてくる。貸したお金が買収資金であると小森から聞かされていたのではないかということだ。

わたしの答えもまた毎回同じ。

「検事さん、頭いいんでしょ。何十回も聞かなわかりませんか？　おんなじことばっかりやないですか」

我慢できなくなって苦言を呈すのだが、質問内容に変化はない。

毎回、同じことを話すため、検察庁まで足を運ぶことは苦痛以外のなにものでもなかった。これは嫌がらせなんだろうか。

「これね、ハッキリ言って迷惑してるんですよ。いつになったら終わってくれるんですか。いい加減にしてほしいです」

繰り返し、そう伝えていた。

しかし、山口検事は口癖のように、

「社長、ホンマに協力してなぁ。いつもありがとうね」

とも言っていたため、出頭要請を断ることはなかった。あくまでも当局の真相解明に協力を惜しまないつもりだったに過ぎない。

仕事に深刻なダメージを与えるほど時間を取られてしまっていたため、残ったエネルギーはすべて社業に傾けざるを得ず、事件のことを冷静に省察する余裕を持つこともできていなかった。

部下小森逮捕。それでも危機意識はゼロだった

プレサンスに家宅捜索が入ってから36日目となる2019年12月5日のこと。

この日も午後から取調べが入っていて、そろそろ会社を出発しようかと思っていた矢先、事業本部長の多治川や仕入れ担当の幹部・小谷が駆け込んできた。

「社長、小森さんと山本さんが逮捕されました」

「はー?　なんでや?　ホンマか?」

「はい。ホンマです。社長もこれから検察庁へ行かれるんですよね?」

「そうや」

「気をつけてください」

心配そうに声をかけてくれたものの、そうは言われても、気をつけようがない。

小森が逮捕されたと聞いても、わたしは彼が、まさか犯罪まではしていないと考えていた。彼自身も「絶対に犯罪行為には手を染めていない」と言い切っていたからである。なので、無実の小森が捕まるんだから、もしかしたら自分もおなじ身の上になるかもと思い、初めてゾッとしたものだった。

幸い、この日の山口検事の態度は以前と変わった様子はなかった。

ただ、小森が逮捕されてしまった話になると、

「プレサンスの顧問弁護士の先生、誰やったかな、そうそう、奥野先生。奥野先生がな、小森さんと接見したとき、黙秘するように言ったらしいねん」

非難するような口吻《こうふん》で告げてくる。

「そうなんですか？」

「これはよくないと思うでぇ。知っていることをちゃんと言わな、事実が解明できひんやんかぁ」

「そりゃそうですよね」

「弁護士さんを通じて、黙秘やめるように言うよう、社長の方から指示すべきやわ」

「ホンマにそうですよね」

わたしはすでに、黙秘することがいけないことであるとすり込まれていた。

山口検事の依頼が、憲法に定められた被疑者の権利を踏みにじるものであるという事実にも気づいていなかった。わたしを逮捕するために、まさにそのわたしを使って小森の黙秘をやめさせようとしていたなんて思ってもみなかった。

小森について、

「逮捕されてしまいましたけど、あいつ、そんな悪いことしてないと思うんですけれども」

と尋ねてみるも、
「それはわかれへん。それはわかれへん。これから聞いていくねん」
と答えるのみだった。

小森や山本さんとともに佐橋や大阪府吹田市の不動産業者エス企画の社長、顧問も逮捕されていた。その後、明浄学院が佐橋を刑事告訴するなど、事件報道は続く。

刑事事件に知見のある弁護士へ相談したのは、社外取締役をやってもらっている会計士の先生のアドバイスによるものだった。わたしはそのときまで、弁護士に刑事、民事で得意不得意があることすら知らなかった。

「社長はもちろん大丈夫やとは思いますけど、会社の従業員が逮捕されてしまったこともあるので、できることはなんでもやっておきましょうよ」

と言うのである。

必要ないとは思ったのだが、念のためということだったので、プレサンスのもうひとりの顧問弁護士である梅ヶ枝中央法律事務所の西村勇作先生に相談した。すると、以前、同事務所にいた、刑事に強い弁護士を紹介してくれるという。

12月10日、中村和洋弁護士の事務所へ西村先生と一緒にお邪魔し、渡邉春菜弁護士、高田脩平弁護士を交え、事件の概要などをざっくりとお話しする。

元検察官だという中村先生からはいきなり突っ込んでいろいろなことを尋ねられた。

「どうして18億円ものお金を出しはったんですか？」

「いや、手付けに変わっていくブリッジのような資金使途やと聞いてましたから」

「なんで学校の口座に入っているのを確認せんかったんですか？」

「山本さんに貸したわけですし、あとはちゃんとやってくれているものと……」

「学校に入るという契約書は見られましたか？」

「そんなん見せられていません」

「学校の貸借対照表の負債の項目に載っているかどうかの確認は？」

「いや、してません」

「持ってこさせたらよろしいやん」

「そこまでするのはどうかと……」

驚いたことに当初、山口検事が聞いてきた内容と同じことを尋ねられたのである。なるほど、やはりポイントはこのあたりにあるのか、と実感する。

ただし、この質問に不動産業者として違和感を持ったことも事実である。

われわれは仕事柄、ゼネコンに仕事を発注する。ゼネコンは下請にパッと仕事を流す。おたがい、その先で資金がどう使われたかなど、いちいちチェックしない。

一般の社会とわれわれの業界では感覚が違うのだ。でも、そこをキッチリ説明すれば検事さんにもわかってもらえるはずと勝手に理解した。

「で、小森さんとか山本さんは、取調べに対してどう言うてはるんですか？」

「なんかあいまいなこと、言うてるみたいなんです」

「あいまいねえ。ふーん」

中村弁護士は首をひねる。

「横領したお金が最終的に山岸さんのところに流れてきているので、『知っていたのか⁉』と事情を聞かれるのは仕方ないんでしょうけれどもね。これ、お話を聞く限り、逆に山岸さんが小森さんを詐欺罪で告訴すべき立場のように思えますね」

「ボクが小森を訴えるんですか？」

「はい。小森さんは山岸さんから引っ張ったお金が佐橋さんに流れることを知っていて、横領容疑で捕まっているので、それが事実やったら社長に対してウソついてたことになりますからね」

小森が社長のわたしをだまくらかしている。

なんだかよくわからなくなってきた。

「まあ、いまは特捜部の取調べを受けてはるんで、ちょっと向こうの様子を見に行ってきますわ。とりあえず、弁護人選任届を書いてもらってもよろしいですか」

検察庁に電話を入れると、すぐにアポイントメントが取れたようで、

「明日、山口さんに『弁護人になりました』ってあいさつしてきます」

「お願いします」

あくまでも大事を取って行ってもらうというスタンスだった。


翌日の夕刻、同窓会のゴルフから帰る車のなかで中村弁護士から着信があった。

「検事に会ってきましたけれども、これ、かなり危険な状況ですよ。わたしの勘でしかありませんが、逮捕も視野に入れていると思います」

「そんなアホな」

山口智子検事と面談すべく、特捜部を訪れたのだが、現れたのは主任捜査官である蜂須賀三紀雄検事だったという。

中村先生がなにを尋ねても、

「いや、なんとも」

「うーん」

と硬い表情で答えるのみ。

その一方、蜂須賀検事の方からは、

「誰の紹介で引き受けることになったんですか？」

「山岸さんとは何度くらい会ったんですか？」

と探りを入れてきたという。

「取調べの対象になるのはわかるんですけれども、動機はありませんし、要するに部下の小森からは明浄学院の再建資金に使われると聞いて、貸し付けたってことですよね。率直な感想として山岸さんがウソを言っているようには思えないんです。横領しないと返済できないことが最初からわかりながら、上場企業の社長がみずから18億円を貸し付けるっていうのは、あまりにリスクが高すぎて不自然です」

「どうなんですかね」

「被疑者になってるんですか？」

「わかりません」

「まさか逮捕とかないですよね？」

「なんとも言えません」

「任意の取調べについては従前どおりできる限り協力するので、丁寧に話を聞いていただきたいんです」

「……」

応対に、ひりつくような緊迫感があったというのだ。

中村弁護士はわたしに対し、

「あくまでも感覚ですけれども、危険度でいうと10段階評価で7くらいはいってます。十分注意してください」

と言い切った。

元検察官が警告してくれているのだから、もっと危機感を持てばよかったのかも知れない。しかし、なにしろ身に覚えのないことなので、危険度7と言われた際、

「それやったらオレは3の方に入るから大丈夫やな」

と楽観的に考える自分がいた。

当時、わたしは現在の嫁さんと事実婚のような状態になっていた。京都にある彼女の家でビールを飲みながら、

「オレ、危険度7らしいでぇ」

と言って笑い合ったものだ。

ところがその彼女の住む京都の家にもガサが入ったと連絡が来た。

朝、会社に行こうかと玄関を出たら、オートロックのマンションにもかかわらず、女性が立っていたという。見かけぬ人だなと思いながらも、

「おはようございます」

と声をかけると、背後から名前を呼ばれ、

「実は検察なんです。ちょっと家のなかを見せてほしいんです」

「協力しなくてはならないんですか？」

「山岸さんのためを思うなら協力してください」

「わかりました。ゴミの日なんで捨てに行ってもいいですか？」

「だめです。すぐに戻ってください」

携帯もパソコンもカメラのチップも押収されたという。

担当の久岡修平という検察官がソファーに座ってふんぞり返り、彼女に向かって、

「あなたは同志社か。ボクは立命館出身やけど特捜部でがんばってるねん」

とうそぶいていたと聞かされる。人の家に踏み入っておいて、なにを言っているのかと腹が立ってしかたない。

それにしても、なぜ特捜部がこの家が特定できたのか？　わたしとの書類上のつながりは一切ない。

可能性はひとつ。わたしのことを尾行して突き止めたに違いない。このときになって初めて自身がターゲットになっていることを実感したのだが、すでに手遅れだった。

逮捕されたのはこの日から数日後のことだった。

第二章　拘置所からの辞任届

会社は存亡の危機に陥った

２０１９年12月16日。逮捕されて拘置所へ移送され、中村和洋弁護士と面談して黙秘を巡る口論となったのち、房に戻るとすでに消灯時間は過ぎていた。

ところが息つくひまもなく、ふたたび取調室へと案内される。

当時の大阪拘置所は建て替え中で、接見室は真鍮製のドアノブが残る昭和感満載の古い建物。すきま風が入ってくるような異様な空間だったが、検事の取調室は新館だった。

窓のない狭い部屋で、Ｌの字の形に置かれた机がふたつ。腰掛けるよう、うながされた机の奥に山口智子検事が、左手にはこれまでの大阪地検での取調べと同様、野口堅司検察事務官が座っていた。

すでに夜の10時20分を過ぎている。

さっそく抗議した。

「わたしは関係していないという確信があったからこそ、これまでも全面的に取調べに協力してきました。わたしだって真相が知りたかったんです。はやく終わらせて信用回復に尽力しようと思っていました。その結果がこれです。それなら弁護士さんがおっしゃるように、証拠が出て来るまで黙秘した方がエエなと思っています」

「社長が決めはることとやけど」

「弁護士さんには中身を確認していない書類を見たという供述を、軽はずみにするなんて危険やと言われました」

「うーん。まあそうかな」

「なにも話さない方がいいとアドバイスされました」

「わたしは違うと思うよ」

「でもね、もうこれ以上話すことはないというくらいしゃべってますよ」

「でもな、逮捕状が出たっていうことは、わたしらじゃなくて、裁判所が決めたことやろ。裁判官が見て、ある程度疑惑があると考えへんかったらそんなん出ぇへんでぇ」

「わたしが判をついたもので不正なものはありません」

「ほかの人たちはそうではないと言うてるみたいよ」

「彼らは一番のリスク要因をなにも話さずにボクのお金を引っ張ったんです」

自分としては真摯に応対し、説明を尽くしたにもかかわらず逮捕されてしまった。信頼していた山口検事に裏切られたという気持ちがあるので、その怒りを伝えたうえで、今後は黙秘すると告げたつもりだったのだが、気づいたら向こうのペースでしゃべらされている自分がいた。

逮捕初日はほとんど眠れなかった。

わたしはふだん、部屋を真っ暗にして入眠する。しかし、拘置所では電灯をともしたまま眠らなくてはならない。そのうえ布団はペラペラで変な臭いが染みついている。

「どないして寝ろ、いうねん？」

思わずつぶやく。

プレサンスはどうなるのか？

それだけが気がかりだった。

ほぼ徹夜の状態のまま、12月17日の朝になると広いスペースに集合させられる。多くの人たちとともに長いテーブルに並んでコッペパン、ジャムそれぞれひとつ、そしてプラスチック容器に入ったコーヒー牛乳をいただく。

入れ墨の方とかもいて、「ああ、こういうとこに来たんだな」とあらためて実感する。

その後、緑色の上っ張りからスーツに着替えるよう命じられた。検察官がわたしを勾留するよう請求しているので、その許否を決めるため裁判官と面談しなくてはならないのだという。

普段の格好に戻ったのはいいのだが、なぜか履き物は便所のスリッパのまま。これはこれで違和感があった。

ふたたび手錠と腰縄を装着されると、そのままバスに乗せられ、大阪地方裁判所へと向かう。

到着すると、地下の房に入れられた。

そこでいつまでも待たされるのだ。

なにもすることのないまま、防空壕みたいなところに放り込まれ、一睡もしていないことを思い出し、とりあえず眠ろうと横になると、

「こら、寝転ぶな」

と怒鳴られる。

「寝たらアカンってどうしたらいいんですか？」

と尋ねると、

「座っといてくれ」

と言う。

しばらくして、中村和洋弁護士と渡邉春菜弁護士が面会に来てくれた。

わたしの第一声は、

「株価はどうですか？」

というもの。

「落ちてます……」

現役の創業社長が逮捕されたのである。ストップ安は覚悟していた。

それまでの9年間、つねに過去最高の売上高・利益を更新し続けていたこともあり、プレサンスコーポレーションの株価は順調に伸びていた。

最大の危機と言っていい。

「昨日、お願いした伝言は？」

「お伝えしております」

逮捕された夜の接見の際、わたしは副社長の土井に対し、言付けを頼んでいた。

内容は、

「会社の今後についてはオープンハウスの荒井社長に相談してくれ」

というものだった。

オープンハウスは東京に本社のある不動産業者。創業社長の荒井正昭さんとは数ヵ月に一度、食事をする仲だった。当時、成り上がりの一部上場企業として「東のオープン、西のプレサンス」と比較されたものだ。上場した時期が近かったこともあり、ずっと注視してきたライバルでもある。躍進し続けていたわが社だったが、オープンハウスの勢いはそれ以上。正直、この会社にだけは負けていた。

荒井さんは会うたびに、

「一緒にやりましょうよ」

と声をかけてくれていた。ホールディングスを作ってふたりで経営し、財閥系、電鉄系の大手を打ち負かそうというのである。もちろん、わたしは乗らなかった。

逮捕されたいまとなっては、今後、プレサンスの信用不安が募った際のことを鑑み、その信用を補完するためにも荒井社長のところへ行くよう指示したのだった。

刑事弁護人である中村先生、渡邉先生とは今後の手続や取調べのことについて話した。

今後、勾留された場合、外部との接触が制限される。大阪拘置所の場合、弁護人以外で面会が許されるのは1日1組、10分から20分間だけで、刑務官が必ず立ち会うらしい。

しかも世界に類を見ない日本独特の「接見禁止」という制度があり、そうなってしまうと、弁護人を除く外部とのコミュニケーション手段が一切断たれるケースもあるという。

先生たちの予想では、わたしは今後勾留され接見禁止がつき、面会はおろか手紙も許されなくなるだろうとのことだった。

頭がクラクラした。

会社は存亡の危機に瀕している。

代表として一刻もはやく事態を把握し、善後策を指示していかなくてはならない。弁護人以外との連絡が一切できないなど、わたしとプレサンスにとって死活問題だ。

このままなんの手立ても打てないまま、死んでゆくのを待つしかないとでもいうのか。

ただただ会社の行く末だけが気がかりだった。

ふたたび裁判所地下の三畳ほどの独房へと収容された。

ただ待たされる。

なぜかゴルゴ13の漫画本が一冊だけ置かれていたので、パラパラとめくってみるのだが、頭には入らない。そもそも時計のない生活にまったく慣れていない。昨日まで分単位で生きてきただけに、無意味な時間を、いつ終わるのかも示されぬまま過ごすよう強制されることがなによりもつらかった。

何時間待たされたのだろうか。窓ひとつない牢獄に暖房はなく、逮捕時に着ていたスーツだけでは耐えられないほど寒い。これまで経験したことがない状況だったため、永遠に続くような錯覚に陥った。

ようやく裁判官の前に呼び出された。

最初に人違いでないかの確認。ついで、

「現在、検察官から勾留の請求が来ていて、その審査をわたしはやっています。まず、被疑事実を読み上げ、そのあと、あなたの言い分を聞きます」

と言うと、なにやら文章を読み出した。

「佐橋、小森、山本らと共謀した事実に間違いはないですか？」

「ちょっと、待ってください。わたしは小森、山本と共謀なんかした覚えはありません。だいたい佐橋なんて会ったこともないんです。そのほかの人たちにいたっては名前すら聞いたことがありません。共謀なんかできるわけないじゃないですか」

こちらは全人生とプレサンスの存亡がかかっている。必死になって説明しようとするのだが、裁判官は振り向きもせず、書類になにやら書き込んだりゴム判をペタペタ押したりしている。そもそもこちらの言葉に耳を傾ける意思すら感じられない。

「おい、お前、ちょー待て。オレの人生の一大事なんやぞ。ちゃんと話を聞かんかい」

と叫びたかった。

時間にしてものの2、3分。これで、わたしの言い分を聞いたことになるらしい。こんな形式的な手続のためだけに、あれだけの長い時間待たせたのである。

（この国の裁判官は検事の言いなりなんとちゃうか。もうオレを犯罪者にする筋書きができてるんやないやろか）とまで感じてしまう。

逮捕されたときはなにか誤解が生じただけだと思っていたが、わたしは初めてこの国の司法の在り方に疑問を抱きはじめたのだった。

プレサンスが倒産してしまう

拘置所に戻ったら、はやくも食事の時間だという。夕方の4時過ぎから晩ご飯をいただかなければならないのだが、正直、腹が減っているわけがない。

終わると、すぐに山口検事の取調べだった。

「裁判所へ行ってきてんなぁ。どうやった？」

「わたしがこれまで言ってきたことと全然違うことが書いてあるんです。共謀したとか」

「それは被疑事実やから」

「共謀していません。前からずーっと言っているでしょ」

「もちろん、こっちが勾留請求しているんやけど、裁判所は社長の言い分プラス、いろんな人の言っていることやデータも見てるわけやんか。証拠とかも一件記録として見てる。それに共謀っていろんなパターンがあって、会ったことはなくても、事情を知って協力するっていうのも共謀として認められる場合があるねん」

「事情は知りません。共謀もしてません」

「関係者がいろんなことを言っていて、それを踏まえた上で、疑いがあるから勾留するということよ」

「なんでそういうことになるんですか？」

「小森さんや山本さんが、社長に説明したと言っている」

「ウソです。説明まったく受けていません」

「小森さんは買収資金だと伝えたと」

「わたしには再建資金だと言っていました」

「お金の行き先、確認した？」

「してません」

「なんで？」

「信用していたからです」

結局堂々巡りになっていくのだが、こういう会話をしているだけでもストレスが和らぎ、裁判官に対する不満は緩和されていく。わたしが話すことのできる相手は山口検事しかいない。

この日は身上調書を取られた。わたしが生まれてからこれまでの身の上をモノローグとして綴る。

「へー、お父さんは消防士さんやったんや。大変な仕事やね」

「大学、留年して卒業せんと就職したんや。単位、なにを落としたん？」

こうやって自分の人生を一緒になって振り返ってもらうと、より一層、人間関係が深くなっていくように感じてしまう。

つい、

「なんで、こんなしょーもない人間にだまされたんやろう」

と愚痴を言ってしまったりもする。

山口検事のことを、信用し、むしろ頼りにするような気持ちが急速に芽生えてきていた。

裁判所によってわたしを10日間勾留することが認められたと彼女からは告げられていた。弁護人から差し入れられた逮捕勾留についての手続の解説書によると、最長で20日間まで延長することが可能であるという。

「あと10日プラスされるんですか？」

「それはわからん。わたしらが決めることやない」

わたしは逮捕も勾留も検察官が請求し、裁判所は自動販売機のように認めるのが現状であるということをよく理解していなかった。

生殺与奪の権は事実上、検察官が持っているのだが、山口検事に「裁判所が決める」と言われると、そういうものなのかと納得させられてしまう。

勾留が延長されると、正月もここで過ごさなくてはならない。とんでもないことだ。

「10日で終わったら保釈されるんですか？」

「ケースバイケースやな」

「どうせ起訴されるんでしょ？」

「今後裁判せなあかんのかどうかはわかれへん」

「100パーセントやと聞いてます」

「建前として聞いといて。でも事実はそうやから、向き合わなしゃーない」

「裁判っていつあるんですか？」

「それも場合による。覚せい剤一回打っただけとかやったらすぐやけど、山岸さんの場合、弁護団がどんな戦術を採るかによっても変わってくる」

「はじまるまでずっと勾留されるんですか？」

「それもまたケースバイケース」

「もう、勘弁してくださいよ」

とにかく一刻もはやく、ここを出なくてはならない。そして会社の危機に対応する手立てを講じなくてはならない。そのことだけで頭のなかはいっぱいだった。

わたしはそもそも刑事手続についての知識が欠落していた。そして、特捜部に逮捕されたということの持つ意味をまったく理解していなかった。

翌18日は朝9時半から1回目の取調べ。まず18億円を山本さんの会社に貸すことになった経緯を聞かれた。これもまた何度も話した内容だった。

大阪拘置所は午前7時半起床、8時から朝食だ。取調べまでの間、時間があったため、スクワットをしていたところ、

「なにをしてるんだ?」

「運動です」

「ダメだダメだ。運動は決められた時間内だけだ」

と怒られてしまう。山口検事になぜだか聞いてみたのだが、「決まりやからしゃーない」と言うだけ。

彼女の方から、

「9時消灯になっても本とか読めるんやっけ?」

と尋ねられ、

「そんなん、ダメに決まってるじゃないですか」

というようなやり取りをしたこともあり、拘置所内の生活については詳しくないようだった。

午後からは貸したお金についてのわたしのなかでの認識を聞かれる。

夕食のため午後3時半に房に戻るものの、5時からふたたび続いた。

そして、すでにひととおり話した内容を調書にしていく。あまりにも同じ内容のことを繰り返し聞かれるので、山口検事が蜂須賀検事にキッチリと報告しておらず、再度問いかけるよう指示されているのかと思いきや、

「この録音録画は主任たちも見てるから社長の主張はちゃんと伝わってるよ」

と言う。

夕方の6時半になって弁護士が来ていると告げられる。

「相談したいことがあるんで、この調書、持って行っていいですか？」

「それは見せられへん。置いとかなアカンねん。持っていくことは絶対にないよ。これまでも」

「弁護士さんにここまで来てもらうことは？」

「ないないない。このなかには入って来れないよ。まあ、会社のことを話してきてください」

「社長は退任します。もう気が楽になりました」

こう告げて、取調室を出る。


接見室に入ると中村弁護士がいたので、まず株価を聞いた。

ストップ安水準となる前日比300円安の1069円で寄りついたものの、1190円に下げ渋る場面もあるなど、激しく売り買いがされたという。出来高は229億円、普段とはケタ違いの取引量である。マネーゲームの対象になっていることをあらためて実感した。終値は1165円。2日で687円下落している。

「西村弁護士からの伝言で、やっぱり山岸さんには社長を退任してもらわなくてはならないそうです。取締役もです。午前中に辞任届のひな型を差し入れてます」

「もちろんわかってます。そうせなしゃーないでしょう。すぐ、書いて送ります」

プレサンスの投資用ワンルームマンションを買っていただくお客さんにローンを付ける際、ジャックスやオリックスにお世話になっていたのだが、新規の貸し付けをストップされているのだという。これが止まったままになっていたら、まさに血液が流れなくなるわけで、倒産へ向けまりしぐらとなってしまう。株価の下落も止めなくてはならない。速やかに辞任する必要があったのである。

こちらの方からも、会社の細かな状況や、取引銀行の態度など聞いておいてほしいことが山のようにあったので、用件を手短につたえた。わたしと家族、双方からの伝言などもある。

接見禁止のため、外部とわたしをつなぐ窓口は弁護人だけ。情報のやり取りすべてを1日1回接見にやってくる先生方に託して行うしかない。しかも、弁護人との面会時間は1時間。自身の刑事事件についての相談をする余裕などまったくない。

中村弁護士は、

「勾留および接見禁止について準抗告を申し立ててますが、おそらく認められないでしょう」

と告げ、接見室から出ていった。


弁護士面談が終わると、ほどなく逮捕後4度目の取調べ。

「社長、辞めるって言ってきたん？」

「代表どころか取締役も辞任すると言いました。降りないと会社を守れませんから」

この日の取調べでは小森の調書の一部を読んでもらった。

まだ明浄学院の案件が海のものとも山のものとも知れていないような状態のなか、「初めから買収に使う資金だとわたしに対して説明をした」と採録されている部分は明らかに事実と異なっている。

「少なくともあいつの調書に書かれているような明確な説明なんか絶対に受けていません」

「そこのところもうちょっと思い出されへんかな。過去のことやし忘れたいと思ってはるかもしれへんけど」

「具体的な数字なんか一切ないです」

「でも貸した18億はどないなるのって話で」

「それはわたしが聞きたいです」

「もわっとした形で買収に使われるってこと聞いてたかもしれんやろ」

「買収というキーワードを聞いた記憶がないんです」

なぜ小森はこんなウソをつくのか、まったく理解できない。

会社を辞めると伝えたこの日は怒りや不安でなかなか眠れなかった。経営から離れることになったものの、依然としてプレサンスの大株主である。信用を補完してくれる支援企業もしくは株主を見つけるまではやり抜かねばならない。そうしないとこれまで一緒になってもり立ててきてくれた従業員や取引先に申し訳が立たない。

その気持ちだけがなんとかわたしを支えていた。

検事の取調べが待ち遠しい！

19日の取調べは10時過ぎから。

山口検事はわたしが椅子に座るなり、

「ちゃんと眠れた？」

「一昨日は眠れたんですけど、昨日はダメでした」

「ご飯食べた？」

「はい」

と気づかってくれる。

「運動は……。朝はないねんな。いつもの通り、あなたには黙秘権があります。録音録画してます」

とお約束を告げたあと、

「なんか思い出したこと、ある？」

と尋ねてきた。

「いやいや」

「みんないろいろ言うてるわけやんかぁ。ゼロではないと思うねんで」

「まあゼロではないでしょうけれども」

このようにはじまるのだが、いざ個別具体的な話になってくると、どうしても小森や山本さんが供述していることとかみ合わない。

18億円の貸し付けのうち10億円が佐橋を介して吉村という当時の理事長にわたっているという点をわたしに説明したと言っているらしいのだが、

「あのね、自分のお金が会ったこともない人である佐橋さんから、吉村さんなんてまったく知らん人のとこへ行くなんて聞いてたら、保全が講じられていないことになるわけで、そんな危険なとこに貸すはずないじゃないですか」

と言い返す。

億単位の金を、面識のない女性を介して見ず知らずの人物に渡してしまえば、その金が回収できるかどうかわからない。そんな資金の流れの説明を受けて18億円もの金を貸す人間がいるわけがない。荒唐無稽にもほどがある。

18億円貸付時（2016年3月〜4月）の資金の流れ

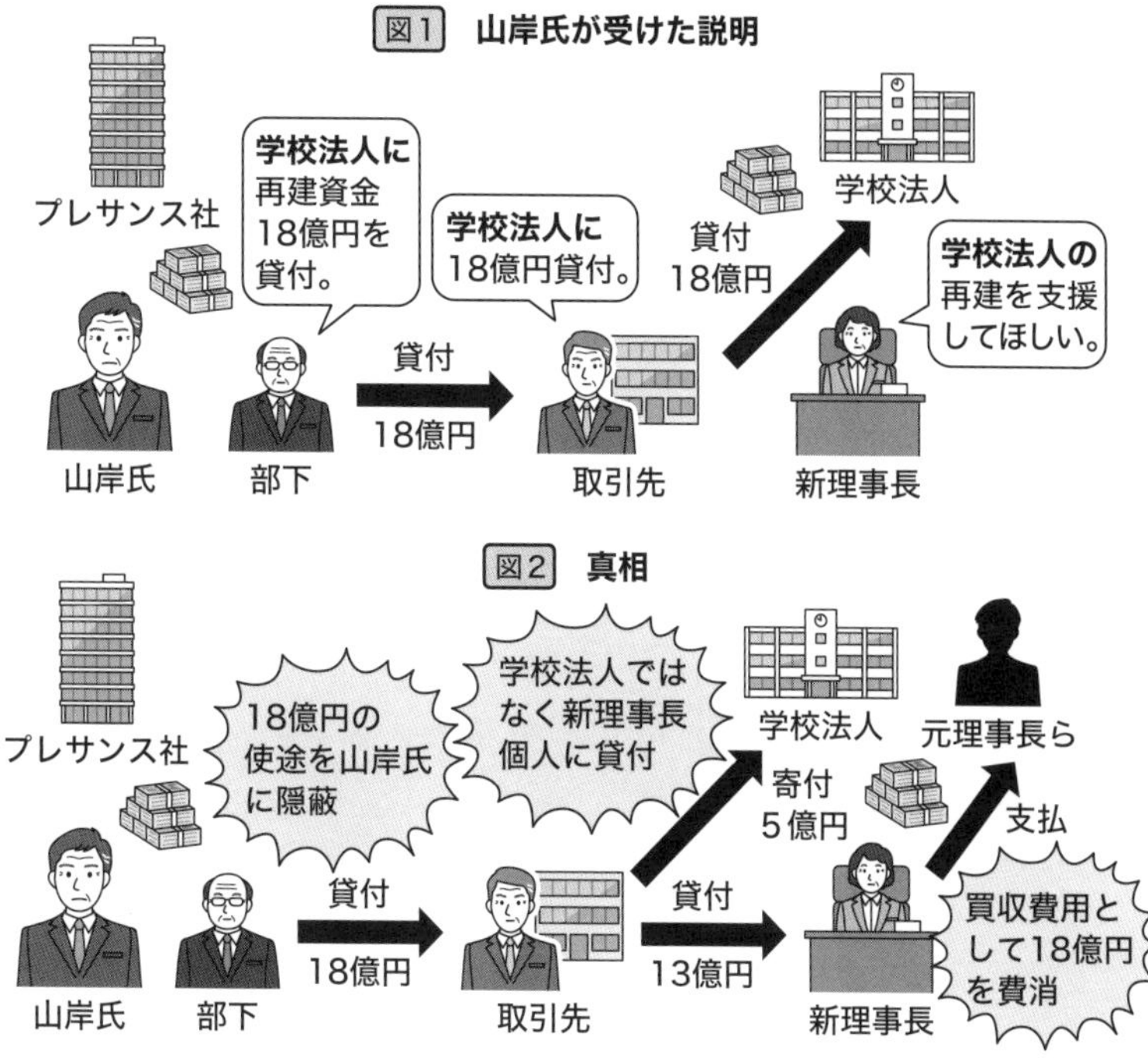

「むこうは説明したのを社長が聞いてなかっただけかもしれへんで」

「この前もお話ししましたけれども、明浄学院の21億円がなくなったと報道があったとき、ボクが小森を呼び出して、『なんでなくなってるねん？　なくなるわけないやろ』と問い詰めたら、あいつは『わかりません』って答えたんですよ。もし貸し付けの段階でボクに買収資金と言ってたんやったら、報道を見たボクに詰められたとき、『社長、あのときちゃんと説明したでしょ』って言い返すはずですよね」

午後からの取調べも逮捕前と同じく、資金使途を知っていたのか知らなかったのかというところを細かく尋ねられたため、いつものように自分の認識通りに答えた。

かといって、とげとげしい雰囲気だったわけではない。山口智子検事のわたしに対する応対は極めてソフトで威圧的な部分はまったく感じられなかった。

逮捕前から長い時間の聴取を受けていたため、新しい内容が出て来ることもほとんどなく、雑談の時間の方がはるかに長い。この日の取調べは4時間半。前日は合計で6時間近く。

それでも独居房のなかで孤独に過ごすより、人と話している方がはるかにマシである。わたしはいつしか、朝になると「はやく取調べにならないか」とこころ待ちにするようになっていた。


逮捕から5日目である12月20日の取調べは午前10時過ぎからはじまった。

午前中は、小森が明浄学院の土地についてわたしに対して2度目の説明を行った、2016年1月時点でのやり取りについての調書を取られた。

午後からは実際に不動産売買が行われた2017年6月から7月にかけての社内での手続についての取調べ。押収されたブツを見ながら山口検事と一緒になって当時の記憶を喚起していく。小森や山本さんの供述とはそれほどバッティングすることのない部分であり、まさに共同作業で作り上げていくといった感じだった。

夕食を終えると、弁護士接見。そのあとすぐに、この日3度目となる取調べを受ける。

「どうしたん?」

山口検事はただならぬわたしの表情を見て取った。

「めっちゃ腹立ちましたわ。ほんまにどうなってるんやろ。バカとしかいいようがない。仕事がでけへんにもほどがある」

先にも言ったように、わたしはすでにすべての会社の役職から離れる旨を告げていた。辞表は封書で送ってあるのだが、拘置所から郵便物を出すと、いろいろなセクションを通過しなくてはならないため、届くまでに思いのほか時間がかかる。口頭でもかまわないと聞いていたので、弁護士を通じ、すぐに「山岸辞任」のＩＲ（投資家向け広報）を出すよう伝えていたのだが、まだ発表されていないのだ。弁護士はたしかに会社の総務宛にメールしてくれているという。

なにもかもが伝言ゲームのようで、しかも自分で確認できないことが歯がゆかった。株価の下落は止まっていた。とはいえ、いつなんどき悪意を持つものに仕掛けられ、歯止めの利かない暴落をまねかないとも限らない。打てる手はすべて打っておきたかったのだが、指示するどころか、まともに伝言すら通らない。

「学校もヤバいみたいです」

「そうなん？」

「電気も止まりそうやと」

「ウソやん。３学期もあるし、在校生もいっぱいいるやん」

「そうですよ」

21億円が消えたと報道されたうえ、前理事長が逮捕されてしまったのだから、明浄学院という学校法人の信用もまた揺らいでいた。なんの関係もない学校の生徒さんや保護者にとっては本当に迷惑な話である。

「社長の私財なげうって助けるっていうのはどう？」

「は？」

「かっこいいやん。すみません言うて、寄付して助けたら。そして抵当権抜いて」

21億円の手付金を支払うに際し、山本さんの会社は明浄学院の土地に抵当権を設定している。さらに今回の事件報道があったのち、プレサンスは21億円の保全のため、手付金返還債権を被担保債権として、山本さんの会社を債務者として転抵当権も打ったうえ、所有権移転の仮登記も行っていた。

「その気持ちは固まってますけど」

「電気代くらい払ったりいや」

「やりたいですけど、ボクがここでこうしてたらなんもできませんやん」

山口検事は、プレサンスに対する風評被害を防ぐ意味でも、わたしの今後の保釈や、公判の際の情状を考えても、それがベストな方策ではないかと以前からほのめかしていた。わたし自身は無実だと考えていたものの、自社の社員も関わってたとされているだけに責任の一端はあり、なんとしてもお力になりたいと思っていた。

とはいえ、会社として保全のないまま、担保関連の登記を外すわけにはいかない。そんなことをしたら財務に大きな穴が空いてしまい、監査法人が会計報告書にゴーイングコンサーン（継続企業の前提）の注記を記載しかねない。株価は一気に暴落するだろう。

明浄学院もプレサンスも救うためには、わたしの私財で解決するしかないのだろうが、こちらの方もまた拘置所での囚われの身の上ではいかんともし難い。

やらなくてはならないことが山積みであるにもかかわらず、接見禁止のせいで指示を直接伝えられず、現状を確認することもできない。弁護人を介しての伝言ゲームでタイムラグのあるあやふやな情報を与えられるだけの状況が続き、イライラが募って頭が爆発しそうだった。

山口検事がわたしの不満を受けとめてくれたため、なんとか落ち着くことができ、ふたたび昼からの調書の作成に戻る。

　でき上がったものを朗読してもらったあと、

「詳しく言いすぎましたかね？」

「いいんじゃないの」

「詳しく話さんでいいって言われているんです」

「それもおかしなアドバイス」

「黙秘が一番いいって言われてます。刑事訴訟の歴史から言うと、いまではセオリーやと」

「弁護士接見の内容は一応、聞いたらアカンことになってんねん。まあ、黙秘なんて社長らしくないわな。何回も見てもらってるやん」

「そうですね」

　またしても弁護士からの助言を明かしてしまう。

　先生方は毎日、交代交代で接見に来てくれていた。しかし、1時間に限られているうえ、そのなかで会社の経営に関することや家族への伝言など、事務的なやり取りに終始してしまうため、その人となりを把握したり、こちらの細やかな気持ちを伝える余裕など微塵もない。

　本来の仕事ではない不動産業でのメッセンジャーをお願いせざるを得ないのだが、会社自体も混乱しているなかで、なかなか意思の疎通ができず、そのイライラもまた窓口である弁護人にぶつけてしまう。

　今後の手続についても、中村先生の口から出て来るのは、「当分、釈放は見込めない」「起訴されることは間違いない」など、わたしを取り巻くつらすぎる現実ばかりである。

　そもそも自分が逮捕されるハメになるなど夢にも思っていなかっただけに、中村先生ら刑事弁護人とは逮捕前に短い時間会っただけ。きっちりと信頼関係を築く間もなくこのような状態になってしまっている。

それに対し、山口検事とはすでに任意での取調べから2ヵ月近い間、膨大な時間をともにしていた。逮捕後もじっくりとわたしの話を聞いてくれる。

ときどき弁護士接見の話題になるときもあるのだが、前述のように山口検事は、

「検事は弁護士との話の内容を聞いたらダメということになってる」

と言いながらも、目つきは興味津々といった様子だったので、隠し事のできないわたしの性格もあいまって、たとえば、

「『検事さんの言うことを素直に信じないように』って繰り返し、言われているんですよ」

などと話してしまう。山口検事のことを信頼しきっていて、こちらの手の内をすべて開陳してしまっていたのである。

「社長はお城が好きやから」

21日の取調べは午前9時28分から。

「きのう寝れた?」

「いや」

「いろいろ考えとったん?」

「まあ、みんなのことですね」

「どうにかせなな。おおきくなっただけにな」

「会社のこともそうですけれども、身内のこともありますんで。ボクが倒れたらみんな倒れてしまう。そういうの考えたら眠れなくなるんです」

いつものように心のうちを素直に吐露する。

取調べに入る際、山口検事はこう切り出した。

「いろいろ考えたんやけど、社長はお城が好きやから、お城にたとえてみましょう」

「はあ」

以前の雑談のなかで、わたしが戦国武将について話した際、城も好きだと話したことがあったので、フィクション仕立てで説明してくれるのだと感じた。

実際、プレサンスコーポレーションの本社は大阪城のそばにある。

「明浄学院というお城があったとしましょう。こんな感じ。ちょっと違うかな？　城にいい土地があって、余っててん。ここに家を建てたら街の人が喜ぶなぁと思ってるYさんがいるわけ。これ社長な。部下がこの情報を聞きつけるわけよ。でも城を牛耳ってる悪い人がおると。この人たちがいる限り、この土地は売れない」

山口検事はひとりで話しはじめた。

「このややこしい人をどけて、新しい人が入れば、この土地を売れる段取りができますよ。でもややこしい人をどけるにはお金がいる。それを貸してくださいねと殿様に言う。殿様はこういうところに素晴らしいものを建てるのが夢やった。イヤやけど夢のためにがんばろうという気持ちになって、よっしゃ貸したろうと」

「……はあ」

今回の事件をたとえ話で語ってくれていたのだが、正直、わかりにくかった。

わたしが18億円を貸し付けた当時、明浄学院の理事長は吉村氏だった。

山口検事の説明によれば、わたしの貸し付けた18億円のうちの多くは、山本さんの会社を介していったんは佐橋のダミー会社に入金され、その後大半が佐橋による学校買収資金として使われた。なかでももっとも額が大きかったのは、吉村氏に渡された10億円。佐橋は、10億円で吉村氏から明浄学院の経営権を譲り受け、学校の理事、その後理事長になっていた。

山口検事は、たとえ話を使って、「反社関連の風評のある吉村氏が明浄の理事長のままだと、プレサンスは学校と取引ができず、学校の土地を売ってもらえない。だから、社長が佐橋に買収資金を貸して、佐橋に吉村氏から学校の経営権を買い取らせ、吉村氏に理事長の座を降りてもらい、プレサンスが学校の土地を買えるようにしたのだろう」と言ってきたのである。

このお城の話が30分近く続いたあと、

「社長が貸した18億は返ってきているでしょ。このお金に関して社長は、一部はなにかしよるんやろうなと思っていたわけよ」

貸した18億円のうちの一部は、再建費用以外の「なにか」に使われるとわかっていたはずだという指摘である。

「いやいや、私的なことに使われるとか反社に流用されるなんて聞いてません」

「理事が替わるとか入り込むために使われたっていう話やん。移転先見つけてくれる人にもお金がかかるわな、そういうものに消える」

「ちょっと待ってください。学校の再建のために」

わたしは山口検事の話をさえぎろうとした。18億円全額を再建費用に使うと聞いていたから、それをそのまま信じていただけである。実際には、18億円は佐橋が学校に入り込むためなどの買収費用に使われていたのかもしれないが、「だから、あなたも初めから、18億円のうちちょっとは買収費用になるってわかっていたよね」というのは後付けもはなはだしい。

しかし、山口検事は早口でまくしたてる。

「小森さんは『佐橋さんたちが学校に入るために使う』っていうのを説明しましたよと言っているんやで」

「違う違う。お金は学校という箱に入ると言ってました。いまの検事さんの言うことはわかりますよ。でもその説明、小森はしていない」

わたしは何度も「小森が錯誤させるような説明をしたに違いない」と供述した。結局はまたしても同じところでグルグルと同様のやり取りが繰り返される。この日は調書を取ることはなかった。取調べは午前中だけで、午後からは行われないという。

終わり近くになって、山口検事は意味深なことを口走った。

「最後は自分で判断して。どうするかっていうのとともに、ちょっと今日もよう考えてもらって、どうする形がいいのかを含めて」

わたしはビックリして、思わず尋ねる。

「どうする形がいいんですか？」

「わたしからは言われへん。社長が判断して」

「なにをですか？」

「言うてるやん。貸したお金の一部について、ここについては、ちょっとぐらいは知らぬ存ぜぬではない、使われたことがあったかもしれない、確認すべきやったと」

「確認しなかったのは自分が悪いですよ」

「実際、全部入らへんかったやんか」

「はい」

「今日は考えてもらう時間や。もうちょっと頭を整理して」

この日を境にわたしに「求められている供述」が微妙に変化していたことに気づいていなかった。わたしが貸していた18億円のうち「少しぐらいは買収費用にも使われるかもしれないと思っていた」という供述を取ろうと露骨に誘導していたのだ。そしてわたしはそのことを察知できていなかった。

「これから一日が長いなぁ。9時までどうしよう」

「人生を振り返る」

「一番嫌いなことです」

「嫌いなこともやってみる。新たな境地が芽生えるかもしれへんで」

このころには山口検事の取調べが終わる際、もの悲しい気持ちさえ抱くようになっていた。子どものころ、遊びに来ていた大好きな親戚のおじさんが家路につくとき、「まだ、帰らんといて」と感じた、寂しい気分に似ていた。

勝負をかけてきた日曜日

山口検事の取調べは世間話を交えながら行われた。自分のことも隠し立てすることなく話してくれる。なかなかの美食家でわたしが接待で使うような高級店のことにもくわしい。このときは、山口検事が大阪司法記者クラブ内で「バカラのある店にしか行かない女」と呼ばれているとは知らなかった。

ある割烹料理屋の話になった際、

「あそこのお店、魚もすごいよね」

「ネタがいいんですよね」

「日本酒の仕入れルートも張り巡らしてて、珍しい銘柄そろえてる」

「あそこの大将、女好きでしょ」

「そうそう。必ず横に座りはるんよ。わたしが友だちと来ているような状況でも」

「そうなんですよ。ボクも女性と行ったら勝手に横に座ってしゃべっている」

と他愛もない話で盛り上がる。

仕事の愚痴をこぼしてくれることもあった。

「残業ばっかりやし、つらいこともあるねんでぇ」

「そんなにストレスたまってるんですか？」

「たまってる、たまってる。ウチの会社、完全にブラックやねん。パーッとやりたいわぁ」

「どんなとこへ行くんですか？　ホストクラブとか行きますのん？」

「そんなん行くわけないやんか。おいしいものを食べて、お酒をいっぱい呑みたいねん。あー、お酒呑みたい」

わたしが刑事事件の手続について尋ねたときのこと。

「検察が逮捕して起訴しないなんかないんでしょ？」

「しないこともあるよ。過去に脱税とかで、わたしが調べた人で、公判請求するまではない、いろんな事情から反省もしているし、従属的な立場やったとかで、起訴猶予になったこともある」

「起訴猶予ってなんですの？」

「要は不起訴ってこと。ていうか社長、山中ゼミやん。山中ゼミって卒論あったやろ。テーマなんやったん？」

「覚えてません。適当に本を写しました」

「アカンやん（笑）」

わたしの担当教授は刑事訴訟法が専門だったにもかかわらず、刑事手続の基本的な用語すら知らないことを面白そうにからかった。このように四方山話をかませながら、要所要所でポイントについて聞いてくる。

ところが昨日のお城のたとえ話あたりから雰囲気が変わってきていた。一方的に話し続けるようになったのである。

12月22日の午後から行われた取調べはさらに様子が違った。

「時間たっぷりあったけど考えたことある？」

「いっぱいあります」

「思い出したことあるかな」

「覚えてることはすべて話しましたよ。なにか問いかけてもらわないと、答えようがありません」

「あれ違ってたなとか、なんか思い出したとかないかな。お城の話がキッカケで」

「………」

毎日、「思い出したことがあるか」と聞かれても、10月29日よりはじまった任意での取調べから数えると、もう50日以上、同じ話を続けているわけで、これ以上新しい情報が出て来るわけもない。

「あのな、社長は貸したお金が100パーセント熔けた理由はわからないと言っている。でもな、前にも言ったように、社長はいろいろ聞かなアカンところを聞いていない。小森は社長に買収資金だと説明したと言っている。おそらく説明はしてたんでしょう。全部使われると言っていなくても、18億のちょっとばかしはね。社長はこれが業務上横領になるとは思ってなかったと思う。でも法的評価としては横領という判断にあたってしまうねん。業務上かはともかく。そこは認めなアカンでと言っている。いま考えても、いっぱいあってん、止まるゲートが。それを全部壊して行っちゃってるのよ、土地がほしいからってな。こんなもん、はよ、終わらす事件やわ。正直、こんなものダラダラと。それは社長が決めることやで。小森呼んで証人尋問して、わーわーやってもそらかまへん。そりゃ社長が判断することや。権利としてあるねん。でもそんなことするような事件じゃないと思うねん」

山口検事の表情はこれまでと違い、真剣そのものだった。心からわたしのためを思って言ってくれていると実感した。

わたしはこの時点で、自分の行った行為のどこが犯罪になるのかわかっていなかった。でも、ここまでわたしの話を一生懸命聞いてくれて、これだけ真摯にわたしのことを考えてくれている山口検事が犯罪であると言うなら、そうなのかもしれないとも思っていた。

山口検事が言うように、止まるべきところがいっぱいあったのであれば、走り続けてしまったことの責任はわたしにもある。

その点を調書に記載することにはなんのためらいもなかった。

山口検事はノンストップだった。

「自分がふところに入れたわけやない。法的評価が横領になるんやったら、そこは申し訳ない。もっと聞くべきやった。一部くらいは佐橋たちがちょこっとする、なんかする。ちょっとくらい頭の片隅にあったけれど、自分は学校がきれいになるんやったらいいと思った。自分の懐に入るわけでもない、で、そこにプレサンスが素晴らしい建物建てて、前から社長が言っているようにプレサンスが建てると大手より安くできるわけやんか。エンドユーザーにも喜んでもらえる。それを自分はしたかった。だから判断、甘くなった。横領だと言われるとは思っていなかったし、非常に甘かったということで最終的にはそういうことにすべきかなと」

　山口検事は目に涙を浮かべていた。

　わたしの今後の人生について心からおもんぱかってくれていると痛いほど感じた。

　頑迷なわたしを正しい方向に導くべく、懇々と説いて聞かせてくれた。

「今後、この人たち許せへんと、ワーッとやってもいいねんで。わたしが言っているのは、さっき言ったみたいに一番小さい部分、最低限、自分は利益を取ってるわけでもない。ちょっとぐらい、金額はわからへんけど、自分はキッチリと確かめもしなかったけれど、こういう形になった。不徳の致すところです。というところをちゃんと（調書に）残すべきやなと思ってる」

「まだまだ社長のバイタリティーやったらやり直せるわ。こんなこと延々とやったって意味がないし、はやく終わらすのがわたしはベストやと思う」

　結果的に明浄学院に迷惑をかけてしまったことの責任はわたしにもある。そこは謝らなければならない。小森や山本さんにだまされる形になってしまったことも、わたしの不徳の致すところだ。

「検事さんのおっしゃる最終結論には1パーセントも異論はない。悪かったところはそこやと思いますし、まず取りあえず、そうせなアカンこともわかってます」

小森や山本さんの話とわたしの話には根本的な相違があるものの、山口検事はこの相違をキチンとわかったうえで色々言ってくれているのだから、なんとか彼女が考えている方向に話を寄せていきたいと思った。

「もちろん社長がな、この人たちがいろんなことを言うてはる。もう想像つくでしょ。だから逮捕状も出るわけやんか。『社長に説明しました』と言っている。腹立つかもしれんけど、ちゃんと説明があったんでしょ。そこは受け入れなしゃーない。自分の部下でしょ。そこにおいては、この人たちとどうなるかというと、結局裁判で延々と争うわけよ。証人尋問呼んで、これだけ長い経緯やから普通、何度も何度もやる。反対尋問やる。こんなことを繰り返して、そもそも争っているだけで、はじまるまでメチャメチャ時間がかかるわぁ。一般的にはな。だけど、ごめんなさいするんやったらはやい話や。自分が悪かったところは、一部そうなるという認識があったが、そんなことになるとは思っていなかったし、現にもっと聞かなアカンのに聞いていなかったのは申し訳なかった。ただプレサンスのためにマンション作りたかった。そっちの気持ちが大きくなりすぎてしまった。一部は認めなアカンねんで。それが横領になるのは申し訳ない。寄付でもしたらエエやん」

山口検事は、論理的で明確な言葉づかいではなく、感情に訴えるようなもわっとしたフレーズを多用してくるし、わたしが言っていることとはちょっと違うのではないかというニュアンスでわたしの話をまとめようとしたかと思えば、わたしがもっとも気になっている今後の展望の話をまぜこぜにして、とにかくものすごいスピードで話し続けるものだから、思考が流れて行ってしまう。

まさか、わたしに対し「罪を認めろ」と説得しているとは思いもよらず、何度も深くうなずいた。

もちろん裁判なんかはやく終わらせ、自分の人生をやり直したい。全部認めれば釈放され、そうでなければ勾留が続くこともボンヤリとはわかっていた。

ふり返って見ると、このときのわたしは、山口検事がなにを意図しているのかまったく理解できていなかった。自分の考えていることと彼女が求めている答えとのズレも正確に把握できていなかった。

のちのち弁護人たちがこのやり取りの録音録画を視聴し、

「これ、メチャクチャ危ない会話ですね。山岸さん、流されかかってますやんか。怖い怖い」

と教えてくれることになる。


いったん夕食をはさんで、同じ部分についての取調べが続けられた。

山口検事が口を開く。

「社長は山本さんが入るということで会社のレピュテーションリスクを下げることができて（土地を）買おうかということになった。でも18億貸さないと買えない。売れる状況にならない。佐橋さんらが学校の実権取ってないから売れない。18億のいくらかは学校の実権を取るために使うんだろうな。全部じゃないで。前から言っているように、ちょっとぐらい、どれくらい認識したか知らんで。頭のなかで。それがどれくらいかは置いといて、一部はそれに使うかも知れんなという認識あったんとちゃう？」

「使うから借りに来たんでしょ」

「それが全部学校法人に入るきれいな金じゃないよって言ってるねん」

「そういう認識はないんですよ」

「ゼロじゃないでしょ？」

「学校に入って学校の判断で使われると思ってたんですよ」

わたしの返答に対し、山口検事は少しガッカリしたような表情を浮かべる。

わたしは前日とこの日のやり取りで瀬戸際の攻防が行われていたとはまったく気づいていなかった。

この日は日曜日だった。弁護士との接見がない。特捜部が弁護人と相談できない日曜日に被疑者を「落とそう」とすることをわたしは知らなかった。山本さんがわたしの事件への関与を「自供」させられたのも、12月8日の日曜日だったことなど知る由もなかった。

辞任の夜はやっぱり眠れなかった

翌12月23日。この日は朝から昼飯をはさんで夕方まで売買契約締結についての調書を取られた。

山口検事は取調べのなかでも、裁判をはやく終わらせるべきだと何度となく語りかけてくる。

「(山岸の)調書は(小森、山本の調書と)敵対になっている。ここの部分は認めるっていうのがないと……。呑めと言っているのではないよ。敵対になっているので、ここについては申し訳ない、やむを得ないみたいな、なにかがないと、敵対しすぎちゃってるから、裁判官としては判断しにくいかもしれない」

「どういうことですか？」

「この人たちはお金が買収資金やと伝えたってことになってるやんか。こっちは全然聞いていませんよと。ここまでは聞いているけど、ここまでは知らないみたいなさ。もうちょっと社長が認められるところがあるのであれば」

こうも話してくれた。

「大所高所から見たときにさあ、どうするのが一番いいのっていう、そこよ。ずるずるずるずるずるずるって、そりゃやるのもいいよ、やったらいいと思う。そりゃそっちを判断するなら。私はもうそれは社長が判断することだって、ずっと言ってる。もうこいつらウソつきやがって、ええいっと裁判するのもありかもしれない。証人尋問も徹底的にする。でもさ、得になるって話」

聴取を終え、取調室を出る際には、こう声をかけてきた。

「明日また朝から来ます。流れの大きなところは取ってるよね。あとはそのへんをちょっと考えてみて」

「なにを考えるんですか？」

「自分をどうしていくか、今後のことを。どこまで罪を認めるかも含めて考えてって言うてるねん。まあまあ、ゆっくり考えて」

この日になってようやくわたしの辞任が発表された。

夕食後の接見には渡邉春菜弁護士が来てくれた。プレサンスの土井副社長、および西村弁護士と直接面会して話ができるよう、接見禁止一部解除の請求もしてくれたという。

明日はクリスマスイブ。予約していたレストランのキャンセルがちゃんとできているかどうかの確認、ゴルフの約束などについても行けない旨の伝言などをお願いした。

12月24日もまた、朝の10時過ぎから山口検事の取調べ。

もっとも、そのほとんどは世間話だった。

「いや、だけどさすがに寂しかったですね。昨日は寝られませんでした。はやくしろとは思っていましたけど、やっぱりさすがにちょっとつらいものがありました」

どうして辞任できないのかと弁護士をせっついていたものの、いざ正式に発表された日の夜は眠れなかったのである。

「長いこと、考えてきたからね」

「まあ、しかたないことです。これからの人生がんばるしかない」

「これはこれできちっと終わらせて、がんばれるよ」

「はい」

「もっといい人になってがんばれると思うわ」

「そうしないと」

山口検事は頼りがいのある相談者だったので、心のうちを明かすことのできる相手だった。

「弁護士さん、家族関係の伝言はちゃんとやってくれているんでしょ？」

「いや、わかりません」

「ちゃんと伝えてくれてないの？」

「伝えているんでしょうけど、しょせんは他人事ですからね。わたしが思うほどの感情はないでしょ。当然」

「それはそうね。本人ではないからね」

弁護人に対する不満すらちゃんと受けとめてくれる。

この日もやはり、山本さんに貸した18億円のうち、いくらかは使われてなくなると思っていなかったかと尋ねられたので、学校に入金され、理事会の牽制のもとに使われることは当然あると考えていたと答えた。

午後からは調書を作成した。みずからの脇の甘さ、認識不足により、大変迷惑をかけてしまったことについての反省の弁を述べた。これまで取ってもらった調書と同じく、すべてわたしの本心通りのものである。

「これで終わったんですか？」

「だいたい終わってるよね。おおむね」

「どうなるんでしょうか？」

「どうなるって、今後のこと？」

「はい」

「明日がほかの人たちは満期なのよ」

先に逮捕されている佐橋、小森、山本さんらは明日12月25日に勾留期限を迎えるのだという。起訴するなら検察はそれまでに手続しなくてはならない。

「裁判所へ行ってからの日付けじゃないんですか？」

「行ったのが6日。そっから20日だから、明日が満期やで。社長の方は明日で9日目になるのよ」

「彼らは出られるんですか？」

「いや、わからない。それは全然わからない」

「わたしもどうなるんですかね？」

「わからないよって言ってるじゃない。どうなるかは。まあ、そこは弁護士さんががんばるところだよね」

「これって、銀行って保釈とかになれば、何日まで開いているんですか？」

「27日じゃない。今年は28日が土曜日でしょ」

「そんなんやったらめちゃくちゃ時間ないじゃないですか」

起訴されたら保釈の手続をとることができる。ただ、保釈の請求をして、裁判所が許可したとしても、保釈金を納付しないと出してもらえない。

12月26日に起訴されたとして、直後に保釈請求し、裁判所が許したとしても、決定時にはじめて保釈金の額がわかるわけで、その後に指定された金額を用立てなくてはならない。銀行が12月27日までしか開いていないとすると、年内に保釈されるためには綱渡りの日程となる。なんとしても年末年始を外で迎えたいと思っていたわたしは、そんな算段に明け暮れていた。

この日の山口検事の取調べは夕方で終わり、夜になって中村弁護士と渡邉弁護士が接見に来てくれた。

「わたしの今回の件で、略式起訴になるっていう可能性はないんですかね？」

中村先生が刑事訴訟手続についての一般書を差し入れてくれたので、目を通したところ、「略式起訴」なる言葉が書かれていた。もしかして自分もそうなるのではないかと思い、尋ねてみたのだが、

「山岸さんみたいな大物を捕まえてそれはないです。そもそも横領罪に略式はありません」

一刀両断された。

「取調べはどうですか？」

中村弁護士から尋ねられた。

「山口検事は少なくともわたしのことを主犯ではないと見ています。彼女はよく絵を描きますが、そのなかで佐橋、小森、山本が大きく描かれていて、わたしの扱いはとても小さいようです」

「なるほど、なんか気になることはありますか？」

「そういえば、山口さんは、『裁判をはやく終わらせた方がいい』みたいなことを言ってたんですよ。『証言台に立つつもりなん？』とも言われました。わたしのために言ってくれてると思うんですけど、どういう意味なんですかね？」

念のため尋ねてみたところ、中村先生は眉根をしかめて首をかしげ、斜め下へ視線を落とす。

渡邉春菜弁護士が、

「自白調書がほしいんだと思いますよ」

と返してきた。

「えっ。いやいや、わたしは全部本当のことを話しているんですけれども。えっ、どういうことですか？」

「あっ、わかりました。大丈夫です」

それ以上、深くは突っ込んでこない。

刑事事件に関する用語にうといわたしはこのとき、「自白」とは本当のことを話すことだと思っていた。渡邉先生は「犯罪事実を認める内容の調書」を取ろうしていると伝えようとしていたので、そもそもおたがいの話が嚙み合わない。

ふたたび中村弁護士が、

「とにかく調書には気をつけてくださいね」と言う。

「検事さんはよく話を聞いてくれていて、わたしの言うことはわかってくれていますよ」

「いやいや、山口さんはなんの権限もない現場の一兵卒です。彼女のうえに主任検事と特捜部長というのがいて、その人たちが事件の見取り図を描いている。山口さんがなにを言っても、それは全部、山岸さんから供述を取るためなんです。ちっとも味方じゃありません。油断させて都合のいい調書を作ろうとしますので、十分警戒してください」

と釘を刺された。

そのときは中村弁護士の言葉が今ひとつピンときていなかった。先生方はわたしが山口検事のことを心から信頼していることに気づいていて、慎重に言葉を選んで接見してくれていたことも知らなかった。

この日の接見では中村先生が3人の娘からの手紙を読み上げてくれた。愛情のこもった熱い激励の文面。どの手紙にも〈おとうさんを信じている〉と書いてくれていて、はからずも涙した。

「おとうさんは元気にやってます。ただ、なんでこんなことになったのかは理解できていません」

というメッセージを託した。内妻に対しては、

「クリスマスプレゼントを用意しているから、ちょっとだけ待っていてくれ」

との伝言を頼んだ。

「最高検も起訴にゴーサイン出してる」

12月25日の朝はプレサンスの土井豊社長、顧問の西村弁護士との面談だった。接見禁止一部解除の申請を裁判所が認めたのである。

土井はわたしに代わって代表取締役に就任したばかりだった。まず金融機関がどのような態度

なのかが気になった。

「全面的に引いていますね」

「ローンの再開は？」

「メドは立ってません」

「どんなこと言うてるねん？」

「オリックスは社長の持ち株比率を25パーセント以下にしろと言うてます」

「もちろんそのつもりや」

社長兼大株主が逮捕されてしまった企業との取引なんて、どの金融機関もいやがるに決まっている。

「オープンはどうなった？」

「三井住友はもっと大きな会社の方がいいんじゃないかと」

オープンハウスをスポンサーとすることにメインバンクは難色を示しているという。

たしかにオープンハウスは新興企業で、プレサンスと同じくイケイケの会社だ。そんな企業と組むことに当然、リスクはある。その一方、歴史のある大きな会社の傘下に入れば安心なのだが、その分、ガバナンスが厳しくなりすぎて、わが社の勢いを削ぎかねないとも考えた。

「わかった。両にらみでもいいんで、とにかく急いでくれ」

一時、１１５５円まで落ちていた株価は、１３７０円まで戻していた。はやいうちに、わたしの持ち株をどこかに持ってもらい、プレサンスの信用を補完したかった。

なんの前触れもなく、いきなり会社の全責任を双肩にになうこととなり、いままで担当外だった営業面にまで目配りしなくてはならなくなった土井は本当に大変そうだった。

20分の接見時間はあっという間に終わった。必死になって会社を守ろうとしている姿が頼もしくもあり、また申し訳ない気持ちでいっぱいだった。

その後、10時過ぎより取調べ。午前中は完全に世間話だけで終わった。

午後1時40分から行われた2度目の聴取の際、

「今日で佐橋さんや小森さんらは20日目の満期だったじゃない。本日付けで起訴になりました。社長の場合、明日までで、それから延長というのも普通あり得る話なんだけど、今回いろいろ思い出して話してくれてるということで、今日付けで一緒に公判請求ということらしいわぁ」

「はい」

「その方が少しでもはやく終わるし。覚悟はしてた?」

「公判請求って起訴ということですよね」

「起訴ということ」

もちろん覚悟はしていた。

そのうえで、わたしはずっと気になっていたことを尋ねてみた。

「検事さんが、『はやく終わらせたら』という言葉を日曜日ぐらいからおっしゃっていますけど、その意味があまりわかっていないんですよ。公判というものがどういうものかもわかっていないので」

山口検事はまず一般論から話しはじめた。

「『わたしもこういう悪いところありました。ごめんなさい』と言ったら一回で終わるわけよ」

そのうえで、ちょうどこのころ森友学園事件をめぐる詐欺容疑で裁判をやっていた籠池夫妻の

例を挙げ、

「いろんな証人への尋問を何回も何回もずーっとやっていたでしょ。最近になってようやく結審したけど、結局、2年近くかかったのかな」

「だけどシャバには出ましたよね？」

「それ300日、なかに入ったあとでしょ」

「300日も勾留されてたんですか？」

「入ってたよ」

「えー」

認めなければ300日も拘置所にとどまらなくてはならないと聞かされ、正直ショックだった。

山口検事は横領罪にあたるという意識がなくても、罪になる場合があると説明したうえ、

「はやく終われば、ある意味終われるじゃない。さっさと。で、社長辞めました。21億についてもちゃんと会社にこうやって補塡しましたということをきちっとやれば、裁判官わかってくれると思うよ。そうすると、できる限り、それは最終的にはなんらかの有罪って言われるかもしれないけれども、できる限りさくっと終わるような形にすれば、次のステップに行けると思うのよ、わたしは」

「それで、もう弁護士さんにもできる限りはやく裁判やってくださいと言って、もうしゃしゃしゃとやってくれと言って。そしたら、終われるじゃない。次のステップ行けるじゃない」

「公判前整理手続で、あれ見せろ、これ見せろってずるずる、ずるずるやってる人も多いわ。でも、今回の件はこういう話がいっぱいあるなかで、やっぱり関わっている部分はわたしはあると思っている。社長もそれは認識しているわけでしょ。そうであれば、ちょっとムダな時間は過ご

「保釈が万が一だめとかで、弁護士さんだけじゃ、わからないことを聞きたければ、わたしに言ってくれればいいのよ。拘置所の人に、『ちょっと検事さん呼んでほしいです』と言ったら、こっちに連絡くれるから」

いよいよなにもかもが終わる段になり、このような言葉をかけてくれた。被疑者が被告人の立場となってからも、検察官が拘置所に駆けつけてまで保釈の相談に乗ると告げることが、不正な利益誘導であるなどとはみじんも思わず、「なんて親切な人なんだろう」と感じ入り、深くうなずいた。

明日からは山口検事の取調べも行われない。もし保釈が認められなかった場合、外から鍵をかけられた三畳一間の独房でひとりぼっちになってしまう。どうやって膨大な時間をやり過ごしたらいいのだろう。

わたしは途方に暮れていた。

「取調べ状況等報告書」に記載された聴取の時間を確認したうえ、署名指印する。

この書類を見るのも今日で最後。

「わたしは覚悟していたことですけど、娘とかね、そのへんがかわいそうですね」

「弁護士さんからちゃんと、あと奥さんにフォローしてもらって。たぶん彼女ちゃんとやっていると思うよ」

「そうみたいですね」

「はい」

「じゃあ、お世話になりました。ありがとうございました」

部屋を出る際、いつものようにお辞儀する。このときだけは山口検事も野口検察事務官も椅子から立ち上がり、深々と頭を下げてくれた。

逮捕されてから33時間。任意でのものも含めると倍以上にはなるであろう、長時間にわたる取調べはついに終了のときを迎える。

切なくも、名残惜しいような気持ちだけが残った。

第三章　通らぬ保釈請求と持ち株売却

ひとりぼっちのお正月

12月25日、検察は勾留延長をすることなく起訴した。これは年内に出られるってことだとわたしは勝手に解釈した。起訴の報を受けて接見に来た中村弁護士に、

「保釈の手続、お願いします」

とお願いした。

一日もはやく家族に会わねばならない。

代表取締役の辞任が決まったあたりから、家族のことばかりが気がかりになっていた。わたしの逮捕でつらい目に遭ってはいないのか。体の調子は大丈夫なのか。いろいろな想像が頭を駆けめぐる。

「制度上はできるので、いちおうやってみますけど、正直言うと、ほぼ無理だと思いますよ。否認してらっしゃるうえ、起訴直後ですので」

と中村先生は言っていたものの、信じたくなかった。

翌26日、保釈請求したが、27日に却下決定。

その日のうちに準抗告を申し立てる。保釈却下決定をした1名の裁判官とは別の裁判官3名に再度判断をあおぐのだという。しかし、即日棄却されてしまう。

「難しいとは思っていましたが、やはり無理でした」

「年末年始、ここでひとり過ごすんですか？」

「そうならざるを得ません」

心の底からガックリきた。


保釈の手続をする場合、まず、弁護人が保釈請求書を提出し、次に請求書を読んだ検察官が意見書を提出。双方を見た裁判官が許可不許可を決めるのだそうだ。

中村弁護士に検察官の書いた意見書を見せてもらうと、1ページ目に、主任検察官である蜂須賀三紀雄検事の署名と、

〈上記の者に対する保釈請求は不相当であり却下すべきと思料する〉

という意見が記され、次のページから理由が綴られていた。

そもそも日本の刑事訴訟法においては、

「保釈の請求があつたときは、次の場合を除いては、これを許さなければならない」

と定められており、まず保釈が原則となっている。

しかし、「次の場合を除いては」とあるように、保釈を許可しなくていい例外的なケースがいくつか認められている。たとえば、保釈された被告人が罪証隠滅する可能性が高い場合（89条4号）、ひらたく言うと証拠を隠したり壊したり証人の証言を変えさせたりする可能性が高い場合である。

また、被告人が暴力団関係者であるときなど、保釈された被告人が被害者や証人や彼らの親族に害を加える可能性が高い場合（89条5号）も例外的ケースにあたる。

そして、わたしはこの4号と5号に当たるから、保釈してはならないというのが蜂須賀検事の主張だった。保釈してしまうと、小森や山本さんに金を渡して口裏合わせをさせるに違いないし、事件関係者を脅す危険性が高いから拘置所の外に出せないのだという。

意見書に書かれた事実はでっちあげのオンパレードだった。

山口検事から取調べを受けていた際、わたしが小森と山本さんに対して強い憤怒の態度をあらわにし、

「あいつらはウソつきだ。絶対に許さない」

「裁判では絶対にオレの前で話はできない」

と強い口調で申し立てたそうである。

また、小森が「逮捕前、口裏を合わせるよう、山岸さんからしつこく強要された」と供述しているという。

さらに逮捕前、わたしがプレサンスの仕入れ部門の幹部である小谷勝久に命じて、組織的に証拠隠滅工作をしたそうだ。小谷は小森の証言をねじ曲げるため、彼の書いた事情説明メモを青文字で添削しており、そのメモも残っているという。

そして、わたしがかつて別れた妻に対してした財産分与について、〈資産隠匿の疑いもある〉と指摘されていた。ついでに、わたしが保釈されれば、米国ロサンゼルスに住んでいる次女のところに海外逃亡するとまで書いている。

意見書の締めくくりは、

〈断固として保釈を許可すべきではない〉

あたかもわたしが危険な大悪人であるかのような書きぶりである。

（なんと姑息なヤツらなんだろう）

怒りのあまり体が震えた。

たしかに山口検事の取調べ中、

「絶対に許さない」

と言い放ったことはある。ただし強い憤怒の態度とはいくらなんでも誇張が過ぎ、言いがかりとしか思えない。

事件発覚後、小森に対して簡単に事情を聞いたことはあるものの、口裏合わせと言われないよう、つねに周囲に複数の人間を同席させていた。小森が「山岸さんから口裏合わせをするよう強要された」と発言しているという点も、プレサンスの人間に確認した瞬間すぐバレるウソである。なぜ小森はこんなウソをつくのか。なんで検察は確認もせず、それを信じるのか。

わたしが部下の小谷勝久に証拠隠滅工作を指示したこともない。逮捕前の取調べ中、山口検事から、

「小谷さんが小森さんに事件のことを聞いてるみたいなんよ、証拠隠滅と疑われるからやめさせてな」

と言われたので、取調べ後にすぐ小谷を呼び出して、

「検事さんに疑われるようなことするなって言われたから、小森と事件のことしゃべらんといてくれ」

と伝えたことはあるが、それだけである。

前妻への財産分与は公正証書を作成したうえ、資金移動も振り込みで行っている。しかも検察庁はそれらの書類を押収していた。資産を隠匿するなどできようはずもないことはわかりきっているはずなのに、因縁をつけてくる。

英語の話せないわたしが次女のいる国外への逃亡を企てるわけもない。

「なんで、こんなこと書かれているんですか？」

強い口調で中村先生に問いかけると、

「特捜部の事案で被告人が否認していて、さらに多数の共犯がいると、検察官は保釈請求に対して徹底的に反対してきます。裁判所もそれを認めてしまうんです」

法律の建前において、請求を受けた裁判官は原則として保釈を認めなければならないとなっているにもかかわらず、実際は否認している限り、身体拘束がいつまでも続いてしまうというのが日本という国の現状だというのだ。

ウソをついてわたしに濡れ衣を着せた小森は前日に保釈されたらしい。

めまいがした。

「家族の面会は？」

起訴後は、事件と無関係であることが明らかな家族となら、面会・手紙が認められるのではないかと聞いていたので、すがるような思いで確認した。

「年明けに接見禁止解除の申請をしてみます。こちらの方はがんばってみますので、なんとか耐え忍んでください」

12月27日は金曜日だったので、この日で年内の弁護士接見も、差し入れの受け付けも終わってしまう。通常であれば仕事始めとなる翌年の1月4日は土曜日であるため、10日後まで誰とも会えない。

心底、ゾッとした。

翌日から週2回の入浴以外、監禁生活が続く。

房内は寒かったが、大京時代の同僚が厚手の衣類を大量に送ってくれていたのでなんとかなった。食事もおいしくはないが、我慢はできる。

とにかくずっと独房にいるのがもっともつらかった。それがゆえに山口検事の取調べを心待ちにしていたぐらいである。もともと動くのが好きで、趣味もアウトドアでスポーツをすること。知人からは「大型回遊魚」と呼ばれており、じっとしているのは苦手だった。

独房内は無機質なうえ、とにかく狭く、監禁されているということもあいまって、精神的な圧迫感が心をむしばんでいく。

ひとりぼっちで話し相手のいないことで、気が変になりそうだった。年末になると刑務官の数すら少なくなってくる。

案の定、精神的にまいってしまった。

たったひとりで壁を見つめていると、グニャーっとゆがんで見えてくる。

(アカン、幻覚が見えるようになってしもた。このままやったら廃人になってまう)

おかしくなっていく自分のことが怖かった。正気を取り戻そうと、極力からだを動かすことを心がけた。運動は2時半から30分と定められている。その時間はもちろん腕立て伏せや腹筋などのトレーニングに費やした。

残りの膨大な時間もボンヤリ過ごすと滅入ってしまう。じっとしていなくてはならないのだが、壁際で中腰になり、本を読むふりをしながらハーフスクワットをするなど、いろいろな方法を編み出した。

「お前、何回言うたらわかるんや、１５４３番」

と怒られることもたびたび。

心の平静を保つ。わたしにとって簡単なことではない。

大京時代の同僚が司馬遼太郎の『関ヶ原』を差し入れてくれていたことで、なんとか気を紛らわすことができた。読書は苦手なのだが、読んでいる間だけは不安から逃れられる。

年の瀬にラジオを聞いていると、保釈中だった日産自動車の元会長、カルロス・ゴーン氏が国外に逃亡したとしきりに報じられる。

刑事司法の手続には無知だったものの、

「アイツ、こんなことしたら、オレはもっと出られへんようになるやんけ」

と直感した。残念ながら、この予感は当たることになる。

大晦日のニュースでは覚えのある名前を耳にし、思わず立ち上がった。

「本日午前3時10分ごろ、徳島市秋田町の市道で、南から走ってきたタクシーが、道路の中央に立っていた歩行者の男性と衝突。男性がはずみで対向車線に倒れたところ、ちょうど走ってきたタクシー2台に次々とはねられました。搬送先の病院で死亡が確認されたのは大阪市西区に住む36歳の会社員……」

「え、え、え、え」

ラジオが告げた名前はプレサンスの営業部長と同じものではないか。

「この男性は徳島市内の実家に帰省中で、中学校の同窓会からの帰り道で事故に遭ったとみられています。現場は信号や横断歩道がない道路で……」

たしかあいつの田舎は徳島やったはず。

間違いない。

すぐにも電話をかけ、確認を取りたかったのだが、わたしは拘禁されているうえ、年末年始の間は弁護士接見すらない。

いったいどういうことなんや。

いろいろな想念が頭のなかを駆けめぐった挙げ句、次のような結論に思い至る。

オレのせいや。

こんな特捜事件に巻き込まれ、会社を存亡の危機に至らしめてしまった、オレのせいや。

善後策に忙殺され、心労がかかりすぎたため、酒に呑まれてしまったに違いない。

かわいそうに。

そして、申し訳ない。

みずから動くことはおろか、詳細すら聞くことができないもどかしさと、わたしの不注意が原因で部下を死なせてしまったという自責の念、さらに弔ってやることすらできない無力感で煩悶し続けた。


たったひとりで過ごす正月。孤独が身にしみた。館内放送で宮城道雄の「春の海」の琴の音が流れてくるのだが、もちろんうれしくもなんともない。海老、さわら、黒豆の入ったお節が出たのだが、そのほとんどは凍ったままだった。

「いつまでも大好きな自分でいたい」

年が明けて2020年1月6日、弁護人が接見禁止に対する準抗告を申し立てたところ、裁判所は一部解除を決定した。

長女、三女、およびのちに結婚することになる内妻との面会および手紙のやり取りが許されたのである。メチャクチャうれしかった。

すぐさま長女に手紙を書きはじめた。

〈手紙なんか書くのは何年ぶりやろう。おそらく小学校以来かな。おかあさんにラブレターを書いたこともないと思う〉

〈まず最初に心配かけて大変申し訳ない。事件のことについては書いてはいけないことになっていますが、おとうさんとしては適法に処理されている認識でした。結婚式のスピーチなんかで、「人生には上り坂、下り坂、そしてまさかがあると言われます」なんて言うけど、今回はそのまさかを実感しています〉

〈詳しいことは面会で話しましょう。はやく会いに来てください。楽しみにしてます。おかあさんによろしく!〉

としたためる。

刑務所と違い、拘置所では限られた品々のなかからではあるものの買いものをすることができる。早速、マークシートの注文用紙でレターセットと切手を購入した。

ほどなく長女が接見に来てくれる。

目が合うなり、ポロポロと涙をこぼして嗚咽するので会話にすらならない。アメリカに暮らす次女から「時間が短いから絶対泣かないように」と釘を刺されていたそうなのだが、無理だったたという。

次の手紙にはこう書いた。

〈面会に来てくれてありがとう。メチャクチャうれしかった。「こんなことで泣くな」って強がって言ったけど、本当はおとうさんが泣きたかった〉

〈いま、おとうさんの楽しみは、手紙を書くことと、夢のなかでみんなに会うことと、あなたたちとの面会だけです〉

保釈請求も願い出たが、こちらの方は弁護団が首を縦に振らない。なんでも一度却下されたあと、もう一度請求する場合、前のときにはなかった「保釈を許可する新しい事情」が必要なのだと言う。

年明けには出られると思い込んでいたので、まったく納得いかなかったが、弁護団がそう言うのなら仕方ない。

被疑者の段階では弁護人は3人までしかつけられないのだが、起訴後は人数制限がないという。弁護団に新倉明先生と亀井正貴先生が加わった。ふたりとも元検察官で中村和洋弁護士の先輩にあたる。とても心強かった。

亀井先生と初めて接見したときのこと。別れ際に、

「まあ2、3ヵ月はここでがんばってよ」

と言われたので、ビックリしてしまう。

「ちょっと待ってください。そんな長いことおったら、ボク死んでしまいますよ」

と伝えたのだが、

「いや、まあ、がんばってよ」

と、とぼけられる。

このときは、まさか釈放までにそんなに時間がかかるわけがないと思っていた。

5人の弁護人と3人の家族が、それぞれローテーションを組んで毎日接見に来てくれるようになったため、精神的にはかなり楽になる。

とはいえ拘禁状態にあると、精神的に不安定になっているため、京都から1時間以上かけて来る内妻や、神戸から電車を乗り継がなくてはならない三女が途中で事故に遭うのではないか、などと悪いことばかり考え、不安にかられることも少なくなかった。

面会はできずとも、差し入れすることは可能だと知った知人がいろいろなものを届けてくれるようにもなってきた。毎日、弁当を入れてくれる友人もいれば、飲み物を届けてくれる仲間もいた。

大阪拘置所では朝日、讀賣、産経の3紙を購読できるので、わたしは朝日新聞を取っていた。ただ仕事上、日経新聞に目を通すことが欠かせない。こちらの方は後輩の水上が毎日差し入れてくれたので、1日遅れながら読むことができるようになった。

次第に自分の房が届けられたものであふれかえってくると、刑務官が、

「食べられないお菓子なんか、バラバラにして弁当箱に詰め込んで捨てろ」

と言うので、

「ボクのことを心配して、こうやって届けてくれるのに、そんなもん捨てられません」

と口論になる。

結局、アタッシェケースに詰め込んでおくということで話がついた。

しかし、それもいっぱいになってしまい、ふたたび、

「はやく捨てろ」

と注意された。

「あなたがわたしの立場になったら、捨てられますか？」

またしても食って掛かる。

結局、

「廊下から見えない場所に置く」

ということで折り合った。

毎日の日経新聞をはじめ、いろいろな差し入れには本当に勇気づけられた。手紙のやり取りはできないが、ひとつひとつの品々に「ガンバレ」と熱いメッセージが籠もっているように感じた。


家族とは接見で直接やり取りするようになったことで、刑事弁護人ともようやく事件のことについて話をするようになる。

このころになって、ようやくなぜ自分が逮捕起訴されたのか、その概要をつかむことができた。

わたしが拠出した18億円は山本さんの会社を経て佐橋のダミー会社に送金されていた。特捜部の見立てによると、わたしは貸し付け当時、佐橋が明浄学院から横領したお金で貸付金を返済する予定であると知っていたということになっている。横領される金で返されると知っていたのに、貸してしまったから共犯なのだというのである。

たしかにプレサンスが手付金として明浄学院に払ったお金は全額、振り替えられ、いろいろな

口座を通して、その日のうちに18億円がわたしのもとへ入っていた。お金の流れからすると、横領したお金がたどり着いた先がわたしなのである。

ただし、取調べで山口検事に何百回も話したように、わたしは貸したお金は明浄学院の口座に入ると思っていたし、小森にはその点について何度も確認していた。

地方検察庁のトップである検事正を歴任した経験のある新倉弁護士でさえ、

「18億円ものお金を会ったこともない個人に貸すかな？」

「上場企業の社長が横領という犯罪行為を前提にお金を貸し付けたりするの？」

「そもそも、これって横領になるの？　18億円だしてるんだろ。なんで横領なのか理解できない」

と首をひねる。

それにくわえてわたしには動機がない。プレサンスの連結売上高は2015年が656億円だったが2017年は1010億円、2020年には2224億円となって全国分譲マンション供給戸数トップを達成するなど、着実に業容を拡大していた。明浄学院の土地は手に入ればうれしかったものの、危ない橋を渡ってまで取得しなければならないものではなかった。

拘置所で購入したノートに、

〈ここに来て忘れかけていた。いつまでも大好きな自分でいたい〉

〈オレは唯一無二。一代で2000億企業を作って、いまは獄中生活。こんなヤツ、なかなかおらんやろ。胸を張ろう、自分の人生に。そして、出てからの、これからの人生が大切なんや〉

と書き付けた。

拘置所内で巨額の株取引を模索

このころ、わたしはひとつの決断をくだした。

プレサンスから完全に離れる決意を固めたのである。

身を切られる思いだった。

自分にとって我が子同然。命がけで育ててきた会社である。

しかし会社の存続が危ぶまれているなか、大株主たるわたしが拘置所にいて身動きが取れないということであれば、残された従業員やステークホルダーの皆さまにとって、決してよろしいことではない。

もうひとつ大きな理由があった。わたしがプレサンスの多くの株を所有していることが、保釈においてはネガティブに評価されるというのである。

検察は、保釈に反対するにあたって、「山岸は事件関係者に対して大きな影響力を持っている。保釈を認めれば、山岸がその影響力を使って証拠隠滅をはかるだろう」と主張する。

そして、事件関係者には、プレサンスの人間も含まれる。わたしが大株主である限り、従業員に大きな影響力があるとみなされるのだ。そこで、会社から完全に離れることによって、検察官が保釈に反対する理由のひとつを潰すのだという。

前年の9月、ネット通販「ZOZOTOWN」の創業者である前澤友作さんは、みずから所有する株式の大半を売却して会社を去った。細かい経緯は知らないが、潔さを感じたものだった。

（前澤さんはどんな気持ちやったんやろな）

そんなことを思った。

2020年2月3日、プレサンスのスポンサー支援について話し合うため、社長の土井、および同社が事業提携について相談している西村あさひ法律事務所の弁護士と接見した。

「支援企業についてはどうやねん？」

「はい、三井住友は『ビッド（入札）にかけたい』と言うてます」

メインバンクは信用補完してくれる会社について、買収をふくむ再建案を公募し、そのなかからもっとも妥当と思われる案を出した先を選ぶべきだというのである。

平時であれば、もちろんそうすべきだろう。

「このまま、どこの銀行にも融資してもらえなんだら、いつまで資金繰り、もつねん？」

「ちょうど1年ですね」

一般的なやり方だと、応募してきた会社をいくつかに絞り込んだうえ、秘密保持契約を結び、プレサンスの細部にわたる財務や事業の詳しい情報を提供。先方はデューデリジェンス（資産査定・買収監査）したうえで、提携もしくは買収の内容を詰め、そこから有力候補を絞り込んでいく。

「ビッドの結論でるのはいつくらいの見込みやねん？」

「夏くらいやということです」

「もし、それ以上の時間がかかったらどないするねん。刑事被告人の会社やでぇ。つぶれてまうやないか」

デューデリに手間取って、信用補完する会社を見つけ損ねることがもっとも怖かった。

「銀行の言いなりになって悠長なこと言うてたらアカンぞ」

三井住友銀行の立場からすると、公募すると手数料が入ってくるわけで、そちらを勧めてくるのは当然だ。

「やめとけやめとけ。オープンとにぎれ。荒井さんはプレサンスがほしくてほしくてしゃーないはずや」

なによりも会社の存続を優先したかった。

この日のノートには、

〈とにかく土井の考え通り、会社を守ることが一番です。土井にかかっています。全社員のために会社を守ってください。そして一日もはやくスポンサーを決めることが最重要だと思います。最短で進めてください。いまの自分にはなにもできませんが、株の譲渡のことは最善の協力をしたいと思います〉

と書き込んだ。


このころになると、一段と前向きに考えられるようになってきた。

あまり自分の人生を振り返る余裕などなかったが、これだけ時間があると、いやおうなしに想起する。やはり、これまでの自分は運がよかったのだ。ツキすぎていた分の見返りを受けているのだろう。こうなったらウミを出し切った方がいい。プレサンスの社長時代は、金銭的にも恵まれていたし、社内も社外もだれもがわたしの言うことに従った。若いころ思い描いていたような生活だった。

だけど、しんどい部分もあった。なにもかも自分で決めていかなくてはならない責任感でがんじがらめになっていた。もし、今回の事件がなかったら、死ぬまで人生＝プレサンスみたいな感覚だっただろう。

〈これは選ばれた人間だけに与えられた試練だ。努力次第でいい方向にも悪い方向にも転ぶ可能性がある。この逆境を、のちのち「いい経験になった。よかった」と真顔で振り返ることができるようにしたい〉

こう、ノートに書き込んだ。

いつも、

「顔がいかにもワルそうだから捕まっちゃったんだよ」

と冗談を言っていた亀井先生が、めずらしく真顔で、

「山岸さんみたいな幸せな獄中生活者は見たことない。いろいろな人が応援してくれてるのがヒシヒシと伝わってくるもん」

と言ってくれたこともうれしかった。

肉親も毎日、交代で会いに来てくれる。接見にて長女と話した際、

「おかあさんはどうしてる？」

と別れた妻のことを聞いてみたところ、言葉をにごす。よくよく聞いてみると、なにかいさかいがあったらしく、しばらく口を利いていないという。

わたしはなによりも仕事優先で生きていた。

娘と前妻との間で行き違いがあるなんて、露ほども気づかなかった。もし逮捕勾留されていなかったら、一生知らないままに終わっていただろう。あらためて父親失格であったんだなと反省した。

〈おかあさんとのいろいろなあつれきがあったことは初めて知りました。親子なんやから、ちゃんとわかり合える日が来るから。おかあさんは偏屈やけど人間はすごくいいヤツやで。おとうさ

んはいまでもおかあさんと知り合って結婚してよかったと思ってる〉

と便りに記す。

現在の嫁さんである内妻には甘えっぱなしだった。仕事をしながら、半休を取ってなんとか週2回来てくれていて、毎日手紙も寄越してくれていたのだが、

「それじゃあ、ボクはもの足りないんだ。それじゃあボクはがんばれないんだ」

と言ってしまう。

わたしの要望を受け入れ彼女は足しげく京都から通ってくれた。そこまでして訪れても大阪拘置所の場合、面会時間は最大で20分しか与えられない。その日の混雑具合によって時間が変わり、接見室へ入る直前、

「今日は15分な」

と告げられる。

こちらは伝えなくてはならないことが沢山あり、忘れないよう頭にたたき込んで面談に臨むのだが、10分しか時間がないことも少なくなく、そのうえ内妻のレスポンスがよくないと、そばに置いてある時計が気になってイライラが募ってきて、ついきつい口調になってしまう。

ある日の面会の際、

「しかたないから仕事辞めるわ」

と言ってくれたので、すぐに仕事を辞めてわたしを支えることに専念してくれるのだとうれしく思っていたところ、あとから来た手紙に、

〈3月末日で退職します〉

と書かれていたものだから、次の接見のときに、

「なんで、3月末まで辞められへんねん。こっちがどういう状況かわかってるんか」

などと怒鳴りつけてしまった。

接見が終わってから、立ち会っていた刑務官に、

「あんた、拘禁病かかってるでぇ。気ぃつけなアカンよ」

と言われてしまう。

わたしが「もっとしっかり支えてくれ」と強いプレッシャーをかけすぎて、彼女が突発性難聴になってしまったことにも気づいていなかった。自分では立ち直ってきていると思っていたものの、やはり最初の数ヵ月は気が変になっていたのだろう。

2月の終わりころ、中村弁護士の事務所宛てに村上ファンドを率いていた村上世彰氏から電話があった。接見にて中村先生がメモを読み上げてくれた。

「山岸さんはいろいろ大変な状況に置かれているものと存じます。わたしも同じように特捜部でつらい経験をしたことがあるので、お気持ちはわかるつもりでおります。お会いしたことはありませんが、東京におりましてもプレサンスコーポレーションや山岸さんのお噂はかねがねうかがっております。すごい方だと思っておりました。もしわたしでなにかできることなどありましたら、ぜひともご協力させてもらいたく存じます」

という伝言だったという。

「まあ、株を買いたいんでしょうね」

「とても丁寧な口調でしたよ」

お声掛けいただいたことはありがたいのだが、わたしはプレサンスの未来や従業員の働きやす

さを重視していたため、ファンドではなく、事業会社に売らなくてはならないと考えていた。2度ほど電話をもらったそうなのだが、こちらからキッチリとしたお返事はできなかった。

ほどなく刑務官とプレサンス顧問弁護士も立ち会いのもと、プレサンス土井社長とオープンハウスの荒井正昭社長と接見を行う許可がおりた。

会談内容はというと、ズバリ、「会社を売る気があるのか?」「買うつもりがあるのか?」の確認。荒井さんはズバリ指し値してきた。現状の株価を見ても納得できる値段だったため、

「買ってください」

トップ会談で即決だった。

わたしが持っているプレサンスの株はわたし個人保有のものと、わたしの資産管理会社名義のものにわかれていた。金額が大きいだけに、譲渡の手続は簡単ではない。

また、プレサンスが明浄学院に払い込んだ手付金21億円の処理についても、同時並行でやっていかなくてはならない。先にも述べたように、学校の底地には山本さんの会社が抵当権を打っているうえ、プレサンスは転抵当権も設定していて、所有権移転の仮登記も行っている。少々込み入っている権利関係についてもきれいにする必要があった。

そのため企業法務に詳しいアンダーソン・毛利・友常法律事務所と契約。パートナーである上田裕康弁護士に手伝ってもらうことになる。

3月13日に初めて接見にて会い、同事務所の6人の先生の弁護人選任届にサインした。

ひたすら証拠の開示を遅らせる検察庁

自身の持ち株問題については、少しずつ前に進んで行く実感があったのだが、肝心の刑事事件についてはまるで動きがない。

検察官が証拠を開示しないのである。

特捜部の強制捜査のニュース報道では、大量の段ボール箱を押収する様子が放映される。捜査官らは持ち帰った段ボール内の大量の書類等を手分けして「ブツ読み」する。そして、有罪にできるだけの証拠がそろっていると判断すれば、起訴をする。その時点で、収集された書類等は整理され、裁判での立証に必要なものはだいたい選別されているという。一般的に起訴後、検察官が証拠調べ請求する予定の証拠の開示にはそれほど時間はかからない。

しかし、1月の初旬に行われた1回目の進行協議期日で、検察側は自分たちの請求証拠の開示が3月中旬になると言ってきた。起訴から証拠調べ請求予定証拠開示までじつに2ヵ月半もかかるというのである。

弁護団は強く抗議。

「どういうことなんですか。なんでそんなにかからなアカンのですか。特捜はもう証拠の分析できてるでしょ」

公判担当の堀木博司検事は検察OBの先輩弁護士たちに詰められタジタジだったという。

弁護団は検察官が請求してきた証拠（検察官請求予定証拠）をチェックし、検察官が裁判でどのような立証を予定しているのかを書いた書類を見たうえで、納得できない部分を洗い出し、その点について確認するために関連証拠を開示するよう検察官に請求。開示されたものの内容を確認して方針を立て、どのような証拠を請求するか決めて行く。しかし、肝心のブツや書類が出て来ないことには進めようがない。

1月末にようやく開示されたのはわたしの調書だけ。そこになにが書いてあるのかなんて全部知っている。ただわたしの調書に添付されていた一枚の書類について、接見に来た新倉先生から問いただされた。

「このペーパーなんだけど、なにか覚えある？」

「いや、覚えてないんですよ。取調べでも山口検事から見せられたんですけれども、同じように答えました」

表題に「学校法人明浄学院M&Aスキーム」と書かれた、２０１6年3月17日付けの書類だ。そこには学校法人に18億円を貸し付けると記載されていた。

この日付けの5日後に18億円のうちの15億円を山本さんの会社へ振り込んでいるので、18億円の貸し付けに関連するものであるのは間違いない。

「誰がなんのために作ったんだろう？　一見すると山岸さんに有利な証拠のようにも思えるんだけど、その位置づけがわからないんだよな」

この書類について何度も質問を投げかけてきた新倉先生はこう言って首をひねる。のちのち裁判で重大な役割を果たすことになる「3月17日付けスキーム図」。この時点では、この紙片の持つ意味を弁護団はもとより検察官も理解していなかった。

2月の後半になって検察官が請求する証拠がほぼ出そろう。小森、山本さんの供述調書の一部は2月の末日になって、ようやく開示された。

3月に入り、さっそく開示された調書のコピーがわたしにも差し入れられる。

読みはじめて吐き気を催した。起訴される前に、山口智子検事からわたしの言っていることと小森や山本さんの供述内容が違っているとは聞いていた。でもそのときは彼らの思い違いによるものなのではないかと考えていた。

ところが根本的に違っていた。彼らは明らかに虚偽の供述をしていた。とりわけ小森は絶対にわたしが聞いていないことを伝えたと言い切っている。

なんでやねん。

なんでこんなウソをつくねん。

なんでこんなウソがつけるんや。

わからない。何度考えてもわからない。

わたしは小森や山本さんにそれほどひどいことをしたというのか。いや、そんなはずはない。小森のためにわざわざ子会社を設立して社長に据え、破格の給料も与えていた。山本さんとの仕事にトラブルはなく、お互いウィンウィンの関係だったはず。

わたしに罪を押しつけようということなのだろうか。

こんな人間たちのためにわたしの人生は台無しにされようとしているのか。

こんなヤツらに絶対に負けるわけにはいかない。何度も何度も読み返してそう心を固めた。

一時は消えていたふたりに対する憎しみが心のなかでふたたび燃え広がった。

人を憎むことはみずからの心も痛めてしまう。

せっかく明るい気持ちになりかけていたのに、ふたたびどん底に叩きつけられた思いだった。

あまりにも腹が立ったので、接見の際、調書を読んだ弁護人に感想を尋ねてみると、違和感を覚えたという。中村先生は、

「小森さんの供述では『佐橋に18億貸す。そのうち10億は吉村理事長に、5億は寄付金名義で明浄学院に、3億は手数料で仲介業者に行く』と山岸さんに伝えましたってなってますよね。でも、そのときの山岸さんのリアクションが書かれてないんですよ」

供述調書が不自然なのだという。

「山岸さんが貸したお金は横領されて戻ってくると最初から計画されていたというのが検察のストーリーなんです。横領して返済するって簡単なことじゃないですよね。山岸さんが納得して、その案に乗っかったんやったら、小森さんから細かい計画を聞かされたとき、『おい、それ大丈夫なんか？』とか聞くやないですか。検察庁は山岸さんが最初から横領されることを知っていて貸したと主張しているわけですから、『ホンマにバレへんのか？』とか『ちゃんと戻ってくるんやろうな？』とか当然、会話のなかで出て来なアカンのに、どんな反応を示したのかがまったく書かれていないわけで、リアリティがないんですよね」

と言う。新倉先生は、

「こういうのは検事の作文なんだよな」

と話してくれた。

亀井先生は、

「検察官に言わされている」

と表現した。

元検察官たちが言うのだからそうなのかもしれない。ただ、そのときのわたしは不思議に思ったものだ。人は自分の意思を持っているのに、検事に加担して作文を手伝ったり、言わされるなんてことがあり得るのか。そんな人間が存在するんやろか。

現にわたし自身の取調べにおいて、ちょっとでもニュアンスが違うと感じた部分を指摘すると、山口検事はそのまま修正してくれていた。

「こんなもん、アカンでぇ」

と言って何十回も直してもらったこともある。

日本語はあいまいな部分を残す言語だ。検察官はそのあいまいさをみずからに利するように使っているような気がしてならなかったからである。

そういう権利が「保障」されているのに、なんで「作文」できるのか、なぜ「言わされる」のか。このときは理解できなかった。

衣類や食べ物だけでなく、知人が多くの書籍も差し入れてくれていた。

とりわけ、特捜部に捕まった著名人のものについては当初、むさぼるように読んだ。

そのなかでもっとも印象に残ったのは『勝率ゼロへの挑戦 史上初の無罪はいかにして生まれたか』（光文社）という本だった。

著者の八田隆さんは外資系証券会社に勤めていた際、株式報酬の過小申告を故意の脱税だと判断され、国税局査察部によって刑事告発された。

当時、マルサの告発を経て裁判になった者の有罪率は100パーセント。弁護士に相談しても、「勝ち目はないので虚偽自白して丸く収める」ようアドバイスされたのだが、八田さんは逮捕されることを覚悟したうえで、全面否認することを決断する。幸いにも逮捕されることはなかったが、執拗な取調べののち、東京地検特捜部により起訴されてしまった。

その後、無罪を勝ち取るまでの戦いの記録である。

わたしが好感を持ったのは、八田さんの外資系証券マンとしての仕事についての記述だった。彼のビジネスマンとしてのキャリアは波瀾万丈で、激しい浮き沈みの繰り返しだった。

八田さんにとって検察との戦いは試練ではあるのだが、人生において最大のものではないという。ニューヨークでの新入社員時代や、転籍したベアー・スターンズ証券での半年の方がはるかに精神的につらかったという。

はたと気がついた。

わたしにとって、たしかに逮捕勾留は耐えがたいものである。しかし、新入社員として大京に入社した当時の地獄に比べたら、こんなん大したことないやないかと。

八田さんはみずからの仕事に対し深い情熱と強い誇りを持っていて、それを守らんがために特捜部と戦うことを決意した。ビジネスの最前線で戦った方の記録として共感する部分が多く、(わたしも負けるわけにはいかへん。常識の通じない世間知らずの検察官、そしてそんなヤツらの権力に屈し、虚偽自白までしてしまった小森、山本さんに絶対に負けてたまるか)と、強い気持ちを持つよう促されたものだった。

「まれに見るほどの明白かつ悪質な罪証隠滅行為」

2020年3月17日、2度目の保釈請求。

あらかじめ中村先生から、

「保釈を認めさせるのは難しいかもしれません」

と言われていた。

というのも、この時点では、裁判に向けての手続が全然進んでいなかったからである。準備段階の公判前整理手続ではなにをするかというと、検察側と弁護側双方の主張と証拠の整理。

手続の流れとしては、こんな感じになるという。

ステップ1。検察官が、裁判で証明すべき事実、つまり事件の詳細について記載した書面（証明予定事実記載書面）を、裁判所に提出する。併せて、裁判所に提出する予定の証拠（請求予定証拠）を弁護人に開示する。

ステップ2。弁護側が、開示された請求予定証拠をチェックして、「捜査機関はほかにこういう証拠を持ってるはずだよね？　検察官の主張が正しいかどうか確認するため、これらのほかの証拠も見たい」と証拠開示の請求をする。

ステップ3。検察官が弁護側の請求に応じてほかの証拠を開示する。

ステップ4。関連証拠を精査した弁護側が、弁護側の主張（本件の場合は、なぜわたしが無実であるといえるか）を記載した書面を裁判所に提出する。併せて、弁護側から裁判所に提出する予定の証拠を検察官に開示する。

ステップ5。裁判所が、裁判の争点をはっきりと示す。

その後は、公判で、検察側と弁護側が争点をめぐって戦うことになる。

この3月17日の時点では、起訴から2ヵ月半経っているにもかかわらず、まだステップ1の半ばだった。弁護人が「遅い遅い」と検察官をせっついた結果、検察官が裁判所に提出する予定の証拠は大体開示されていた。しかしなぜか証明予定事実記載書面が裁判所に提出されていなかった。

また、この時点では、進行協議期日という非公式のうち合わせが4回行われていただけで、まだ1回も公判前整理手続期日が開かれていなかった。

今後の裁判で検察官がどういう主張をして弁護側がどう反論していくか、誰ひとりとして予想ができない状態だったのである。

保釈は、証拠隠滅のおそれが高い場合は認められない。検察側の主張も弁護側の主張もわからないなら、なにが証拠になるかもわからないので、「証拠隠滅のおそれが高い」と判断されるだろう、というのが弁護団の判断だった。

しかし、逮捕されてからはや3ヵ月。監禁生活に少し慣れてきたとはいえ、苦痛であることに変わりはない。なにより、プレサンスの株式の売買や明浄学院の土地に設定された担保問題を解決するためには、こんなところにいる場合ではない。

前年12月27日に1回目の保釈請求が却下されて以降、わたしは、弁護人との接見で、

「いつ、出られるんですか？」

と保釈のことばかり質問していたが、もはや我慢の限界だった。


保釈請求書を、提出前に見せてもらう。

読んで、これならいける、と思った。説得力があった。

請求書の内容は、次のようなものだった。

もし保釈されたわたしが証拠隠滅をしようとした場合、どういうことをする可能性があるか。本件の関係者25名のうち、わたしと面識があるのは小森・山本さんだけ。つまり、わたしが行う証拠隠滅行為として考えられるのは、小森・山本さんとの口裏合わせである。

しかし、わたしが保釈後に小森・山本さんと接触を試みようとすれば、口裏合わせだと疑われ

ることは明らかである。マスコミがどこで目を光らせているかわからないのに、そんなことするわけがない。

小森は1月に退職していた。なにより、プレサンスは当時、倒産を免れるため、逮捕起訴されたわたしとの関係を断ち切ることを対外的にアピールする必要があり、わたしはプレサンスの株式の売却を進めていた。この状況では、社内の人間を通じて小森に圧力をかけ口裏合わせをするなんて到底できない。

また、前回の保釈請求時の検察官意見書に書かれていたことに対しても、丁寧に反論していた。たとえば、「山岸がプレサンスの小谷に指示をして、組織的な証拠隠滅工作をした」という検察官の指摘について、事情を詳しく説明した。

小谷が、小森に対して事件の概要の確認をしたことはあった。しかし、これは、プレサンスの幹部が、「なぜ山岸社長が連日検察庁に事情聴取に呼ばれているのか。小森がまた保身のためにいい加減なことを言ってるのではないか」と心配して、小谷に指示したものであって、わたしは一切関与していない。むしろわたしは、小谷の行為を知ってすぐ、小谷に対し、

「会社ぐるみだと疑われるから一切そういうことはするな」

と伝えている。

そのほか明浄学院の受けた被害を救済すべく協議を進めており、とりあえずわたしの個人的な資金21億円をプレサンスに預託してあることなども明記する。

身元引受人は、内妻とした。前回の保釈請求では弟を身元引受人にしていたが、弟はプレサンスの子会社の社長である。プレサンスとわたしの間でなにか怪しげなやりとりがされるのではないかと勘ぐられないよう、プレサンスと無関係な人物にしたのだ。

最後は、検察が証拠開示を遅らせていることに伴って被告人の身体拘束期間が延びていくのは不当だ、という批判で結ばれていた。

保釈請求書を裁判所に提出した翌日の3月18日、公判担当検察官の堀木博司検事が裁判所に意見書を出してきた。意見書の結論は、前回と変わらず、〈断固として保釈を許可すべきではない〉というもの。前回は3ページちょっとだった意見書は、約2倍の7ページに膨れ上がっていた。読んでみると、やたら、どこかで見たような文章が多い。というか、前半部分はほぼ、初回の保釈請求時の蜂須賀検事の意見書のコピペである。意見書の小見出しに〈刑事訴訟法89条4号と書きながら、小見出しの下の本文では〈4号ないし5号に該当する〉と綴られているなどの齟齬もあり、前任者のものをコピペしただけで必要な修正すら施していなかったりする。

「なんちゅういい加減な人間なんや。こんなんが公益の代表でエエんか。こっちは命が懸かってるねん。人を牢屋にぶち込み続ける書類ぐらい自分の頭で考えて書けや、ボケがぁ」

わたしは思わず毒づいた。

意見書のうち、コピペ以外の部分も、非論理的な決めつけと一方的な放言で成り立っていた。保釈請求書に対する反論らしきことが色々書かれているのだが、反論になっていない。

まず、意見書は、保釈請求書の「口裏合わせをしたというのは検察の誤解だ」という指摘を無視し、一切の再調査をしないまま、プレサンス社のワンマン社長として君臨していたわたしが口裏合わせを指示したはずだ、と無根拠に断定した。その上で、〈被告人山岸は、自己の地位等を活かして、まれに見るほどの明白かつ悪質な罪証隠滅工作を行っている〉と言いがかりをつけてきた。

そして、そんな悪質な罪証隠滅工作をしているわたしが、今後、小森・山本さんとは絶対接触しないと言ったところで、裏付けもなく信用できない、と結論づけた。

また、保釈請求書で指摘した検察の証拠開示の遅さについては、〈仮に通常より手続が遅滞しているのであれば、それは収集証拠が多数あることに加えて、共同被告人が多数存在するから〉と正当化していた。遅れていることはしぶしぶ認めたものの、まるで検察に一切非がないかのような言い草である。

「おいおい、証拠の整理はわたしの起訴までに終わってるはずとちゃうんかい。もしかして、ろくに精査もせんまま裁判にかけると決めてしもたんとちゃうか」

と感じはじめた。

わたしがプレサンスの株式売却を進めている点については、〈いまだ40パーセントの株式を実質的に保有したまま〉〈具体的な株式譲渡の話の進捗は一切聞こえてこない〉などと述べ立てている。検察が保釈に反対し続けるせいで、売主のわたしが拘置所に閉じ込められたままロクに外部と連絡できず株式売却に手間取っている、という点は完全に無視である。

被害救済のため21億円を預託していることについては、〈結局のところ、現時点で被害回復が完了していない〉とあくまでもポーズにすぎないと指摘。

わたしと内妻の体調不良については、〈本件との関連性も不明確であり、情緒的な訴えに過ぎない〉と切り捨てている。拘禁反応は一般的によく知られた症状だし、ストレスによる難聴もよく聞く話なのに、まともに取り合おうともしない。体調不良の原因を作っている当の検察が、まるで他人事なのである。

さらに内妻について、わたしより年下であるからわたしと〈対等な関係にあるとは認めがたい〉と主張し、身元引受人としての監督能力がないと指摘していた。

まったくの偏見である。検察はわたしと彼女のなにを知っているのだろうか。

この意見書を読んで、納得する裁判官がいるのだろうか。

3月19日、堀木検事は「追加意見書」を提出した。

しかし、特段新しい情報は記載されておらず、単に〈小森および山本に対する（山岸の）憤りは従前以上に鬱積していることは想像に難くないことから、あらゆる手段を講じて自己に有利になるような罪証隠滅工作に及ぶことは十分に想定される〉と、もはや妄想レベルの抽象的な文章が書き連ねてあった。

この追加意見書からわかるのは、ただ、「検察が死に物狂いで保釈に反対している」ということだけである。

（検察は不当逮捕に気づいてなりふり構わず保釈に反対し、わたしのメンタルを弱らせて戦う気力を失わせようとしてるんやないやろか。絶対に負けへんで）

そう思ったのも束の間、この追加意見書を読んだ裁判官は、即日、保釈請求を却下した。

山口検事は、

「保釈する、せえへんは裁判所が決めるんやし」

と何度も言っていたが、検察が強硬に反対するとは教えてくれなかった。検事がいくら非論理的な文章でウソを書き連ねても裁判官は事実であるかどうかなど気にすることなく、言う通りにするということも教えてくれてはいなかった。

プレサンスコーポレーションは巨大な「個人商店」だった

わたしのプレサンスの持ち株の譲渡の問題、および明浄学院との被害弁償に関する交渉については、上田裕康弁護士にお願いしていたのだが、さすがビジネスロイヤーだけあって、仕事がはやく、拘置所にいても心強く感じたものだ。とにかく毎日、面会に来てくれ、現状について簡潔に報告してくれるうえ、ポイントを外さない質問を投げかけてくる。次の日にはなにかしら事態が進展しているなど、手際がよかった。

とはいえ仕事だけのドライな付き合いといった感じはなく、人間的に熱い部分も持ち合わせていて、長い激励の手紙をもらったときの感動は忘れない。

株式の売買についてもこのまま順調に行くのかと思いきや、土壇場になって波乱があった。いざ取引の1週間ほど前になって、オープンハウスが弁護士を通じ、トップ会談で決めた売買価格を値切ってきたのである。

「どうされますか？」

上田先生は尋ねてきた。

「そんなもん、応じられませんわ」

さすがに驚いて即答した。

みずから起業した会社のために、一日もはやく支援先を見つけたいのはやまやまである。しかし、わたしは吐いたツバを呑むことが大嫌いな性分だ。

「上田先生、向こうにいまから言うことをそのまま伝えてください。いいですか。『オタク、約束破りますのんか。最初の金額はオープン側が提示してきた値段やでぇ。側近の役員が言うたんと違うやろ。トップみずからが言うたことを、ひっくり返すんかい。オマエ、しょーもないヤツやな』と山岸が言っていると。お願いしますね」

まあ、弁護士さんが入っているので、相手に言う際は、もう少し婉曲的な表現にはなっていたかもしれないが、わたしの気持ちは先方に伝わったようだ。

次の面会の際、

「オープンハウスの荒井社長が直接話をしたいと言ってきました」

と上田先生が伝えてきた。

これにはまた驚いた。しかし、おいそれと乗るわけにはいかない。交渉というのはあくまでも対等な立場にあってこそ、渡り合うことができるものである。現在のわたしは拘置所に勾留された身の上。囚人なのである。しかもプレサンスは早急に信用補完しなくてはならず、急いで売らなくてはならない。

一方の荒井さんは飛ぶ鳥を落とす勢いの新興不動産会社のオーナー社長。あまりにもおたがいの立ち位置が違いすぎる。

苦しかった。

わたしは上田先生に対し、

「それはあきません」

と告げた。会ってしまえば勝ち目はない。押し込まれるのは目に見えている。

「足元を見られてるわけですよね。しかもボクはいま、とても弱い立場にあります。面談は不利にしかならないので、先生におまかせしたいです」

「わかりました」

上田弁護士が再度、先方と値段を交渉。

「当初の値段より少し下げてかまいませんか？」

と打診があったため、

「はい。プレサンスを守るため、多少の譲歩はしかたないと思ってます」

こちらが思う価格を伝えると、その翌日、オープンハウスは承諾してきた。

土壇場でいろいろなことがあったものの、助けの手を差し伸べてくれた荒井社長には本当に感謝した。

わたしは不動産業界のトップをめざしていた。しかし、それはかなわぬ夢となってしまった。

その天下布武の夢を荒井正昭という男に託そう。素直にそう思った。


わたしの持ち株の売却交渉が妥結し、完全に身を引くことが事実上、決まってほどない時期である2020年3月31日、プレサンスは外部経営改革委員会の調査報告書を公表した。

プレサンスはわたしの逮捕を受けて、ガバナンス上に問題があったのではないかを調査・検証するため、外部経営改革委員会に調査を委託していた。調査はプレサンスとは利害関係にない完全な第三者である弁護士3名、および調査補助のための弁護士8名によって行われたという。

取締役会などの会議の議事録、明浄学院の土地売買の契約や稟議に関する資料がチェックされただけでなく、役職員27名の電子メールデータも抽出。さらに役員など関係者42名に対するヒアリングや社員689名に対するアンケート調査も実施した。

わたしに対しても聞き取り調査が行われた。年明けから複数回にわたって、担当の弁護士が大阪拘置所まで来て、接見室で色々確認されている。

逮捕されて以降、わたしは「どうして、こんなことになってしまったのか？」と、ずっと自問自答し続けていた。なぜこんなことに巻き込まれねばならないのかと、被害者意識にさいなまれることも少なくなかった。

山口智子検事には何度も、

「理不尽です」

と、わたしを取り巻く厳しい現実への不満を訴えた。

しかし、拘置所にてひとりきりで「なぜだ、なぜなんだ」と途切れることない問いと向き合うなか、事件の原因が、プレサンスコーポレーションという会社の仕組み上の問題にあったと思うようになってきた。これは、わたし自身にこの事件についての刑事上の責任があるかということとはまったく別のことである。

プレサンスは、銀行から融資を受けて、土地を仕入れ、その土地上にマンションを建設し、そのマンションを販売する。

このうち、土地の仕入れと営業はわたしが担当し、資金調達や経理は副社長の土井が担当していた。

そして、仕入れについては、各仕入れ担当者がそれぞれ案件を見つけて、取引リスクを徹底的に洗い出してその是非を判断し、ＯＫだと思ったものはわたしに直接決裁を仰いだ。すべての仕入れ案件をわたしが把握し、その案件を成立させるか否かは、わたしの独断で決まっていた。

このようなやり方は、プレサンスの最大の強みであるスピードの速さに直結していた。トップダウンによる即断即決は効率的だった。他社が決裁に手間取っている間に、案件を成約させていく。これによってプレサンスは、急成長を遂げた。

反面、組織としての情報共有やリスクの検討はおろそかになってしまう。完全なる分業体制をとっていたので、仕入れ担当のわたしの仕事に、副社長の土井が口をはさんでくることはない。仕入れの取引リスクは各担当者が顧問弁護士への相談等によって適切に洗い出しその結果をわたしに正確に報告する。個人の能力と善意に依拠したシステムだったので、小森のような人物がいるとひとたまりもない。

しかも、社員同士はお互い激しく競い合い、みずからの知見や経験を共有しない。極端な縦割りの組織で横のつながりが薄かったため、組織としての牽制が効きにくかった。

こうしたガバナンスの脆弱な組織を作ってしまったのは創業者であるわたしである。上場企業の社長としての資質に欠けていたと言われてもしかたない。

調査報告書には次のような一文があった。

〈本件調査・検証の結果浮かび上がったガバナンス上の問題点のほとんどは、プレサンスが「巨大化した個人商店」であったことに起因する〉

取調べの際、山口智子検事からも再三指摘されていたことだが、プレサンスは「山岸商店」だったのである。

このような文章もあった。

〈本来であれば、事業の拡大に伴い、山岸前社長個人の能力に依拠した事業遂行体制から、組織として適正な事業遂行体制へと移行するべきであった〉

逮捕当時、すでにグループ全体で社員約700名を抱え、2019年3月期の売上戸数が6301件に達していた。このような大きな組織において、創業社長だけしか業務のすべてを見通せるものがいないというような仕組みではダメだったのである。

調査報告書の内容のほとんどは合点のいくものであった。しかし、ひとつだけ、読んで初めて自分の認識の甘さを実感した部分があった。

明浄学院に個人の金を貸し付けたことが〈利益相反となる可能性がある〉という指摘である。

わたしは個人のお金を会社のために使うことは悪いことではないと考えていた。社長が会社のためにリスクテイクすることが責められることだとは思ってもみなかった。

しかし、調査報告書は、

〈山岸前社長には、当該資金の回収を確実なものとするインセンティブが生じることになり、その後、プレサンスの代表取締役社長として明浄学院との土地取引の是非を判断するに際して、プレサンスに対する善管（善良な管理者）注意義務を尽くし、私心を排して判断を行うことが困難となるおそれがある〉

と述べている。

要は自分のお金を学校に貸して、いざ返ってこなくなるような状況になった場合、自分が貸した金の回収にこだわって、学校と会社間で売買契約をすべきか否かにつきプレサンスの社長として会社の利益を最優先して判断することができなくなる可能性がある。だから、個人の金を貸すべきではなかったというのである。

たしかにそうだ。

刑事上の責任と直接関連するものではないものの、わたしは浅はかだった。わたしの判断の甘さのせいで、結局、自社およびその社員が横領事件に関与し、社会に対し多大なる迷惑をかけることとなってしまった。その責任はわたしにある。

反省すべきは反省しなくてはならない。すでに株の売却についてもメドが立ち、プレサンスから離れることも決まっていた。

（たった20年で２０００億円売り上げる企業を創ったことを誇りに思おう。その誇りと自信を胸に、新たな人生に歩みだそう）

このように考えた。

コロナウイルス蔓延、外はどうなってんねん？

２０２０年4月6日、プレサンスは「株式の売出し、主要株主及び主要株主である筆頭株主並びにその他の関係会社の異動に関するお知らせ」というプレスリリースを公表。わたし個人および資産管理会社が所有する株式２０００株あまりを市場外の相対取引にて株式会社オープンハウスに売却すると発表した。

譲渡日は1ヵ月後である5月8日。この株式譲渡によってオープンハウスとプレサンスという企業が結合するため、公正取引委員会からお墨付きをもらわねばならない。この審査のための期間として独占禁止法により30日の待機期間が必要とされているのだという。

譲渡完了後、株式会社オープンハウスのプレサンスに対する議決権所有割合は約32パーセントになるため、プレサンスはオープンハウスの関連会社になる。わたしのプレサンスに対する影響力はなくなった。

3日後の4月9日には明浄学院が「高等学校敷地をめぐる問題の解決のご報告」という発表を

行い、学校用地が売買契約締結前の状態に戻ったことを明らかにした。

簡単に言うと、わたしが、明浄学院に対して被害弁償したということである。被害弁償といっても、別にわたしが刑事責任を認めたというわけではない。自分が創業した会社の社員が関わった事件で明浄学院に多大なるご迷惑をおかけしたことに対する道義的責任を果たそうとしたのである。

この弁償の方法は、少し複雑だった。

明浄学院は、山本さんの会社であるＴＧＦとの間で学校の土地の売買契約を結び、ＴＧＦはプレサンス社との間で学校の土地の転売契約を結んでいた。そして、プレサンスが土地売買の手付金としてＴＧＦに支払った21億円は、そのまま、手付金としてＴＧＦから明浄学院に支払われていた。明浄学院の口座に入ってきた手付金21億円は、明浄学院からエス企画という会社に預けられた後、佐橋元理事長が全額使い込んでしまった。

まずプレサンスとＴＧＦ、ＴＧＦと明浄学院間の土地売買契約を解約してもらう。解約によって、明浄学院はＴＧＦに、ＴＧＦはプレサンス社に、手付金21億円を返金しなければならない。

そこでわたしが代わりに、個人資産から21億円を支払い、明浄学院からエス企画に対する21億円の預り金の返還請求権を譲り受けた。

明浄学院は、エス企画に対する返還請求権を21億円でわたしに売り、その売却代金でＴＧＦに手付金の返金をする。ＴＧＦは返金された21億円をそのままプレサンスに返す。手付金が全額返金されたことで、学校の土地に付いていたＴＧＦの抵当権も、プレサンスの転抵当権・所有権移転仮登記も抹消される。

明浄学院は、実質的には1円も出さずに土地を取り戻すことができた。

この複雑な被害弁償を見事に着地させてくれた上田裕康弁護士をはじめアンダーソン・毛利・友常法律事務所の先生方には、刑事弁護の方でも引き続きサポートしてもらうことにした。

その前日である4月8日には検察官がようやく証明予定事実記載書と証拠調べ請求書を出してきた。検察がわたしの有罪をどうやって立証するのか、起訴から3ヵ月半経って、ようやく明らかになったのである。

そこで、4月13日、3度目の保釈請求をした。

裁判所が保釈を拒否している理由は、保釈されたわたしが証拠隠滅行為をするおそれがあるからである。前回の保釈請求の時には、検察官の主張がなんなのかが明確でなかった。だから、いくらこちらが「おそらく検察の主張を基礎づける証拠はこれとこれです。これらの証拠について隠滅のおそれはありません」と言っても、裁判所は「ほかにも証拠があるかもしれない」と考えてしまう。

しかし、検察が「本件の証拠はこれとこれです」と特定したことで、弁護側の攻撃対象が明確になった。弁護側は、「その証拠については、隠滅のおそれがありません」と言えばいい。

形式論すぎてわたしには理解しがたかったが、要するに、保釈請求が認められる可能性が、少し上がったらしい。

とはいえ、弁護団からは、

「まだ保釈許可が出る可能性は高くない」

と念押しされた。

請求書ではまず、検察官作成の証明予定事実記載書等から、本件の争点が「小森、および山本さんがわたしに18億円の資金使途をどのように伝えていたのか」ということに絞られたことを明記した。

そのうえで、小森と山本さんに対して口裏合わせなどするわけがないということを説明する。前回の保釈請求書に書いた事情のほか、明浄学院への被害弁償が完了したこと、わたしのプレサンス社の株式売却が正式に決まり、プレサンスに対する影響力が確定的になくなったことも記載した。

身元引受人として、前回請求時の身元引受人であった内妻のほか、家族3名を追加した。また、弁護人にパスポートを預け、カルロス・ゴーン氏のような逃亡劇が実現不可能であることもアピールした。

そして、わたしに対する身体拘束が4ヵ月間も続いているのは、無罪推定の被告人に対して裁判の前から実質的に刑罰を科しているようなもので人権侵害だと非難した。

4月15日、堀木検事はやはり〈断固として保釈を許可すべきではない〉という意見書を提出してきた。

今回の意見書は10ページ。

前回の意見書からさらに3ページ増えているが、またしても過半が前回の意見書のコピペである。

保釈されたら小森や山本さんにお金を払って口裏合わせをするはずだ、検事の前で「絶対に許さない」と言うほど小森・山本さんに恨みを抱いている、前妻への財産分与名目で財産隠匿を図った、プレサンスの小谷に命じて組織的な証拠隠滅工作に走った、身元引受人の内妻は対等な関係ではなく監督能力に欠ける、仮に検察の証拠開示が遅れているとしてもそれは証拠の数も共同被告人の数も多いからなどなど。こちらが反論済みの話を、壊れたレコードのように延々と繰り返している。

コピペ以外の部分は、単なる水増し記載で、全然理屈になっていない。

保釈請求書への反論として、明浄学院は民事再生手続をするほど経営困難な状態になっているから全然被害が回復されていないと述べている。明浄学院の経営不振の原因は、わたしとは無関係なところにあるはずなのにである。

株式を売却したためプレサンスに対するわたしの影響力はなくなったという保釈請求書の主張に対して、多額の売却代金を得たということは潤沢な逃亡資金を得たということだと言い出す。わたしがプレサンスを支配していて小森や関係者と証拠隠滅するかもしれないと検察官が言うから、こちらは株式を売ったのである。にもかかわらず、検察官の難癖の元をひとつ解消すれば新たな屁理屈をこねまわしてくるのだ。

さらに、わたしはプレサンスの小谷に命じて組織的な証拠隠滅行為をしたはずなのに全然反省していない、わたしの罪を免れたいという意思が強固であるなどと、あいかわらず誤ったままの事実を前提にして、わたしへの激しい人格非難が展開される。

意見書を読んで、わたしは叫び出したくなった。

これが検察官の書く文章なのか？

もはや単なるわたしに対する悪口ではないか。まるで子どものケンカみたいな稚拙さである。

4月16日、大阪地裁の裁判官は保釈請求を却下。こちらは即座に準抗告を申し立てるが、結果はやはり棄却。

棄却の理由が書かれた決定書には、

〈罪証隠滅のおそれが存在し、かつその実効性も高い〉

〈公判前整理手続において争点および証拠の整理が進んでいない〉

だから保釈を認めることができない、と書かれていた。

はあ？

あの検察官の意見書のどこをどう読んだら、保釈却下しようと思えるのか。

同時に、検察がこうやって裁判の開始を遅らせる限り、いつまで経ってもわたしは保釈されないということをあらためて実感した。今度こそ出られるかもとひそかに期待していただけに、落胆は大きかった。

接見の際、新倉先生に、

「ボクを拘置所から出せない理由の最大の根拠は、小谷が小森メモの作成を手伝ったことになってますよね。それが罪証隠滅やと言うんやったら、最初から『社内で小森と接触するな』って厳命しておくべきですよね」

と憤懣やるかたなき口調で問いかけると、

「検察は最初から罠にはめるつもりだったんだよ。同じ会社にいるんだから話を聞かないわけないよね。そうなるのを待ってて、保釈させちゃダメな事由に仕立て上げたんだな」

と話してくれる。

亀井弁護士に対しては、

「先生は2、3ヵ月、ここで辛抱してとおっしゃったじゃないですか。ウソついたんですか。もう4ヵ月になるんですよ」

と文句を言う。すると、

「ああ、あれね。あれはリップサービスだよ」

「えっ？」

「入ったばっかりの時点で半年くらい出られないなんて言ったら、山岸さんショックで泣いちゃうでしょ。だから少な目に言っておいたの。もうちょっとがんばって」

と言われてしまった。

3度目の保釈請求を行う少し前である2020年4月7日、新型コロナウイルスの蔓延を防ぐため、大阪にも緊急事態宣言が発令されていた。

新聞2紙に目を通しているので、外の世界が大変なことになっていることに気づいてはいた。接見に来てくれる先生方もマスク姿で現れるようになっていた。

ただ、囚われの身であるため実際の世の中がどうなっているのか見当がつかない。拘置所で暮らしていると、些細なことですぐ不安にさいなまれる。身内はコロナに感染していないだろうか。もし弁護士さんが罹患してしまったらどうなるんだろう。考えても意味がないとわかっていながら、妄想にとらわれてしまう。

公判担当の堀木博司検事も、4月1日に予定されていた異動が延期になったという。検察官の勤務も、週に何回かは自宅でのリモートワークに切り替えになったようだったが、事件の証拠品はすべて、検察庁の庁舎内に保管されているはずである。弁護側が開示請求している証拠がまっなく開示されていないなかで、それらの整理はどうするんだろう？

ただでさえ、手続がノロノロとして進まないのに、この緊急事態宣言がさらに遅らせる口実に使われるのではないかと、こちらの方もまた不安が募る。

報道は日に日にコロナ一色になっていく。緊急事態宣言の発令に伴い、大阪拘置所では、感染防止のため、一般面会ができなくなった。

孤独に弱いわたしにとって、これは本当につらい。

その一方、家族が拘置所への道中でコロナに感染するというリスクを減らすことができるのではという思いもあり、心中は複雑だった。

弁護人とは会えるのだが、接見室で未決拘禁者と弁護人の間を隔てるプラスチックの壁の中央部にある空気孔もテープでふさがれてしまったため、おたがいの声が極めて聞き取りにくくなってしまう。

刑事手続も含め、このますべてが止まり、わたしは家族と会えないまま、ここでずっとひとりぼっちなのだろうか。そんな想念が頭から離れない。

外はとんでもないことになっているようなのだが、自分の目で見ていないので、感覚的に把握できないこともあり、ひたすら想像する。外出禁止といっても、買いものをしなくては食うものも手に入らない。スーパーの店員さんはどうするんだろう？　そのほかにも電車の運転士さん、配達員さんなど人と接することで社会の根幹を支える多くの人たちは大丈夫なのだろうか。

接見に来てくれた亀井先生に、

「緊急事態宣言まで出てしもて、コロナ、いったいどないなるんですか？」

と尋ねてみたところ、

「うーん、なかにおるのは地獄だろうけど、外に出ても地獄なんだから、まあ辛抱しなさい」

と言われてしまった。

不安にさいなまれている最中、「ＷＢＦホテル＆リゾーツ」が大阪地方裁判所に対し、民事再生法の適用を申請したというニュースが飛び込んできた。

負債総額１６０億円だという。われわれが造ったホテルを沢山買ってくれたありがたい取引先だった。

プレサンスには常時、土地情報が入ってくる。ホテル向けに適した用地が売りに出ていた場合、そこに建物を建設して一棟丸ごと引き渡すのである。大阪のミナミ界隈や沖縄の物件、京都では４棟も買ってもらっている。マンションよりさらに利益が上がるのでいいお客さんだった。

ただインバウンドをターゲットにしていたため、新型コロナウイルス感染拡大の影響によりツアーのキャンセルが相次ぎ、一気にこのような事態になってしまったのだという。ウチが売りすぎたことも原因なのではと申し訳ないような気持ちになった。

ほどなく「ロイヤルオークホテル スパ＆ガーデンズ」が大津地方裁判所より破産手続開始決定を受けたと知る。琵琶湖畔に位置し、１６９の客室と６つのレストランにプールを備えた大型リゾート施設である。２年ほど前に「買わないか」と打診があり、琵琶湖が大好きなこともあって、本気で購入を検討した。倒産した「ＷＢＦホテル＆リゾーツ」の近藤康生社長に、

「オレ、買おうと思うねんけど、知恵貸してえな」

と頼み込み、一緒に視察したこともある。

たった２年で世の中は激変した。世界中にコロナウイルスが蔓延して経済はストップ。そして、わたしは塀のなかである。

人生、一寸先は闇。

つくづく、そう思った。

「とにかくここから出してください」

4月24日、われわれの言い分を書いた予定主張記載書面を提出する。

これは本来、弁護側が検察側から開示される証拠を見てから出すはずの書類だという。しかし、検察は一向に証拠を開示して来ない。開示をただただ待ち続けても、裁判の手続は進まない。進まなければ、保釈がまったく認められない。

少しでも手続を前へ進めるため、先にこちらの言い分を提出してしまうことにしたのである。

4月8日に検察が立証予定の内容を明かしてくるまでは、なにを犯罪としているのかすらわからなかったので、こちらの言い分を出すこともできなかった。

とはいっても、わたしがこの事件について把握していることなどごくごくわずかであり、弁護側が必要としている証拠がほとんどなにも開示されていないに等しい状況のなか、こちら側から主張できることは多くはない。

「被告人は、18億円を明浄学院に貸すお金だと認識していた。被告人の知る限りでは、明浄学院は、借りた18億円を、再建費用、具体的に言うと校舎の移転費用や退職する理事の退職金、新たな理事の給与に充当することになっていた。貸した18億円が返済されるときに、横領されたお金から返済されるなんて、被告人は到底考えてもいなかった」

わたしが説明できるのはこれぐらいだった。

検察側が請求した証拠に対しては、少しでも保釈に有利になるよう、できるだけ同意した。ただ、小森と山本さんの供述調書だけは不同意にせざるを得ない。同意しなかったことにより、小森と山本さんは公判にて証人尋問が行われることとなる。

山本さんの義弟である桃木と佐橋の調書は、証拠意見を留保した。

2020年4月27日、第1回公判前整理手続期日——のはずだった。

3回目の保釈請求が拒まれたとき、裁判所が、拒否の理由のひとつとして「公判前整理手続によって争点および証拠の整理が進んでいない」と言っていたので、わたしは、一日もはやく公判前整理手続をはじめてほしいと、この日を待ち望んでいた。

ところが、緊急事態宣言を受け、裁判長の職権で期日が取り消されてしまう。

中村先生が、上申書を提出し、「出席する弁護人はひとりだけにして、広い法廷で裁判官・検察官・弁護人が離れて座れば感染は防げる。もう逮捕から4ヵ月も経っており、なんとか期日を開いてほしい」とお願いしたのだが、拒まれる。

裁判長に電話を入れ、それなら民事裁判で利用されているビデオ会議をやってほしいと提案したのだが、

「刑事裁判の方ではそういうのはやっていない」

とにべもなく断られたという。

それでもなんとか、進行協議期日という形で、裁判所、検察、弁護人三者の話し合いが電話で行われた。第1回公判前整理手続期日で行う内容と実質的には同じ内容の協議がなされる。

結局、裁判で争われるのは、わたしが貸し付けた18億円について小森や山本さんがどう説明し

ていたかの一点に絞られてきた。

山口智子検事が取調べの最初から最後までこだわっていた部分、

「社長は再建資金って聞いたって言うけど、小森さんは買収資金って説明したと言うてはるでぇ」

という点が結局、本質だったのである。

しかもわたしの罪を示す物証はひとつもない。わたしが業務上横領の共謀に加わったことの直接証拠は小森、山本さんの供述のみだった。


4月28日、4回目の保釈を請求した。27日の期日を終えたら保釈請求すべく、あらかじめ弁護団と協議して決めていた。

一般面会中止によって肉親と面会できなくなってから、すでに3週間。コロナウイルスの蔓延はとどまるところをしらず、当初は都市部のみ発令されていた緊急事態宣言は全国に拡大していた。いつこの事態が収束するのか、次にいつ家族の顔を見られるのか、見当もつかない。

拘置所内でも感染者が出た。先の見えない孤独な生活はやはり耐えがたい。

提出前に、中村先生が請求書の案を差し入れてくれる。

「前回の保釈請求以降、裁判手続が進展し、弁護側の主張が明確化され、争点が明確になったことを明記しています。これは、罪証隠滅の余地が減ったことを意味します」

「なるほど」

前日に実質的な第1回公判前整理手続期日を終えており、裁判手続は一歩前に進んだ。これで、前回の保釈の準抗告棄却の理由に反論できる。「実質的には公判前整理手続によって争点および証拠の整理が進んだのと同様」と裁判所に言える。だから拘置所から出してくれ、そう言えるはずだ。

「加えて、拘置所は収容者が新型コロナに感染しやすい環境なので積極的に保釈を認めるべきと説きました。また、前回の保釈請求時の検察官意見書に、『明浄学院の経営困難は横領事件のせいだ』と書いてあったので、明浄学院が元々経営不振であって、学院が民事再生手続を申請する時に横領された21億円のことは考慮されていなかったと説明しました。これでどうでしょう」

「お願いします」

ところが4月30日に堀木検事から意見書が出されると、裁判所はその日のうちに請求を却下したというのである。

「残念ながら、保釈請求は通りませんでした」

結果報告の際、中村先生はこう切り出した。

刑務官を通じて差し入れられた堀木意見書には、

〈（弁護側が提出した予定主張書面は）弁護人請求証拠との関連性も付されていない〉

と記載してあった。

今後、弁護側がどういう証拠を請求する予定なのか、弁護側の主張がどういう風に証拠に裏付けられているのか、主張と証拠の関連性が示されていないのだという批判である。

「先生、そもそも検察はこっちが求めている証拠物をただのひとつも開示してないんでしょ？」

「そうです」

「向こうが見せてくれへんものの関連性をどうやって説明せえっちゅうんですか？　おかしいやないですか、言うてることが」

「………」

堀木意見書は、その部分以外、前回の保釈請求時の意見書と寸分変わらぬものだった。ほぼ同じ文書を出してきたのである。

しかもである。

前回の準抗告の際、弁護側が提出した申立書には〈わたしの内妻がすでに会社を辞めている〉と記載していた。しかし、今回の堀木意見書では、〈(山岸の内妻は)ＯＬをしている〉と書かれている。

わたしは長引く勾留に耐えながらなんとか保釈を認めてもらおうと必死になってひとつずつ保釈不許可の理由を潰していっているのに、検察官は、こちらの言い分すらマトモに把握しないまま保釈に反対しているのである。

「なんとええ加減なヤツらなんや。そんな連中が人の人生を左右したらアカンやろ」

心からそう思った。

準抗告するも、ゴールデンウィーク明けの5月8日に棄却されてしまう。

5月12日、最高裁判所に特別抗告をした。わたしの家族がいかに団結して保釈後にわたしを支える意欲を持っているかについて諄々と述べ立てた特別抗告理由補充書を添付したのだが、15日に棄却されてしまう。

ショックだった。弁護人からは今回もまだ保釈は認められないと思うと事前に聞かされていたものの、わたしは、いや今度こそ、と思っていたのだ。

前回、裁判所は「公判前整理手続において争点および証拠の整理が進んでいない」ことを保釈不許可の理由にしていた。

そこで急いで予定主張書面を出して、少しでも手続を先に進めた。

今回、裁判所は〈罪証隠滅が奏功した場合の実効性の高さ、事案の重大性等を踏まえると、被害回復がなされていること、予定主張書面が提出されたことなどを考慮しても、本件保釈請求を却下した原裁判の判断は正当である〉と言ってきた。

保釈不許可の理由をクリアしても、その都度、新たな壁が設定される。検察官は毎回、ほぼ同内容の意見書を提出するだけなのに、裁判官はそちらの方を信用する。意見書の内容がめちゃくちゃでも、こちらがどれだけ理を尽くして反論しても、それでもやっぱり裁判官は検察官の言い分を信用するのだ。

どうやったらここから出られるのか見当もつかない。

拘置所内に陽の光が差し込んでくるところはないので、毎日、すりガラスのところへ行って手を合わせる。

「神様、こんなイタズラ、やめてください。お願いやからはやくやめてください」と。

イギリスの大学へ通っている三女がコロナの影響で再渡英できなくなってしまったため、退学を考えているという知らせも入った。直接会って、いろいろ相談に乗ってやりたいところなのだがそれも叶わない。親として無力感でいっぱいだった。

拘置所に入ってはや5ヵ月。

7時半起床で7時40分点呼。その時間までに着替えを済ませて布団を3つ折りにして畳み、巡回の刑務官がやってくるときは入り口を向いて正座をしておく。少しは慣れてきたとはいえ、これだけ保釈請求が拒まれると、ストレスもたまってくる。

なかでも困ったルールは洗濯が1日5点に制限されていること。土日はやってもらえないので、月曜日はキャパオーバーになってしまう。それを防ぐため、わたしは普段でもTシャツで過ごしていた。

するとと、

「下着着とったらアカンやろ。すぐに着替えろ」

と注意される。

「はあ？　ボクのなかで、これはＴシャツという認識なんですけれども」

「いや、下着や」

「そんなんやったら入ってきて点検してください」

こう言い返すと、

「もうええわ」

と引き下がる。

ある日、隣の房にいる人がＤＶＤを視聴していることに気がついた。

どうして隣人だけそんなことが許されているんやろう。長く滞在するとできるようになるんかな、などと考えていた。のちに差し入れられた元外交官・佐藤優さんの著作を読んでいて、拘置所に収監されている死刑囚は映像作品の鑑賞が許されると知る。

うわっ、そういうことやったんや。

コッソリ運動していて何度も注意され、イライラが募っていたこともあり、

「すいません」

刑務官を呼んだ。

「あの、ボクもＤＶＤ視たいんですけど」

「そんなんできひん」

「でも、隣の人、視てますやん。差別しますのん？」

「いや、差別ちゃう。けど、アカン」

「隣の人が視れて、ボクがアカンのですか？」

「それは規則や」

「理由を教えてください」

「それは言われへん。規則や」

言い合いになった。

いま思うと、一生拘置所から出られない人を横にしてこのようなやりとりをしてしまい、悪いことをしたと思っている。

刑務官はわたしに対して親切な人が多かったのだが、その当時はこんなことをせざるを得ないような精神状態になっていた。

保釈意見書もでっち上げだった

2020年5月21日、大阪での緊急事態宣言が解除された。東京、神奈川など5都道県では継続したが、大阪拘置所では一般面会が許されることとなる。

ようやく家族とも再会できた。別に大した会話をするわけではない。ただ顔を見て言葉を交わすだけ。ただそれだけの他愛もない時間こそ、人には欠かせない。

ひさしぶりに再会できた長女に対し、

「3人の子育てで大変やのに、来てくれてありがとう」

と声をかけると、

「わたしはここでおとうさんから元気をもらって帰ってるのよ。逆に励ましてもらってるみたいやわ」

と言ってくれる。

こんな言葉をもらうと、「よし、負けへんで」と新たな闘志が湧いてくるのである。

同じころ、関係者の供述調書が開示された。弁護人が何度も催促して、ようやく検察側が出してきたのである。

このときに開示された供述調書の中には、プレサンスの仕入れ部門の幹部である小谷勝久の供述調書が3通含まれていた。

そして、その調書に、小谷が作成を手伝った小森の事件説明メモも添付されていた。堀木検事が、プレサンスの組織的な口裏合わせの証拠だと鬼の首をとったように主張しているペーパーである。

「はあ？　これはなんじゃい？」

初めて差し入れられた実物を見て驚いた。

接見に来た亀井先生も、

「これは小森さんの記憶に基づいた単なるメモだね」

「そうでしょ。そうとしか考えられない」

「『こう答えろ』と事実ではないことを話すよう指導してるんだったら、証拠隠滅になるんだろうけれども、そんなことはない。検察官はなにか勘違いをしているようだな」

小森はわたしの記憶通りのことをみずからの記憶としてメモに書き付けていた。わたしの知らないことも多々書かれており、わたしが供述の指導なんてできるはずもない。このメモは小森の「口裏合わせを強いられた」という話がウソであることを明確にあらわしていた。

これでわたしは出られる。そして、無罪がとれるに違いない。そう確信した。

5月25日、弁護団は、予定主張記載書面の第2弾を提出した。

この2週間前、検察が証明予定事実記載書を微修正した証明予定事実記載書（2）を出してきた。そこで、それに対応して弁護側も追加の予定主張記載書面を提出したのである。

予定主張記載書面（2）では、検察官の証明予定事実に対し、個別に認否を行い、争いのない事実、被告人が関与していない事実、争いのある事実を明確に区別した。

普通、弁護側は、検察官が主張する細かい事実のひとつひとつについて認否を明確にするようなことはしないらしい。少しでも争点を整理し、裁判手続を1ミリでも先に進めるためである。裁判手続の遅れが保釈を阻んでいる。突破口につなげるため、できることはなんでもやるという方針だった。

翌26日、7回目の進行協議期日が開かれた。

主に、証拠開示の今後の進め方について協議が行われたという。遅れに遅れている証拠開示をはやく行わないと、裁判所も裁判手続を進めようがない。

この時点までに、供述調書の開示は完了していたが、プレサンス・TGFから押収した証拠物、本件に関する電子データ、そして共犯者の取調べの録音録画ブルーレイディスクは、まだ一切開示されていなかった。

検察官によると、プレサンス・TGFからの押収品は、各100箱超の段ボールの中に収められており、PCや携帯電話から吸い取ったメール・文書データ・ワードファイル等の電子データは、35テラバイトにも及ぶという。そして、プレサンスからの押収物は近日中に開示できるが、TGFからの押収物と電子データはいつ開示できるかすらわからないと言ってきた。

逮捕されてから半年が過ぎたにもかかわらず、証拠開示は道半ばどころか、はじまったばかりだった。


6月8日、5度目の保釈を請求した。

「絶対に出たいんです。よろしくお願いします」

「まだ簡単ではないと思いますが、がんばります」

弁護団も強い気持ちを持って臨んでくれた。

大所帯になった弁護団が分担して書いた保釈請求書と2種類の保釈請求理由補充書を提出する。まず、いままでの裁判の手続の進展を説明して、罪証隠滅のおそれが低くなったことを述べる。身体拘束が長期化している上に、コロナで1ヵ月半にわたり家族と面会できず、わたしの心身に重大な影響が及んでいることも主張する。

前回の保釈請求時に検察官が、

「被告人がパスポートを弁護人に預けたところで、容易に再発行できるんだから、海外逃亡のおそれがある」

などというめちゃくちゃ適当なことを言ってきたので、具体的な手続の流れを説明して、再発行なんて実質的に不可能だと反論する。

そのうえで、保釈されたわたしが罪証隠滅するはずだという検察官の主張の最大の根拠である小森のメモについて、詳細に説明した。いままでずっと検察官は、わたしが小谷を通じて小森に口裏合わせを強いたと主張し、その証拠としてメモの現物と小谷の供述調書等を挙げていたが、ようやく開示されたこれらを見ると、検察官が言っているような内容のものでは全然なかった。弁護団は、メモの実物を添付して、その記載をいちいち抜粋して意味内容を丁寧に解説し、小谷の行為自体がなんら証拠隠滅行為に該当するものではないこと、わたしがこの行為に一切かかわっていないことを説明した。

さすがにこれを読めば、わたしが罪証隠滅するおそれなんてないと、裁判所も納得するはずだ。わたしはそう思った。


対する6月9日付け堀木意見書。

前回までのものとほとんど変わりはなく、ところどころゴシックで、

〈被告人の主張は、要するに、18億円の資金貸付について、相手が誰でなにに使うかを確認しなかった、そして契約書も確認しなかったという主張にすぎず、それ自体、不合理極まりなく、一部上場会社を一代で築き上げ、同社の代表取締役を務めていた者が行う主張ではない〉

と情緒的なコメントを追加しているだけなのだ。

小森のメモについても、保釈請求理由補充書の丁寧な解説は一切無視して、前回までの意見書とまったく変わらぬ説明をして〈まれに見るほどの明白かつ悪質な行為〉だと断定。

極めつけは、〈被告人の精神的肉体的負担が限界に達している〉という請求書の記載への反論だ

った。

弁護人が誇張なくありのままに記載したわたしの現状について、検察官は、〈裏付け資料がない〉〈3月から5月まで平日毎日弁護人と接見している。4月30日と5月25日には合計4時間以上も接見している〉などと言って、〈被告人の精神的肉体的負担が限界に達しているとは到底思えない〉と冷笑した。

こんな無責任な言い草があるだろうか。検察官は、自分がやっていることがわかっていないのだ。〈断固として保釈を許可すべきでない〉とコピペで貼り付けただけの意見書のせいで、わたしがどれだけ苦しんでいるか、まったく認識していない。だからこんないい加減なことが言えるのだ。暴力を振るった加害者が、「被害者は全然痛がってませんよ」と言うようなものである。

前年12月16日に逮捕されてから、半年弱である。その間、わたしは狭い三畳一間の部屋に閉じ込められ、どこにも行けず、やりたいこともできず、好きなものも食べられず、一日の行動を逐一管理されて過ごしている。

就寝の時間も起床の時間も風呂の時間も運動の時間も食事の時間も、自分では決められない。テレビも見られない。電話もメールもできない。会いたい人と会うことができない、話したい人と話すことができない。

家族と会えるのは平日1日あたり10〜20分だけで、しかも必ず刑務官が立ち会っている。

拘置所の中で過ごしているこの1分1秒がすべてストレスなのである。

わたしがなにか世間に顔向けできないことをしていて、その罰としてこういう目に遭っているというなら、納得がいくし、あきらめもつく。

でも、わたしはなにもしてないのだ。それなのに、裁判所も検察官も「なにもしていないかどうかを決めるために、そのまましばらく我慢していろ」と言う。しかも、「しばらく」がいつ終わるのかもわからない。

「弁護人と平日毎日接見している？」

弁護人はたしかにわたしの味方である。味方だが、いうなれば、裁判というプロジェクトに一緒に取り組む仕事仲間である。彼らはわたしの友人でもなければ家族でもない。

彼ら彼女らとは会いたいから会っているのではなく、会わないといけないから会っているだけ。会わずにすむならどれだけいいか。

この堀木意見書が提出された翌日、大阪地方裁判所は保釈請求を却下、準抗告も特別抗告も棄却されてしまった。

担当裁判官との面談の際、中村先生が、

「これから裁判の方針を決めていくために山岸さんを交えて細かいミーティングをしなくてはならなくなるのですが、拘置所の一畳くらいの狭いスペースでは弁護団全員が入れませんし、必要な証拠物や書類を持ち込むことも不可能です。こんな劣悪な環境下で公判についてのうち合わせを強いられていることは、実質的に被告人の弁護人依頼権を否定しているに等しいです。このままではまともな準備ができません。どうか保釈を許可していただきたい」

と訴えてくれたのだが、裁判官は冷ややかに、

「ご主張はうけたまわりました。追って、決定をお伝えします」

と告げるや、すぐさま立ち去ったという。

第四章　最強弁護団結成《ドリームチーム》

「証拠なんかどうでもいいからはやく裁判をはじめてくれ」

これまで4度の保釈申請が蹴られてきていた。期待してはいけないと思いつつ、そのたびに、「今度こそ出られるのではないか」と淡い希望を抱く自分がいた。5度目の今回は「絶対に出られる。裁判所が小森メモを普通に読めば、罪証隠滅ではないことが理解できるので無実の人間をこんなところに閉じ込め続けるわけがない」と思っていたし、「絶対に出なければならない」と決意を新たにしていただけに、ショックは大きかった。

「申し訳ありません」

うなだれて報告する中村先生の顔を見ることすらできない。

まずもって裁判所に絶望した。なぜウソをついている小森が保釈されて、本当のことを言っているわたしが「すでに釈放されている小森と接触しかねない」という理由で保釈を拒まれ続けるのか。

検察官は保釈に反対しているが、初回の保釈請求から今回のものに至るまで、検察官の意見書は、被告人の主張に対する「意見」になっていない。素人目から見てもまったく嚙み合っておらず、というか、嚙み合わせようという意思すら毛頭感じられない。こちらがいくら具体的事実を出して新たな主張をしても、検察官は、初回の意見書の内容を繰り返して、

「アンタは罪証隠滅するから出してはダメ」

と言ってくるだけだ。

これほど不毛なやり取りが、過去5回繰り返されているのに、裁判所はこちらの話に聞く耳を持たず、「断固として保釈すべきではない」という検察の言いなりになっている。

こちらが検察官意見書の論拠をひとつひとつ丁寧に論破しても、取り合おうとすらしない。こんな愚劣な裁判官たちにわたしは裁かれるのだ。公平性、公正性など期待できるわけがない。ウソで塗り固められた小森と山本さんの供述調書を見てからできる限りのことをして無罪を勝ち取ろうというつもりになっていたのだが、そんな意欲も一気に萎えてしまった。

検察がどんなメチャクチャなことを言っても、裁判所はそっちの方を信じるのだ。裁判すること自体がバカらしくなってきた。公然と八百長が行われるところで戦ったって、勝ち目はない。

この国における刑事裁判の有罪率は99・9パーセントだと言われている。そのカラクリの一端が理解できた。なんと恐ろしい仕組みなんや。

そして、そのアリ地獄になんでボクが入ってしまったんやろう。

被害弁償をしているので、有罪になったところで執行猶予はつくだろう。それだったら、こんなところで貴重な人生の時間をムダにすることなく、残りの人生に懸けた方がいい。

そういえば、山口智子検事が取調べのなかで、

「だけど、ごめんなさいするんやったらはやい話や」

と、「ごめんなさい」することを何度も勧めていた。当時はなんのことだかサッパリわからなかったが、いまなら意味がわかる。わたしが罪を認めればなにもかもすぐ終わると言っていたのだ。

山口検事が話してくれたことも思い出す。

「大所高所から見たときにさあ、どうするのが一番いいのっていう、そこよ。ずるずるずるずるずるずるずるって、そりゃやるのもいいよ、やったらいいと思う」

「もうこいつらウソつきやがって、ええいっと裁判するのもありかもしれない。証人尋問も徹底的にする。でもさ、得になる？」

「まだまだ社長のバイタリティーやったらやり直せるわ。こんなこと延々とやったって意味がないし、はやく終わらすのがわたしはベストやと思う」

「執行猶予の可能性もあるだろうし、そこはもうなんとも。感触はちょっとわからないけど、でも、その可能性は十分あると思う」

彼女は親切に教えてくれていたのだ。

「検察がクロと言う以上、どうせ裁判の結論はクロになる。だから検察に戦いを挑んでも無意味。それどころか裁判がとんでもなく長引くだけ。権力の言い分を認めて執行猶予をめざした方が、あなたの人生にとって有益でしょ」

と。

彼女のアドバイスに従って罪を認めていれば、小森のように起訴後すぐに保釈してもらえたのだろう。

「はやく裁判の期日を決めてください」

中村先生に強い口調でそう伝えた。

検察はわたしが小森や山本さんと口裏合わせをしかねないから出せないという。それなら、一日もはやく2人の証人尋問を終わらせて、口裏合わせをしようとしても裁判になんの影響も出ない状態にもっていくことが重要だからである。

「うーん、イメージがわかないんですね。押収物の開示も受けていないですし、誰を証人に呼ぶかという議論にも至っていないので、そのかなり前の段階だと」

「小森や山本さんは検察に対してウソを言うてるんです。ちゃんと尋問すれば矛盾点はいっぱい出て来るはずです。それだけで十分じゃないんですか？」

「キチッと尋問するためにもブツを見てみないと」

「いや、こっちに有利な証拠が出て来るとは限らないでしょう。そんなん、いつまでも待ってられません。こっちの証拠申請は打ち切って、はやく裁判はじめてください。わたしが無実であることはわたしが一番よく知っています。だから証拠なんかなくても無罪になるはずなんです」

「そんなことをしたら、後戻りできなくなります」

「どうして依頼人の気持ちや要望が無視されるんですか？」

「無視しているわけではありません。説得しているんです。あまりにもリスクがあるからです」

「もうボクの体も精神ももたないんです。もう無理なんです」

「………」

せめぎ合いは続いた。

体や精神がもたないと伝えたのは誇張した部分も入っている。おおげさに言わないと弁護人は本気で動いてくれないと思い込んでいた。追い詰められて、彼らの真意をおもんぱかる余裕さえ失っていた。

弁護人はできる限り手続をはやく進めようとはしていたが、検察の証拠開示が遅れている以上、なすすべはなく、裁判の準備は遅々として進んでいなかった。そして、そんな現状を説明する弁護人の言葉が、わたしには言い訳のように聞こえた。

しょせん他人ごとなのだ。

もうこの人たちの言う通りにしてはラチがあかない。自分の人生は自分で決めよう。さっさとこんな裁判は終わらせて、一日もはやく新たな道を歩んでいこう。

こういう思いだった。

ここは本当に先進国なんですか？

この時点で検察側が証拠調べ請求している佐橋や山本さんの義弟である桃木の供述調書について、弁護団は不同意にするか一部同意するかを決めかねていた。

接見に来ていた渡邉春菜先生に尋ねる。

「どうして佐橋や桃木の調書、同意しないんですか？」

「調書におかしな点があります。未開示の証拠、特にメールと照合してからでなければ同意不同意を決められないというのが弁護団の意見です」

「でもわたしは佐橋にも桃木にも会ったことすらないんですよ。そんなヤツらがなにを言おうと関係ないじゃないですか」

「関係あります。佐橋さんと桃木さんは、山本さん小森さんと同じ計画を共有していました。計画の内容について、4人が同じ話をしているので、佐橋さん桃木さんの話が正しいとされれば、山本さん小森さんの話も正しくなってしまいます」

「小森や山本さんはウソついてるのが明らかなんですから、そんなんせんでも、勝てるんじゃないですか？」

「いやいやいや。これまでろくな進展のない手続のために7ヵ月もかけてるのも、そう簡単に無罪が取れないからなんで」

「でも不同意にしたら佐橋や桃木も尋問に呼ばなアカンのでしょ？」

「はい」

「裁判はじまるの遅くなりますやん」

「それはそうですね」

「できるかぎり証拠の同意範囲を増やした方が保釈されやすくなるんじゃないですか」

「そこは弁護団としても苦慮しているところでして……」

キッチリ無罪を取るためには万全の準備をしなくてはならない。でも、それをやっていると、いつまで経っても拘置所から出られない。

究極のジレンマのなかで、わたしは出る方を優先してほしいと訴え続けた。

渡邉先生にはこうも問いかけた。

「そもそもなんで保釈が認められないのかわからないんですよ。請求書で弁護団が言っていることを検察官の意見書は完全に無視したまま『罪証隠滅するから出すな』と言っているのに、裁判所はそっちを認めてしまう。議論が上滑りしたままじゃないですか」

「裁判所はこの書面の優劣で結論を決めているわけではないと思いますよ」

「どういうことですのん？」

「裁判所が一番重視しているのは、おそらく、これが特捜部肝いりの案件で、否認していて共犯がいっぱいいる。山岸さまは資産家であられる。そういった事情が……」

「じゃあ、最初から出さないって決めてるってことじゃないですか」

「裁判所は臆病なので、自分たちが保釈を決定したことで罪証隠滅が行われ、公判の結果が変わる万が一の可能性を恐れているんじゃないでしょうか」

「だからって、こんな人権侵害が許されていいんですか。まるで中世じゃないですか」

わたしが「中世」という言葉を使ったのは、保釈中に海外逃亡したカルロス・ゴーン氏の勾留をめぐり、海外の報道機関が多用していたのを知っていたからである。

「それはよく言われます。人質司法といって国連なんかでも批判されていますね」

無罪が推定される刑事被告人に対し、裁判前にこれほど長期にわたって勾留し続けるような野蛮な仕組みがあるのは、司法制度の公正性が担保されている主要国のなかで日本だけなのだという。

わたしはこう問いかけざるを得なかった。

「ここは本当に先進国なんですか？」


徐々に夏が近づいてきていた。

大好きな季節。わたしにとって、太陽のもとで体を動かすことがなにものにも代えがたい生きがいだ。そんな大切な時期を陽の光が一切差し込んでこない、こんな閉鎖された空間に閉じ込められたままで過ごすなど、考えただけで耐えがたい。

夏は外で過ごす。

ちょうど7月16日に初めての公判前整理手続期日が予定されていた。わたしはこの日をメドに必ずここを出ると決めた。

そのためにも、弁護人に対し、

「ボク、もう体も心ももちません。限界です」

と、まるでオオカミ少年のように訴えかけ続けることで打破しようとした。


保釈は完全に膠着状態だったが、証拠開示はようやく徐々に進み始めていた。

それまでは関係者の供述調書しか開示されていなかったのだが、6月に入ってから、プレサンスから押収された書類、山本さんの会社であるTGFから押収した書類、小森と山本さんの取調べの様子を録音録画したブルーレイディスクが相次いで開示された。逮捕から6ヵ月目に入ってようやくである。

とはいえ、無罪獲得のため一番重要な手がかりになるだろうと見込まれていた電子データは、まだ開示方法すら決まっていなかった。

テレビドラマにおいて刑事弁護人が独自捜査で被告人の無罪の証拠を見つけてくるというような話がよくあるが、実際の事件において警察官や検察官と別のルートで証拠を集めるケースはそれほど多いわけではない。とくに経済事件などの場合、捜査において押収された証拠の中から、警察官や検察官が必要な証拠を抽出して証拠請求したあと、押収物を弁護人がチェックして被告人に有利な証拠を見つけ出し、弁護側の証拠として請求するという作業が欠かせない。

ただし、特捜事件の場合、ニュースなどでも報道されるように、膨大な証拠が押収される。弁護人は検察庁へ出向いていって、広い部屋いっぱいの段ボール箱に収められた証拠をひとつひとつチェックして、謄写したいものを指定する。しばらくすると、指定された証拠のコピーが事務所に届くので、これを「ブツ読み」し、こちら側が請求する証拠を決めていく。

とてつもない作業である。

しかも、今回のケースでは35テラバイトもの膨大な電子データの解析も控えているという。わたしが冷静な立場だったら、「無罪獲得のために、がんばって分析してください」とお願いするだろう。

ところが5回も保釈を拒まれたあとに、このような手続が必要だと聞かされると、

「そんな面倒くさいことしとったら、いつまでも出られへんやないか」

ととらえてしまう。

刑事事件の方針を決めている主任の中村先生や新倉先生だけでなく、すべての弁護人に対し、

「わたしは7月16日の第1回公判前整理手続期日を終えたら、必ず出たいと考えています」

と訴え続けた。

そのたびに、

「それは無理です。TGFからの押収物をキッチリ見てみないとダメです。そもそも電子データはまだ開示すらされてません」

と反対される。

「ブツ読みなんか完璧にしようと思っていたら、いつまでも裁判の日程が決められないじゃないですか。もういい加減にしてください。ボク、体も心ももちません」

「山岸さん、こらえてください。無罪をとるには向こうが押収したものを全部見ないとダメなん

です」

「でも、それが終わらないと保釈される可能性はないんでしょ。そんなん理不尽ですやん。どうしてこんな理不尽なことになるんですか？　なんでこんな目に遭わなアカンのですか？」

弁護人は下を向いたまま答えない。

長期間にわたって監禁生活を送り、何度も保釈請求して拒まれることが続くと、冷静な判断力はどんどん失われていってしまう。

「とにかく出たい。ほかはどうなってもいい」

というような考えに陥ってしまう。裁判そのものに対する希望も失ってしまう。

いくら、「無罪を勝ち取るためなんです」と言われても、受けとめることができない。

こころのどこかに、

(こっちの身にもなってみろ)

と思ってしまう自分がいる。

弁護団の先生方は、わたしの置かれている状況がいかに理不尽であるか心の底からわかった上で、誤った有罪判決が出ればもっと理不尽なことになると考えて、必死になってくれていた。

でも、このときのわたしにとっては、いつ終わるかもわからないブツ読みが完了するのを待てという弁護人のアドバイスこそが理不尽に感じられた。

録音録画で明らかになった取調室の真実

刑事弁護の方にも加わってもらっていたアンダーソン・毛利・友常法律事務所の上田裕康弁護

士はM&Aなど企業法務に特化した先生で刑事は専門ではないため、中村先生や新倉先生などとのような激しいやり取りはなかった。ビジネスを主戦場としているだけあって、話も合ううえ、毎日のように接見に来てくれる。わたしにとって、セカンドオピニオンを求めるような立場となってくれた。

6月に小森と山本さんの取調べ録音録画が開示されると、上田先生がこの内容を確認してくれるようになった。

録音録画されているのは身体拘束下の取調べのみで、逮捕前のものは含まれていない。とはいえ小森の取調べは逮捕勾留21日間のうち20日合計73時間半、山本さんのものは同じ日数で計69時間にもおよぶ。押収物のチェックやその分析に忙殺されている刑事弁護の先生方の手がまわらない。そのため、上田先生に視聴してもらったのだ。

6月半ばころから接見に来た上田先生は取調べ録音録画の話ばかりするようになる。

「山岸さん、小森の取調べで田渕大輔検事が怒鳴っているシーンがあったんだ」

次の日には、

「昨日視た場面では田渕検事がバンバン机をたたいて小森を威嚇していたよ」

と報告してくれる。

ちょっと信じられなかった。わたしの取調べを担当した山口検事に高圧的な取調べなど一度もなかったからである。

聴き取りしたものの一部について、文字に起こして差し入れもしてくれた。目を通して見て、驚いた。

田渕検事は小森に対し、一方的に、

「ウソだろ。いまのがウソじゃなかったらなにがウソなんですか？」

「ウソついたよね」

「なんでウソついたの？」

「これ以外にもウソいっぱいついてるだろ、わたしに。これ以外にもわたしにウソいっぱいついたでしょ。わたしはあなたの良心に少し賭けてみた。わたしは悪いあなたが出てきたら、いまみたいな弁解をすると思いましたよ。でも、あなたがウソをついたことを悔い改めたら、頭を下げると思ってました。でも、あなたはそれどころか逆ギレじゃありませんか。しかも、そんな怖い顔をして。悪びれるどころか、ウソの上塗りをしてきたよ。なんでそんなことができるの？　なんでそんなことをするんですか？　ほかにもウソをついてるだろ」

と言い続けている。

ああ、こういうことだったのね。小森が虚偽供述している理由がようやくハッキリとわかった。被疑者として過ごす拘置所の取調室というのは体験した人間にしかわからない極限の空間である。突然、世間から隔離され、毎日ひとりの人間だけに問い詰められる。恐怖と絶望にさいなまれる状況で、狭い空間のなか膨大な時間をともにする検察官は「神」のような存在に肥大していく。

わたしだってそうだった。山口検事だけが頼りだった。話をしている間だけ、ホッとできた。心にしみ入る孤独から救ってくれるのは彼女だけだった。

わたしの場合、供述を強要されるような場面は一度もない。しかし、小森は違った。

全能の神である検察官に机をたたいて怒鳴られたら、どんな人間だって虚偽供述をしてしまう。過去の記憶など洗い流され、神の言葉の方が真実に思えてくる。

ましてや、小森は普段から人の顔色を見て自分の意見をコロコロ変える男だった。周囲の人間もそれを知っているからこそ、土井は小谷に命じて記憶の整理を手伝わせたのだ。

これまでは、どうしてわたしを陥れるような供述をするのか、その理由がわからず、疑心暗鬼を募らせていた。小森の方が検察官に陥れられていたのである。

わたしはそれまでの小森に対する心の奥底からの怒りが雲消霧散していくのを感じた。小森の虚偽供述の理由がハッキリしたことで、胸に抱いてきた彼への憎悪は幾分消え、とても気持ちが楽になったのである。

田渕検事の取調べでは、こんなやりとりもあった。

「思いっきりウソついたじゃないか。なにを言い訳するんだ、いまさら。だったら、ちゃんと話したけど、自分の考えを説明したにすぎませんって言えばいいじゃないか。なんで話してないとかウソつくんだ。なんでですか、ウソつく必要ないでしょ。添削まで入ってるじゃないか。同じものが小谷さんのところから出てきましたよ。口裏合わせじゃないか。なにを言ってるんだ。ふざけるんじゃないよ。ふざけんな」

わたしの保釈請求に対する、検察官意見書には、

〈被告人小森が、被告人山岸から執拗に威迫的に自己に有利な供述をするように強いられ口裏合わせを求められた旨供述している〉

と書かれている。

小森は取調べの当初、口裏合わせを否定していた。しかし、検事が「ふざけんな」と恫喝し続けて、彼の供述をねじ曲げていたのである。

山本さんを担当した末沢岳志検事の取調べは田渕検事のような罵倒はなかったものの、悪質さは同等かそれ以上ではないかという。

「こんなシーンがあったんだよ。ちょっと読んでみて」

上田弁護士は前の晩もまた朝まで取調べ録音録画を視ていたという。

末沢検事は山本さんに対し、

「何度も言うように、山岸さんの関与が本当にあるんやったら、それ言わへんかったら、いまのこの立ち位置だけからしたら、佐橋さんと同じくらい山本さんすごくこの件に関与した、非常に、情状的にはやっぱりかなり悪いところにいるよということ。もう、お金貸して戻すところまで全部わかっているんだから」

と話し、山本さんがこのままわたしの関与を否定する供述を続ける限り、佐橋と同じくらいの罪になると恐怖心をあおったうえ、

「山岸さんが主導する、あるいは小森さんからの話でプレサンス側の強い意向を受けて、山本さんが入っていったと。プレサンス側の意向があったから、これはもうやらなアカンのやというような話で今回の件の21億回して返済するところまでやったんやというんやったら、それはおのずと責任の重い軽いとかというのは、それは変わってくるでしょ」

と述べ、わたしの関与を「自白」すれば罪が軽くなるというような誘導尋問を続けていた。

次々に検察の異様な取調べの実態の報告を受けるにつけ、わたしのなかで、

「こんなん、無罪に決まってるやんけ」

という気持ちが膨らんでいくのを抑えることができなくなってきた。

わたしの関与を示す物証はない。検察の証拠はふたりの供述だけ。それは取調べのなかでねじ曲げられたものだったのである。


上田先生はビジネスロイヤーらしく、常々、

「わたしのやることにはお金がかかります」

と言っていた。日本の四大法律事務所のひとつであるのだから、それは当たり前だ。

ただし、このあとがある。

「お金はかかりますけれども、山岸さんが無罪を取るためならなんでもします」

とも話す。

ビジネスマンとしてこういう言い方には好感が持てた。最上級のサービスを受けるのだったらお金がかかるのは当たり前だ。ここまでハッキリと言ってのける以上、最大限の努力をしてくれるのだろう。

中村先生以下5人の弁護人がいるなかで、さらに上田先生をふくめアンダーソン・毛利・友常法律事務所から複数名を追加選任しているのも、上田先生からの提案を受けてのことだった。当然、動くたびにタイムチャージがかかっている。

このころ、上田先生はさらなるアイデアをふたつぶつけてきた。

まずひとつは新しい刑事弁護人を入れないかという勧めである。

「何回やっても保釈が通らないでしょ。裁判官がなにを考えているのかサッパリわからないんだよな。弁護団にはヤメ検はいるけど、ヤメ判はいないでしょう。刑事の裁判官出身の弁護士を入れたらどうかなと思って」

「なるほど」

「裁判官の立場に立った保釈請求をするためにも、いてもらった方がいいのかなと」

「エエやないですか。ぜひぜひ入れてください。誰かいい人、いてるんですか？」

「ウチに裁判所から弁護士職務経験のために来ている人間がいるんですよ。現役の裁判官ですから、保釈についていいアドバイスがもらえます。お金はかかっちゃうけど」

「もちろん構いません。どんな方ですか？」

「29歳なんだけど、優秀なんだ」

「そんな若くて大丈夫なんですか？」

「大丈夫、まかしといて」

次に接見に来られた亀井先生に、

「上田先生が裁判官出身の弁護士を入れてみたらと提案されているんですけれども、どう思われますか？」

と聞いてみたところ、

「うーん、いいと思うけど、中村先生や新倉先生がどうおっしゃるかな？　正式に弁護団の一員として入ってもらうのか、オブザーバーとして相談するのかも含め、ちょっと打診してみましょうか？」

こうしてまたひとり弁護士さんに加わってもらうことになる。

上田先生からのもうひとつの提案はその10日後くらいに話があったもので、小森と山本さんの録音録画をアンダーソン・毛利・友常法律事務所の弁護士によってすべて文字起こししてみないかというもの。

文字起こしを反訳業者に依頼することも一応、考えられはするものの、録音録画の開示を受けるにあたっては諸々の条件が付されており、万一この条件が破られると保釈に悪影響が出てしまうかもしれない。それに、弁護士が見るからこそ素早く取調べの問題点を見つけることができ、裁判をはやめることができるという。

たしかに反訳業者ではなく上田先生が見たからこそ、取調べに問題があることもすぐにわかったのだろう。裁判をはやく進めたいというわたしの希望にも合致している。

「山岸さんの弁護団の全員が小森・山本のすべての取調べの録音録画を視聴するなんで不可能でしょ。142時間半もあるんだからさ。ちょっと視てみただけでも、こんなに問題のあるところがいっぱい見つかったんだったら、反訳してそれをみんなで分析したらどうかなと思って」

「おもしろいですね」

「弁護士を何人も使って反訳するから、かなりのお金がかかっちゃうけど」

若手を大量動員して録音録画での取調べの様子を書き出すという。当然、タイムチャージがかかってくる。

「やってみてください。お願いします」

「じゃあ、弁護団会議で話してみますね」

なにかプラスになればいいな、くらいの軽い気持ちだったのだが、このときの決断がのちのち大きな成果をもたらすことになるとは思ってもいなかった。

裁判官出身の弁護人登場

7月に入ると、拘置所内もかなり暑くなってきた。

とはいえ風呂は週2回に限られる。そのためどうしても汗臭くなってしまう。

ちなみに入浴時間は15分。着替えている時間がもったいないから、房内で裸になる。

廊下で4人並び、

「前に進め」

と言われると行進して風呂場へ行く。前に誰かが入っていた場合、浴槽には髪の毛や垢が大量に浮いている。そのため、お湯をあふれさせて、浮遊物を外へ流しているあいだに体をパパッと洗い、湯船に浸かるのだ。

週2回のカラスの行水では清潔さを保てない。

ある日、汗をかいたため、タオルを水に濡らして独居房のなかで体を拭いていると、

「こら、なにやってるんや。アカンやろ。懲罰にするぞ」

と怒られた。

「なんで体拭いたらあきませんのん？」

と尋ねると、「水の不正使用だ」と言う。

「水ってそんなに高いもんでしたっけ？」

「決まりなんや。決まり。ちゃんと拭いてエエとき、アナウンスしとるやろ」

「はあ？」

「『せいしき準備』とか『せいしきはじめ』とか言うてるやろ」

「ああ、あれですか」

そういえば最近なんかわけのわからない館内放送が流れるなとは思っていた。ただわたしは「清

拭」という言葉を「せいしき」と読み、体を拭って清潔にする行為であるとは知らなかった。

暑くなってくると、出たい気持ちがより一層募ってくる。屋外でスポーツをしたくてウズウズしてくるのだ。

それに加え、大阪拘置所は一切、自然光が入って来ない。どんな人間であれ、陽の光に渇望せざるを得なくなるような無機質の空間なのである。

２０２０年夏の前半は雨が多かった。

「もっと降れ、もっと降れ」

と祈っていた。カンカン照りならつらすぎるが、雨ならあきらめもつく。


暑さにせきたてられるように、一刻もはやく拘置所を出るべく、主任である中村先生に同じセリフを繰り返した。

「やっぱりはやく裁判はじめてください」

弁護団はわたしの要望を聞いて、一時は佐橋や山本さんの義弟である桃木の供述調書について部分的に同意することも検討してくれていたようだ。しかし、結局、不同意にするという結論になったという。

「やはり佐橋、桃木の調書も、山岸さんのお金は佐橋へ直接貸し付けるというストーリーになっているので、一部同意することもできないという結論になりました」

「不同意にするってことは証人尋問するってことですよね」

「そうです」

「わたしは証拠隠滅する可能性があるから出られないわけでしょ。尋問する相手が増えるということは証拠隠滅の対象になる相手も増えるわけで、よけいに保釈を許さない理由が増えるんじゃないですか？」

「保釈に有利に働くよう、証人を減らすということは考えました。でも、やっぱり山岸さんの無罪を取るのがもっとも大切なことなので、不同意という方針になりました」

「ボクはあのふたりに会ったことも電話でしゃべったこともないんですよ。関係ないじゃないですか」

「こういう否認事件では、周辺部分であっても、きちんと検証しなくてはならないところは全部不同意がセオリーなんです」

「これ以上、勾留を長引かせないでください。気が狂いそうになります」

「お気持ちはもちろんわかるんですが……」

「どうして依頼人の意向を聞いてくれないんですか」

「山岸さんのことを思ってのことなんです。こらえてください」

中村先生は憔悴しきった顔で懇願する。

すべての弁護人が「まだ公判日程を決めるのは不可能だ。その段階まで来ていない。なんとか耐え抜いてくれ」と、わたしのことを説得するのだが、首を縦に振ることはなかった。

どうしても出たかった。

そのためにははやく裁判をはじめてもらわなくてはならない。小森や山本さんの尋問が終われば間違いなく保釈されることだけは知っていた。

7月初旬のそのような状況のなかで、新しい弁護人がやってきた。名前は西愛礼《よしゆき》。裁判所からアンダーソン・毛利・友常法律事務所へ職務経験として派遣されているという。話には聞いていたが、ビックリするほど若い。

接見に来る前に彼が作成したというペーパーが上田先生から差し入れられていた。手に取って見てみると、

「仮想判決骨子」と書いてある。

ビックリして目を通すと、わたしは有罪になると記されていて、その理由がズラズラと述べ立てられている。

なんじゃい、こりゃ。

東京から大阪まで来て、この接見室に入ってきた西先生。

すぐに、

「この紙はなんなんですか？」

と聞いてみる。

すると、なにやら論文のようなものに目を落としながら、

「山岸さんはこのままだと有罪になってしまいます」

と単刀直入に切り出した。

日に日に自分の無罪を確信してきていただけに、面食らった。

「えっ？　どういうことですのん？」

「小森と山本の供述は相互に独立して裏付け合っています。2本それが立っているというのは証拠状況上、結構厳しいんです」

「そんなアホな。あいつらの言うてることは全部ウソなんですよ」

「その証言がウソであって、山岸さんが無罪であるという立論は現時点でまったくできていません」

初対面であるにもかかわらず、こちらの言い分などまったく聞かず、ひたすらわたしが有罪になる理由を述べ立てる。この人は人間の感情というものを持っているのだろうか。宇宙人が来たのかと思った。

肝心の保釈については、

「これまでの保釈請求とはまったく違うということを示さないと、まず通らないと思います。そこで、保釈された場合の条件を増やすことを提案したいのですが、それはそれで人権上、問題があるのも事実なんですけれども、山岸さんとしてはどうお考えですか？」

と尋ねられたので、

「どんな条件をつけられても構いません。こんなところに閉じ込められ続けるよりは、家に帰れる方がはるかにマシですから」

と即答した。のちほど接見に来た上田先生に、

「ボク、あの人はもういいですわ。あんな話、聞きたくないんです」

とこぼす。そもそも、裁判官から保釈許可をもらうため、現役裁判官である弁護士にその考え方を聞きたいとお願いしたはずなのに、いきなり有罪宣告されてしまったのだから、気分のよかろうはずがない。

上田先生は笑いながら、

「まあ、そう言わないで。彼は裁判官の立場から今回のケースを判断しているんだから」

と言って聞かせた。どうやら、西先生は現在の状況を分析してこのままではいけないということ

とが言いたかったのだそうだ。

亀井先生は西先生について、

「あのキャラと、あの視点はいいねぇ。われわれにとって武器になるよ」

と高い評価を与えていた。

弁護団会議においても、周囲の先輩弁護士たちの顔色をうかがうことなく、みずからの意見を滔々と述べ立てたという。思ったことをズバズバ言うところがカンフル剤になるのでは、ということだった。


西弁護士はふたたびやってきた。今度はひたすら恐縮していて、

「ごめんなさい。わたしの説明が不十分でした。山岸さんのお気持ちも考えず、本当に申し訳ありません。なんとかテコ入れしようと思って来たもんですから……」

と頭を下げ、あやまり続ける。上田先生からなにか言われたのかもしれない。

「あの、昨日、このままやとわたしが有罪になるとおっしゃいましたが、それは検察官の証明予定とか小森、山本さんの供述調書だけを見ただけで言ってはるんですか？」

「そうです」

「まだ、こっちから証拠を請求することで変わってくるんですよね」

「もちろん、そうです」

「なるほど。そりゃそうですね」

昨日、いきなり「有罪になる」と言われて頭に血が上ったのだが、「検察官のでっち上げた証拠だけだと有罪になる」ということだと聞き、少し落ち着いた。

早速、もっとも気になっていた点を聞いてみる。

「なんで裁判所は保釈を許さないんですか。検察の書いてる意見書なんかムチャクチャなんですよ。こっちは毎回バージョンアップしているのに、向こうは最初から同じことを繰り返してるだけ。せやのに出しよれへん。どないなってますの？」

保釈を許可しない裁判官たちの仲間ということで、いくぶん語気も強くなる。

「意見書の説得力というよりも、そもそも本件は保釈が難しい事案だと思います。まず、ひとつ目には、山岸さんは株を売って多額の資産があるので、そのお金を使えば証人の買収が可能だということです」

「いやいや、ちょっと待ってください。そんなん、しませんから」

「小森さんや山本さんはこの業界でしか生きていけないですよね。そんな状況で、不動産関係者に『山岸さんがよろしくと言ってた。悪いようにはされないはずだ』と伝言させたり、なにも言わずポンと数千万のお金を渡させるだけで、小森さんや山本さんは証言をひっくり返すでしょう。ゴーンさんのように数億円かけての海外逃亡だって可能です」

「だから、そんなん、しませんって」

「という風に裁判官は考えるということです。ふたつ目には、やはり小森さんと事件に関するやりとりをして、その前後に小森さんが証言を変遷させているという客観的事実です」

「いや、あのね、だいたい口裏合わせなんかしてませんから」

「それも主張を読みました。口裏合わせはともかくとして、社内で山岸さんが小森さんと事件の話をしたのは事実でしょ」

「同じ会社の人間ですよ。話さんわけにいかんでしょ。まさか小森が被疑者になってるなんて露はども思ってませんでしたし」

「裁判所からすれば、事件に関する話をして、それで小森さんが真偽はともかくとして話を変えたという事実があったということだけでもネガティブな心証を持ってしまうんですよ」

「なんでですのん？」

「罪証隠滅の疑いを強めるものですし、仮にそうではなかったとしても、小森さんが山岸さんとやりとりをしたあと、簡単に供述を変える人物であるということが証明されてしまっています」

「小森がええ加減な人間やから、わたしが牢屋に入っとかなアカンという理屈ですか。裁判官っていうのはアホの塊なんですかね」

「三つ目は山岸さんの場合、保釈保証金が罪証隠滅や逃亡の抑止力にならないことです。日本では保釈保証金が歴史的に20億円くらいまでしかいったことがないんですよ。山岸さんはそれ以上の資産をお持ちです。高額の保釈保証金を設定したとしても罪証隠滅や逃亡の可能性が多分に残るのであれば保釈できません」

「お金があるって、株を売らなんだらプレサンスは潰れてしまっていたかもしれないんですよ。どないすればよかったと言うんですか」

「最後に5回目の保釈請求から公判の進捗状況に変化がないことです。特別抗告で最高裁まで行っている前の裁判時点からなにも変化がない以上、保釈を許可できる理由がありません。これで同じ状態のまま保釈を許可するということは、前の裁判官の判断や最高裁の判断が間違っていると判ずることになってしまいます」

「そんならボクはずっと出られないということですか？」

「そんなに簡単なことではありません」

「保釈を取るために裁判官出身の弁護士である西先生に来てもらっているんですよ」

「わかってます。もちろんわかってます」

説明を聞いていて、裁判官の思考が少しだけ理解はできたのだが、生身の人間の姿から隔絶した、脳内だけの思考のたまものなのではないかと感じざるを得ない。全国の裁判官に向かって、「こんなくだらん屁理屈を考えるヒマあったら、まずはお前がここへ入ってみろ」

と言いたかった。

「お金があって、社会的なポジションがあるから出られない。どちらもボクがそれなりに努力してつかみ取ったものです。これまでがんばってきたことが全部裏目に出てるやないですか。努力が報われない国でいいんですか。そんなアホなことってありますか？」

「おっしゃるとおりです。ただ、裁判所の仕事は法律上の要件に照らした判断です。前提となる事実が努力によるものかどうかではありません。たしかに結果的には山岸さんの努力がアダになってしまっています。そのことはわたしも非常に申し訳なく思っています」

「日本の司法は腐ってる。日本の司法は腐ってる」

何度もつぶやくと、しばらく黙っていた西先生は、こう話した。

「保釈はがんばります。わたし自身、人質司法は問題だと思ってますし、裁判官時代、同じような事案で保釈を出したけど準抗告でひっくり返されたことがありました。裁判官にとっても大きな課題だとは理解しつつ、山岸さんのようなケースは保釈が出にくいということもわかってます。わたしにできることは、裁判官が許可しやすくなるような保釈請求を考えることだけで、その点は全力でやるのでわかってください」

「お願いします」

「ただ、中村先生と同じく、保釈のためにこちら側の証拠請求を終わらせるなんて、絶対にできません。お伝えしたとおり、このままでは有罪になってしまうかもしれません」

「出られる確率を少しでも上げたいんです」

「そんなことしたら、無罪になる確率が何十パーセントも下がってしまいます」

「いや、ボク、もう心身ともにもたないんです。なんとしても出たいんです」

「山岸さんの言っている第1回の公判前整理手続で終わらせるなんて絶対にダメです。まだメールは開示すらされてないんですよ」

「もういいんです。いい加減にしてほしいんです。絵を描いたのは全部小森です。だから桃木（山本さんの義弟）のメールなんか見ても有利なものなんかあるわけないです。とにかく7月16日に締めてください」

「お約束はできません」

「ボクの人生なのでボクに決めさせてください」

ほかの弁護人と同様、激しいやり取りとなる。

もちろん無罪になりたい。負けたくない。

でも、なによりもいますぐにここから出たい。確たる保証のない未来より、いま目の前にある拘禁という現実から逃れたい。

「無実であるのは自分が一番よく知っている。でも検察官と裁判官がグルになって追い込んでくるような腐りきった日本の司法にはなんの期待もでけへんし、そんなとこでの戦いに夢を抱いたかてしゃーない。自分の人生は自分で決めるんや」

こんなことを考えていた。

「150パーセントの保釈請求書を作りました」

2020年7月15日、弁護団は3種類の書類を提出した。

ひとつ目は、こちら側の主張を記した予定主張記載書面の第3弾。

ふたつ目は、証拠調べ請求書。開示された膨大な書類のなかから、2016年の「3月17日付けスキーム図」を証拠として請求したのだ。山口検事による取調べにおいても、また弁護人からも何度も尋ねられたものの、わたしは見た記憶のないペーパーである。

証拠開示の遅れのせいで、この書類の持つ意味は解明できていなかったが、重要な書面であることは明らかだった。

三つ目は、証拠意見書。桃木と佐橋の供述調書について全部不同意とした。これにより、検察官請求証拠に対する意見はすべて出そろう。

そして翌日である16日、ようやく第1回公判前整理手続期日が開かれた。

被告人であるわたしは、この期日に参加することも可能だったのだが、話さなくてならないこともなく、勾留中の姿を見せて裁判官に悪い印象を持たれたくなかったため、出廷しなかった。

まず弁護側は、主張と証拠を基本的に出し切ったと述べ、検察側に対し、次回期日で証人尋問の予定時間を示し順次尋問のスケジューリングを進めていくよう求めた。

「この日までに弁護側のすべての証拠調べ請求を完了させ公判前整理手続を終わらせてほしい」

というわたしの弁護団に対する要望は、激しいせめぎ合いの結果、わたしの方から譲歩したため、行われなかった。

ただし、次回の保釈が許可されなかったら、約1ヵ月後に開かれるであろう第2回公判前整理手続期日でこちらの請求を手じまいし、なんとしても年内に裁判をはじめてくれと弁護団に対して強く申し付けていた。

弁護団は、わたしのこの強い意向を受けて、最悪の場合、未開示の証拠の確認ができずに事案の真相の解明が全然できないまま裁判に突入することも覚悟しつつあったようである。

その一方、裁判の前に未開示の証拠を確認したいという要求は維持し続けていた。

この期日には、堀木博司検事に代わって、新しい主任検察官・三谷真貴子検事が出席した。コロナで延び延びになっていた異動がようやく実現したらしい。

そして、三谷検事は、半年以上もほったらかしにされていた膨大な電子データの証拠の開示方法と開示の順序の目処を示したうえで、7月中に開示時期を伝えられるだろうと述べた。

証拠開示は、このタイミングで一気に進みはじめていた。

裁判所は、次々回の公判前整理手続で裁判の準備を完了させる方向性を示し、期日を終えたという。

数日後、中村先生が6度目の保釈請求についての草案を持ってきた。

「こちら側からかなり厳しい保釈条件案を裁判所に提示して、保釈の判断を仰ぐことになりました。山岸さんが受け入れられるかどうか、ちょっと見てもらいたいんです」

日産元会長カルロス・ゴーン氏が保釈されたときの保釈請求書を参考にして作成したというその草案には以下のようなことが記載されていた。

一、専用電話の使用および通話履歴の提出
インターネットに接続できない弟名義の携帯だけを使用。通話通信明細を毎月、裁判所に提出する。
二、監視カメラの設置
わたしの制限住居の玄関に24時間作動の監視カメラを設置。映像は毎月裁判所に提出する。
三、弁護人の法律事務所への出頭、弁護人への活動報告
毎週1回、アンダーソン・毛利・友常法律事務所の大阪オフィスへ出頭。パソコンはその間のみ使用。生活状況を報告し、面会記録やインターネットの閲覧履歴を毎月、裁判所に提出。


ここまではゴーン氏の保釈条件とほぼ同じだという。

それに加え、

四、三井住友銀行の預金の支払い停止措置
被告人および資産管理会社の有する財産の大半が預金されている三井住友銀行の預金口座から弁護人の依頼がないかぎり支払いできない措置を講ずる。


という条項をプラスしたとのことであった。

小森や山本さんにお金を渡して口裏合わせをしたり、お金を使って逃亡したりできないようにするということだ。

西先生が提案した「ゴーン氏の例にならって多数の保釈条件を付する」というアイデアに加え

て、亀井先生が預金の支払い停止措置を提案したのだという。これが通れば、日本で過去もっとも条件の多い保釈になるかもしれないらしい。

中村先生は、

「こういうことをしなければならない現状自体が間違っています。本当は普通に出してほしかったし、そうあるべきだと思っています。山岸さんの人権を侵害するような、こんな条件は付けたくなかったんですけれども、出ることを最優先させました。申し訳ありません」

と言う。

「いやいや、まったく構いません。ここに留め置かれる方がもっと人権侵害ですわ」

わたしは即答した。ここから出られるんだったら、少々日常生活に支障をきたしても構わない。

「考えられる最大の条件を提示しました」

こう言ったあと、中村先生は少し間を置き、

「これでダメだったら本当に公判前整理手続が終わるまで出られないかもしれません」

と静かに告げた。

別の機会に接見に来た西先生は、前回の保釈請求から現在に至るまで状況に変化がないのであれば、自分たちで変化を作りだせばいいとその考えを説明したうえ、

「日本で一番の保釈請求だと思います」

「わたしが裁判官であれば保釈するだろうというところまで持っていきました」

「通常の保釈が100だとすれば、150のところまで手当てしてしまいました」

と言ってくれた。

この言葉には感動した。まさにわたしがもっとも聞きたいものだった。100パーセントの結

果を出すためには150パーセントの努力をしなくてはならない。ビジネスを行う際、つねに肝に銘じていたモットーである。

　そして、こうも思った。

（150パーセントの努力をしてもらって、アカンかったらしゃーないな）

　少し気持ちが楽になったのである。

「保釈の手続の方はおまかせします。万が一、今回の保釈がダメやった場合にそなえ、二の矢として公判の準備もお願いします。取調べ録音録画の反訳も前に進めてください」

　と依頼した。


　7月29日、6度目の保釈を請求した。

　請求書では、先にも述べた「銀行預金の支払い停止」等の保釈条件を付せば、保釈されたとしても、わたしと小森、山本さんの口裏合わせは実現不可能であると主張する。

　また、未開示の証拠物やメールが膨大にあるのに、これらと矛盾のないよう証人の供述をねじ曲げることはそもそも不可能であると指摘した。

　資料として、小森と山本さんの弁護人がそれぞれ、〈山岸忍と接触せぬよう、指導を徹底し、もし山岸から連絡が入った場合は、裁判所と公判担当検察官に連絡を入れる〉と記載した上申書も添付する。

　プレサンスも社長の土井以下14名の社員がわたしと接触しない旨を記載した誓約書を出し、わたし自身もまた、小森と山本さんに接触しないことを誓約。

〈そもそも小森、山本に対して、なんらかの働きかけをすることは、わたしにとってまったく無意味なことです。どのようなことであっても、お天道様はいつも見ているといいます。小森、山本に対して働きかけをして、わたしに有利な証言をさせるなんて、お天道様に見られて恥ずかしい行為であり、そのようなことをする人には必ず罰が当たると思います。また、わたしがわざわざそのような行為をしなくとも、真実は必ず明らかになります〉

といった内容の長い上申書をしたためた。

さらに、専用電話、監視カメラ、預金支払い停止などの措置を具体的にどのように実行に移すのかについて詳細に記載した報告書も添付された。

大部の保釈請求書となった。

翌30日、検察官の意見書が提出された。

新たに公判担当となった三谷真貴子検事の署名がなされた意見書は、いままでのものよりかなり洗練されてはいたが、基本的な内容は前回までとほぼ同じ。

しかし、そのなかでは、〈膨大な電子データの証拠開示がやっと端緒についたばかりで、弁護側が述べているような弁護側の主張と証拠調べ請求を出し切った状態とはほど遠い〉と現状に対する正確な指摘もされていた。

また、弁護側が提示した保釈条件案については、

「保釈中の被告人ゴーン氏が海外に逃亡する事態に陥ったことは公知の事実であって、これら措置を講ずること自体の実効性はもはや否定されていると言っても過言ではない」

と記していて、被告人側がどのような具体的な罪証隠滅防止措置を講じたところで、ゴーン氏が逃げたことを見てもわかるとおり、無意味であると述べている。

意見書の結語は、いつもどおり、〈断固として保釈を許可すべきではない〉で締められていた。

「裁判官は迷っているようです」

裁判官と弁護人の保釈面談が行われたのは、その翌日である7月31日。

中村先生、新倉先生、亀井先生、渡邉先生、高田先生、上田先生、西先生らが面談に臨んだため、その日はアンダーソン・毛利・友常法律事務所の深田大介弁護士が接見に来てくれた。

少し話しただけで人柄のよさがにじみ出てくるナイスガイである。面談の進み具合が気になっていたわたしに対し、深田先生はこう告げた。

「いま、西先生から電話がありました。すぐにいまからお伝えする内容の上申書を便せんに書き付けて、その内容をお約束できるのであれば、速達で郵送してください」

「どういうことですのん？　この前、長い上申書を出しましたやん」

「裁判官から言われた懸念事項をカバーして、再度提出するそうです。拘置所からの郵便物は届くまで時間がかかるので、急いでください」

保釈面談でなにかが起きていることだけは伝わってくる。

深田先生の指示に従い、

〈わたしは人と積極的に会ったりせず、弁護人と数多くのうち合わせを行うなどし、裁判の準備に専念します〉

〈わたしはマスコミの取材に応じたり、自分の意見を発信するなど、外部に影響を与えるようなことは一切いたしません〉

といった内容の手書きの誓約書をしたため、郵送手続を行う。

翌日、西先生が接見に訪れた。

「どうでしたか？」

「思っていたより裁判官の反応がよくないんですよ。まず、保釈条件を付けるということそのものに気が進まないようでした」

「……」

「『実際に小森に対して働きかけをしたことのある人なので、なんらかの発信をしてしまうことを懸念している。そのような過去の出来事から、自分の発言の持つ力について被告人が理解していないのではないかという懸念もある』と言われました。『防御の必要や弁護人の努力については理解しているが、このままでは保釈できない』とも……」

「昨日書いて送った誓約書はどういう意味なんですか？」

「『記者会見やメディアの取材等についてなんらかの外部的な発信を防ぐことができれば保釈可能だが、これは表現の自由への制約にもつながるので、条件化することは難しいと考えている』『本人が完全に隠居のような生活をして裁判だけに専念してくれるのであれば保釈はあり得る』とも言っていたので、そういった裁判官の懸念を手当てするために書いてもらいました」

裁判官はわたしがマスコミに対してなにかを言うことで、小森や山本さんの証言に影響を与えることを気にしているのだという。

「裁判官も迷っていました。本音では保釈することに不安があるのだと思います。ただ、不可能ではないというところまでは押せている。こちらから多数の保釈条件が提案されているため、理屈の上では却下する理由がつぶされており、保釈を許可しなければならないかもしれない、でも多数の保釈条件を付してしまうと人権侵害だと言われたり、ゴーンさんの逃亡で失敗した例を繰り返すことになると批判されかねない、多数の保釈条件の効果もよくわからないという側面もあり、揺れ動いているように見えます」

「どうなりますか？」

「『弁護人から主張を補充したい』と伝え、決定は待ってもらっています。多数の保釈条件の意義について伝わっていない節もあったので、発案者であるわたしが追加で書面を書きます」

とりわけ今回の保釈請求には期待していたため、裁判官との面談が思わしくなかったことは、正直ガッカリした。

しかし、西先生は次になにをどうするか具体的に考えていて、すでに動き出してくれていると いうことをハッキリと言ってくれた。

わたしがなにもできない以上、おまかせするしかない。

「はい。わかりました。お願いします」

青年弁護士の目を見てそう伝えると、頭をさげた。

ほぼ毎日のように顔を見せ、わたしのことを励まし続けてくれていた上田裕康弁護士は、わたしの内妻や娘たちと連絡を取り合い、彼女らの誓約書を取り付けてくれた。

内妻からのものはＡ４の原稿用紙６枚にわたって自筆でビッシリと書かれており、

〈山岸の立場が変わっても変わらずに山岸を愛し、毎日のように手紙を書いたり、面会に行ったりして励まし、精神的に支え続けるわたしに対して山岸は、深い尊敬と感謝の気持ちを持ってお り、わたしのいうことを素直に聞いてくれます〉

〈わたしは2020年3月31日をもって勤務先を退職し、山岸を監督する体制を整えました〉

〈保釈が取り消されるような行動をさせないとともに、裁判の準備に専念するよう、山岸を監督することをお約束いたします〉

と記されていた。

深田先生は、

「弁護士が指導したわけではないのに、ひとりでここまでお書きになれるなんて、本当にすごい。感動しました」

と言ってくれた。さらに上田先生は2通にわたる上申書を作成。

〈検察官は、(山岸の誓約は)信用できないと主張されていますが、裏付けるものはあります。それは、被告人の内妻、家族、弁護人との間にある信頼です。内妻、家族との間には深い愛と信頼があります。弁護人との間には、この数ヵ月の接見を通じて築き上げた信頼関係があります。これほど、確実な裏付けはないと思います〉

と自身の熱い思いを記載してくれたうえ、わたしに対し、

「これで山岸さんが有罪になったり、罪証を隠滅したり逃亡したら、ボクは弁護士辞めるから」

と言い切ってくれた。

西先生は目の下にクマができていて、憔悴しきっていた。

「大丈夫ですか?」

「はい。なんとか。保釈請求理由補充書を書いたので見てください」

書面では、多数の保釈条件が付されたとしても、そもそも勾留を継続する方がはるかにひどい人権侵害であること、各保釈条件がなぜ罪証隠滅や逃亡の防止に効果があるかという理由、これ

らの保釈条件はずっと続くものではなく事後の申し立てによって数を減らしていくことのできる段階的な身体拘束解放案であることなどが説明されていた。

以前に西先生から説明されていた小森や山本さんに対する働きかけの可能性については、わたしが仮にそんなことをした場合に彼らは半永久的にわたしをゆすることができ、全財産を失うリスクすらあるため、非現実的な選択肢であると説明していた。

高額な保釈保証金に抑止力がないということも、これまで何度も保釈が却下され続けた経緯から、保釈取消となった場合の再収監の脅威が十分な心理的抑制として働くと説明されていた。要するに、裁判官が気にするであろうことを裁判官の目線で先回りしてフォローしてくれたのだった。また弁護団全員が〈山岸には罪証隠滅や逃亡などの行為を絶対させない〉と記された誓約書に自筆で署名。弁護士が身元引受書を出すこと自体、珍しいことだそうで、その覚悟のほどを示してくれたのだった。わたしを信じてくれているのだと実感し、うれしかった。

8月4日に保釈請求理由補充書、わたしとその家族および弁護人全員の誓約書を提出し、翌5日に2度目の保釈面談が行われた。

接見に訪れた上田先生と西先生に裁判官面談の感触を聞いてみる。

「で、どないやったんですか?」

「うーん。ちょっとわからなくなってきました」

裁判官は、面談の冒頭、

「本来であれば8月3日の月曜日には決定を下すべき事案だった。弁護人から書面と資料を追完するとの申し入れがあったので、決定を延ばして面談を設定したが、このまま自分が担当できるかどうかもわからない。弁護人の意向に沿えるかどうかは期待しないでほしい」と述べたという。

するとと上田先生がおもむろに立ち上がるや、預かっていたわたしと内妻との間の手紙100通はどを机のうえにぶちまけ、

「これは山岸さんと内妻の方との手紙です。わたしも実際にいくつか読みましたが、山岸さんが彼女を裏切るはずがありません。こんなにも手紙をやり取りしているような彼女を残して逃げたり、裏切って罪証を隠滅したりすると思いますか？」

と啖呵を切ったという。

裁判官も、

「まあまあ」

とタジタジだったという。

その話を聞いてビックリしたわたしは、

「え、上田先生、あの手紙を裁判官に見せたんですか？」

と尋ねると、

「いやいや、中身までは見せてないから大丈夫」

と笑顔で答える。

面談は、

「保釈を許可するか却下するかは、ここでは明言できない。保釈の判断時期も未定である」

という裁判官の言葉で終わったとのことだった。

「実際のところ、どうなんですか？」

「こちらが押しまくっていて、裁判官はますます困っているように見えます。逆に判断が見えな

くなりました。できることをすべてやってます」

熱いメッセージにこぼれ落ちた涙

弁護団は、面談直後から、保釈却下決定が出ることも想定して、準抗告申し立ての準備に入った。しかし、面談から1日経っても2日経っても、保釈もしくは却下の決定が出ない。それまでは、保釈請求書の提出から遅くとも3日以内に、必ず決定が出ていた。わたしは、いつ「却下された」と連絡が入るか不安なあまり、夜も寝つけない。裁判所が沈黙を保ったまま、ただ時間が過ぎていく。宙ぶらりんのまま放置されることは精神的にキツかった。

上田先生と西先生をはじめアンダーソン・毛利・友常法律事務所の弁護人は毎日来てくれていたのだが、接見室へ入るたび、

「保釈に動きはありません」

と報告を受けるという日々が続く。

わたしの不安はどんどん膨らんでいき、接見に来た上田先生に、

「保釈の手続をやってもらっていることは理解しているが、そのほかの証拠の検討など、誰がなにをしているのかが見えない。弁護団会議は開かれているのか。弁護団として力を合わせて動いてもらわないと、予定どおり進むように思えない」

と、八つ当たりのような怒りをぶつけてしまう。

「弁護団はしっかりと連絡を取り合い、協力して動いてます」

「公判前整理手続期日は3回で終了させることになっている。これは絶対に守ってほしい」

「うーん、有罪になるリスクがあるから公判前整理手続を終わらせる時期を決めるのはまだはやいですよ」

「最終的にどうするかはわたしが判断する。弁護人は、第3回で終了するようにすべての作業を迅速に進めてもらいたい。裁判は必ず11月からはじめてほしい」

このとき弁護団は、保釈手続と並行して、膨大な開示証拠と格闘していたようだ。もちろんちゃんと報告を受けていた。

検察庁に通い、証拠のひとつひとつに目を通して、本件と関連のありそうな証拠について片っ端から謄写希望を出し、謄写された証拠を全弁護人で共有して精査する。わたしがやっているわけではないが、とてつもない労力を必要とするに違いない。必要となる証拠も大量なので、謄写自体にも時間がかかるという。

こういった作業をやってもらっていることはわかっていたのだが、こちらは冷静な精神状態でないだけに、それがどれだけ大変であり、大切なのかということまでには想像力がおよばない。

今回、保釈が却下されてしまえば、早期に裁判をはじめないかぎり、当分ここから出られない。それなら、すぐさま公判を開始させなくてはならないではないか、ということばかりに気を取られる。保釈が決まらないストレスと、長期間におよぶ拘禁のダメージから、ただただ焦燥感が募り、イライラを弁護人にぶちまけてしまう。

供述調書以外の証拠の開示は6月からはじまってはいたが、8月上旬の段階では、まだ成果もなにもあったものではない。上田先生と西先生は弁護団がひたすら大量の開示証拠をさばいている状況を一生懸命説明しようとしていたが、わたしは言い訳としかとらえることができず、

「もう有利な証拠なんか出て来るわけありません」

と切り捨てる。成果報告があがってこないから、わたしにとっては、なんの進展もないも同然であった。

保釈が却下され続けることに心底我慢がならなかった。これ以上拘置所に居続けることは耐えられない。これまでの5回の保釈請求のなかで、検察官や裁判所は、ひたすら抽象的な理由でわたしに罪証隠滅のおそれがあると述べ立てていた。だから今回は、もうこれ以上ないと思われる証拠隠滅防止策を提示した。

すると裁判官はそういう保釈条件を付けるということそのものに難色を示しているという。なにをやっても、裁判所は納得しない。

いったいどうしろと言うのだ。

思わずつぶやく。

「ボクをこんな目に遭わせている検察のヤツらを全員殺してやりたいです」

先生方は無言だった。

翌日の接見は西先生と深田先生だった。

「上田はどうしても外せない用事があって、今日は来ることができません。ただ、これを山岸さんにお見せするよう、頼まれてます」

深田先生は立ち上がると一枚の紙を広げ、わたしと弁護人の間を隔てる透明なアクリル板の表面に貼り付けた。

そこには、

〈絶対無罪。負けるな！〉

とあった。

瞬時に涙がこぼれ落ちた。

身体が震え、両手でみずからのひざを握りしめ、ただただ無言でうなずく。

ようやく、

「ありがとうございました」

とだけ口にする。

弁護士がもっとも使ってはならない「絶対」という言葉。昨日のやりとりも受けて、あえて伝えてくれた心意気に感動した。あらためてみずからの気持ちを奮い立たせる。

「ここまで言うてくれてるんや。ボクががんばらなアカンやないか」


面談から1週間が経った8月12日、中村先生のところに裁判所の令状部から電話が入った。裁判官が交代になり、新たに担当になった本村暁宏裁判官が、現在提出されている保釈請求書の内容、特に保釈条件について確認したいことがあるのだという。

早速、翌13日、保釈に関する新たな上申書を携えて、3度目の保釈面談に行くと聞く。

今回の上申書は上田先生がドラフトしてくれた。上田先生の書いたものは刑事弁護人からするとあまりに情緒的だったようで、ある程度削られたものの、

〈弁護人の名誉と信用に懸けて誓約する〉

という言葉が残っているなど、それでも熱い気持ちのあふれるものだった。

上田先生、西先生、深田先生の3人は交代した裁判官との面談後、すぐに接見に来てくれた。

「どうでした？」

「どうなるかは、まだわからないですね」

上田先生の言い方はなにか奥歯にものがはさまったようなものだった。

これまでとまったく様子が違う。

「本当のところはどうなんですか。わたしもここで聞いたことであとから先生たちを責めたりしませんから」

「実は保釈されるかもしれません。新しい裁判官からはかなり前向きな言葉をもらいました。ただ、確実に準抗告が来るので、まだ油断はできません」

一歩、前に進めたと聞き、あらためて身が引き締まる。

「わかりました。引き続き宜しくお願いします」

裁判官は、

「裁判所としては罪証隠滅の恐れは十分具体的であると考えている。これまでの裁判所の判断についてもおそらく同様に考えて保釈を却下している。今回提案された各種保釈条件は、潜脱しようと思えばできてしまうかもしれない。しかしここまで多数の保釈条件を付すことによる被告人に対する主観的な抑止効果が期待できるのではないかとも考えている」

と告げたあと、

「預金凍結までするとは、さすがですね。もっとも今回保釈したものの取り消されるということになれば、今後およそ同じような保釈が困難になると思います。くれぐれも保釈された場合の監督については注意してください」

と釘を刺したという。

週明けの月曜日には保釈に関するなんらかの判断が出る予定だと聞かされ、「ようやく出られるんや」という期待と、いままで期待が裏切られ続けたことによる「いや、またアカンかもしれへん」という葛藤がぐるぐるうずまく。


8月17日午前11時過ぎ、上田先生がガッツポーズで接見室に入ってくる。続いて飛び込んできた西先生が、

「保釈出ました！　もう少しでここから出られますよ」

と声をあげる。

思わずアクリル板に手をついて涙をこらえる。

「よかった……」

しかしまだまだ安心できない。

「このあと準抗告が来るんですよね？」

検察官の意見書に「却下すべき」と書かれていた場合、保釈決定が出ても準抗告するというシグナルなのだという。

「はい、もちろん対策は考えています」

と西先生が言うと、

「絶対に通させません」

上田先生はまたしても「絶対」という言葉を使った。

こう言うと、「保釈後の行動について」というタイトルの手引書を読み上げたうえで差し入れてくれた。そこには厳しい保釈条件下のもと、どのような生活を送るべきか具体的な詳細と注意事項が綴られていた。かなり珍しい保釈になるため、裁判官から「多数の保釈条件は現実性や実効

性がない」と言われないよう、さらに追撃しておこうと、上田先生と西先生で協議したのだという。

午後になって検察は予想通り準抗告申し立てを行う。弁護団はすかさず、準抗告裁判所にこの手引書をわたしに差し入れた旨の報告書を提出。そのうえで午後5時から面談を行った。

保釈を決定する裁判官はひとりだが、準抗告されると新たな3人の裁判官での合議になる。翌8月18日の午後3時、上田先生と西先生が接見に来てくれ、前日の準抗告を担当する裁判官らとの面談の概要を説明してくれる。

西先生は、「まさに人質司法である。いま、ここで保釈しなければ公正ではない裁判となってしまう」と力説したうえ、

「ゴーン氏の逃亡の例があるため、山岸さんに対して保釈を許可するのは原裁判官もある程度、勇気のいる決断だったと思うが、人質司法解消のための方法について、ひとつの希望を示してくれた決定だと受け止めており、このような判断が不合理だとはまったく思われない」

と伝えると、裁判官たちは表情を変えず、

「ご意見は承りました」

とだけ話したという。

あとはひたすら待つ。

おそらく明日まで判断を遅らせることはないだろうから、今日の夕方、つまりこの接見の間には結果が出るという。

上田先生が外せない会議のため事務所に戻らなくてはならなくなったため、西先生とふたりきりになった。これまでの接見と違い、はじめて仕事抜きでおたがいの身の上話などをする。西先

生はいかにして法律家をめざすようになったのかを静かに語ってくれた。彼もまた内側に熱い気持ちを持った人だと感じ入った。

接見室には携帯電話を持ち込めず、待機室のロッカーに預ける決まりになっている。なので西先生は10分おきに接見室を出て、メールの確認をおこなった。

5回目の確認に行った午後4時35分のこと。なにやら遠くからバタバタと足音が聞こえたのち、「ドーン」という音とともに扉が開き、

「ここから出られます。勝ちました」

と西先生が叫ぶ。

わたしは飛び上がった。

西先生も泣きながら両手を突き上げ、

「やったー、やったー」

と子どものようにピョンピョン跳びはねている。

その姿が自分の涙でかすんでいく。

「人生で一番うれしいです」

これ以上は気持ちを表現する言葉が見つからない。

「本当に先生のおかげです」

そう伝えると、

「そうかもしれません」

涙と笑顔でくしゃくしゃになった顔で宇宙人はそう言った。

保釈金7億円を納付して、翌日の正午、大阪拘置所をあとにした。弁護団と家族は、みんなで朝からずっとわたしのことを待っていてくれたようであった。迎えに来てくれた弟や娘たちと一緒に大阪キタ新地の中華料理店でビールをいただく。たちまち五臓六腑にしみわたった。どの品々を口にしても、アゴが落ちそうになる。家族と食べるメシはこんなにもうまいものだったのかと驚く。

そのあと車で京都の内妻宅へ送ってもらった。

かなり酔っ払ってはいたのだが、着替えるとすぐに鴨川べりを走った。

とにかく陽の光を浴びたかった。

心地よい汗をかくと、銭湯につかった。大きな浴槽に入り、２４８日間の垢を落としたかった。

特捜部を叩きつぶすため、やれることはやっておきたい

拘置所から出るとわたしはすぐさま次の手を打った。

新たな弁護人に加わってもらうべく動いたのである。房内にいるときからずっと考えていたことだった。

わたしを有罪にするための検察側の証拠は小森と山本さんの証言のみ。公判ではこのふたりの言っていることがいかにウソにまみれているかを浮き彫りにしなくてはならない。要は証人尋問がもっとも大切になってくる。ならばその技術に長けた人を選べばいいのではないか。こんなことを考えるようになっていたのである。

現在の弁護団に不服があるわけではない。こんなバカげた起訴で有罪にされてはたまらないの

で、自分ができることはすべてやっておきたかったからである。

接見の際、西先生にそれとなく尋問のうまい弁護士について聞いてみると、

「大阪で刑事事件のエキスパートというと、ボクの頭には後藤貞人先生か秋田真志先生あたりが浮かびますね。秋田さんはわたしが司法修習でお世話になった方で、取調べのあり方についても問題意識を持ってますし、なにより証人尋問のスペシャリストです」

と話す。

亀井先生にも尋ねてみると、同じくふたりの名前を挙げた。元検事の目から見ても、評価が高いという。

保釈翌日、はじめて参加した弁護団会議にて、

「公判に向け、できることはすべてやっておきたいので、新たに秋田真志先生にお願いしたいんですけれども」

と水を向けてみると、反対意見はでなかった。同月24日、本人に直接会って頼んでみたところ、快諾を得る。

翌日である8月25日、第2回目の公判前整理手続期日が開かれた。わたしも初めて出廷してみた。内妻宅に家宅捜索に入った際、ソファーにふんぞり返っていたと聞かされていた久岡修平という検察官が公判担当になっていたので、その顔を拝みたかったからである。

裁判官、検察官、弁護人で争点や証拠の取扱いについて議論して、具体的に決めて行く。もうすでに戦いがはじまっていることを強く実感した。

この日行われた弁護団会議に秋田弁護士も初参加。その席で、小森や山本さんだけでなく、わたしと佐橋の取調べ録音録画についても文字起こしすることが決まった。

また、この日になってようやく弁護団が最重要証拠と見込んでいるTGFの電子データの一部が開示された。逮捕からすでに8ヵ月が経っている。検察の仕事の遅さにあらためて啞然とする。

わたしが保釈された際の指定条件のなかには、〈体調不良など正当な理由がない限り、毎週1回、アンダーソン・毛利・友常法律事務所の大阪オフィスに出頭する〉というものがあった。肉親以外に会った人物の氏名、日時、場所を報告しなくてはならない。わたしは念のため、週2回は足を運んでいた。

しばらくの間、京都から大阪まで足を運ぶと、こころの痛むときが絶えなかった。大阪はプレサンスコーポレーション創業の地。街のあちこちにその名を冠したマンションが建っている。目に入ってくるどの物件にもいろいろな思い出が宿っていた。土地の持ち主との厳しい交渉や、建物建設の際の近隣住民との折衝などに走り回った部下の顔を思い起こすたびに切ない気持ちになってくる。

そうは言うものの、裁判所との約束があるので、行かないわけにはいかない。

週2回の出頭以外は、運動ばかりしていた。ゴルフをして、琵琶湖へ行って、ジムに通う。おかげですぐさま心身ともに健康を取り戻す。

やがてアンダーソン・毛利・友常のオフィスへ通うことが楽しくなってきた。胸躍らせる報告を受けることが続いたからである。弁護団は検察から開示された書類のうち、重要かもしれないと思ったものを片っ端から謄写申請し、持ち帰ってブツ読みを続けていた。その成果が報告されはじめたのである。

「小森が2016年1月16日に作った協定書案なる書類が発見されました。借り入れの主体は明浄学院と書かれています」

「２０１６年1月29日に小森が知人の不動産業者に問い合わせたメールが見つかりました。学校法人が金銭を借り入れて返済できなかったら文部科学省はどういう対応を取るのかと質問しているんです」

うれしい成果を西先生が伝えてくれる。

そのたびに、わたしは、

「こんなん、明らかに無実の証拠やないですか」

と答えるのだった。

35テラバイトにも及ぶ膨大な電子データの解析は渡邉春菜弁護士と西弁護士が急ピッチで進めてくれていた。


とくに事態が動いたのは、「3月17日付けスキーム図」についてである。

この「3月17日付けスキーム図」には、検察のストーリーとは異なる内容が書かれており、もしこの書面がわたしに対して説明されていたと証明できれば、わたしの無罪が近づいてくるというものだった。

都合よく記憶がよみがえり、

「そういえば、あのとき見せられました」

と言えれば万々歳なのだが、やはり「3月17日付けスキーム図」について確たる記憶はない。

小森や、彼に指示されてこの書類を作成した山本さんの義弟である桃木はこの書類について、わたしではなくプレサンスの顧問弁護士、もしくは経理担当者向けのものであると供述していた。

決め手となった「3月17日付けスキーム図」

平成２８年３月１７日

【学校法人明浄学院M&Aスキーム】

①3月２３日（水）

[redacted]口座に１５億円入金 ← [redacted]約束手形１８億円差入

（返済期日：平成２８年７月末日）

【返済期日について】

移転先決定が１ヶ月、２ヶ月延びる場合は

返済期日の変更をお願い致します。

【[redacted]口座】※１５億円の入金をお願い致します。

[redacted]銀行　[redacted]支店

当座預金　[redacted]

②3月２４日（木）

現理事長：[redacted]氏、資金確保の証明として[redacted]銀行口座（通帳）残高を双方弁護士経由にて確認。

（以下日程の理事会・評議員会開催と引き換え条件）

※現理事長側弁護士　[redacted]弁護士

新理事長側弁護士　[redacted]弁護士

確認後に下記日程にて進める。

↓

③3月２６日（土）

理事会開催　・学長否認決議の可決

・反対派理事[redacted]解任決議の可決

④3月２８日（月）

理事会・評議員会開催の招集通知発送

⑤4月４日（月）〜4月１０日（日）のいずれか

理事会・評議員の開催（新理事長側の理事、評議員との入替）

・現理事長の解任　⇒　新理事長就任

・[redacted]理事に参加（[redacted]＋１１名）　理事の過半数確保

・反対派評議員解任　⇒　新理事長側評議員参加　評議員の過半数確保

（終了後）新理事長名での登記手続開始

↓

⑥4月１１日までに ← [redacted]の[redacted]顧問弁護士にて金消契約書を公正証書にて締結

５億円　を学校法人へ支払い（貸付金）

↓

⑦登記手続き完了後　（新理事長名での登記手続開始後　約１週間〜１０日後）

１３億円　を学校法人へ支払い（貸付金）　貸付金合計１８億円

【[redacted]口座】※３億円の入金をお願い致します。

[redacted]銀行　[redacted]支店

当座預金　[redacted]

↓

⑧平成２８年４月末　プレサンスコーポレーション契約　契約金０円

平成２８年７月末　プレサンスコーポレーション　中間金２０億円　学校法人から１８億円返金

1

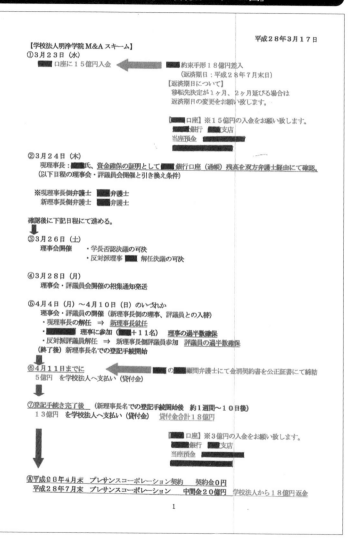

わたしの記憶の不確かさとこの関係者の供述によって、「3月17日付けスキーム図」はなんのために作られた誰用の資料だったのか、長らく弁護団としては謎が残っていた。

そんなとき、9月29日の弁護団会議で西先生から、わたしが小森や山本さんと明浄学院の貸し付けに関するやりとりをしたのが2月だけではなく、実は3月にもあったのではないかと問題提起された。

3月17日にも3者でのうち合わせがあり、その日のためにスキーム図は作られたのではないかというのだ。

わたしは経営者時代、分単位で予定を入れていたので、細かい人の出入りまでは残していない。おぼろげな記憶から、小森より2016年1月下旬に貸し付けの打診があり、2月下旬に山本さんからも同様の依頼を受けたと話していた。

しかし、もう一度、小森とこの件で話す機会があったのではないか。それが3月17日だったのではないか。

わたしは、

「そうだったのかもしれない」

としか答えられなかった。

10月15日の弁護団会議で、ふたたび西先生が、

「やはり3月にも説明の機会が存在したはずです。3月17日付けスキーム図はその日に行われた山岸さんへの説明資料であって、こちらに有利なものなのではないでしょうか」

と報告した。

わたしと山本さんの会社が署名捺印した18億円の金銭消費貸借契約書の日付けは、2016年

3月22日になっている。しかし、社内のスケジュール表を見て確認してみると、この日の早朝から1週間、わたしは沖縄に出張していたので金消契約に署名押印することはできない。そして、休日や祝日を除くと、その前でわたしと小森の予定が合うのはこの3月17日ぐらいしかなかったのである。

桃木の手帳にも、3月17日の欄に、わたしと会った後の山本さんからかかってきた電話の内容がメモされていたという。

この「3月17日付けスキーム図」には山本さんの会社の振込口座の番号が記載されていた。そしてこの紙は、プレサンスの経理の責任者である市川京助の机から押収されている。

彼は18億円を山本さんの会社へ振り込んだ人物だ。

たしかにわたしは小森から振込先に関する紙を手渡され、中身を見ずにそのまま市川に渡した記憶はある。

「3月17日付けスキーム図」はあの時の紙で、小森がわたしへの説明のために作っておいたものだったのかもしれない。

そう考えるのがもっとも合理的なのである。

スキーム図には現理事長、新理事長、TGF、それぞれの顧問弁護士の名刺のコピーも添付されていた。わたしの18億円の貸し付けが法律的に問題ないものであると印象づけようと腐心していた様子もうかがえた。

わたしがその資料の内容を見ていたか否かにかかわらず、小森が貸し付けの直前にそのような内容の資料をわたし向けに作っていたこと自体、わたしの記憶が正しかった証拠となる。

小森や桃木がこの書類について、わたしではなくプレサンスの顧問弁護士、もしくは経理担当者向けのものであると供述していることについては、検察が自分たちにとってもっとも都合の悪い証拠をなきものにするため、このような供述を強いたのではなかろうか。証拠自体の改ざんまではしなくとも、関係者の供述をねじ曲げることによって、その位置づけを改ざんしてしまったのである。

証人尋問では、その矛盾点を突いて、わたしへの説明のために作成したものだという証言を引き出せれば、これ以上強い無罪の証拠はない。新倉先生がずっとこだわっていた通り極めて重要なものであり、開示証拠の読み込みが進むにつれ、その意味が少しずつ解明されてきたのだった。

正直に言うと、弁護団会議で話されている内容については理解できないことも多かった。法律家が真剣に専門用語を使って議論をはじめると、門外漢には外国語で話し合っているようにしか聞こえない。

ただ、素人目であっても、毎回、手ごたえを感じている様子がうかがえた。日に日に、その視線が、その言葉が、力強さを増してくる。

無罪を勝ち取る。

目標はひとつになった。

ヤクザもビックリ、田渕大輔検事の恫喝取調べ

週2回、アンダーソン・毛利・友常法律事務所にお邪魔していたので、小森の取調べの録音録画を見せてもらう機会もあった。

検察の開示した画像のカメラは検察官の背中越しに被疑者の方を向いている。モニターから逐

一見てとれた小森は、幾分かは不安げだったものの、しっかりとした顔つきをしていた。

予想に反して取調べを担当する田渕大輔検事は物腰の柔らかいところもある人だった。取調室に入ってくる小森に対し、「どうぞ」と声をかけ、立ち上がって頭を下げる。山口智了検事にはなかった行為である。

「体調はどうですか？」

「ちょっと寒いです」

「まあ収容者みんなそうだからちょっと我慢してください」

「はい」

「首とかはどう？」

「ちょっと張っている感じですかね？」

「歯は？」

「同じような状態ですね」

「足は？」

「足は座っていると痛くなるので横になっています」

などと体調を気づかう様子もうかがえた。

こんな風に心を許させておきながら、いざ取調べが佳境に入るや、小谷が記憶の喚起を手伝った小森のメモを読み上げて、

「口裏合わせだよね。供述の口裏合わせだよね。認めるね」

「いや、それは社員と相談しただけなので」

「してんじゃん。ふざけないでください。ダメでしょう。ダメでしょう」

と追い詰める。

それでも小森は、

「その通りなんで」

となんとか真実をしゃべろうとするのだが、それを制止して、口裏合わせのために小谷が添削したと決めつけた挙げ句、

「ふざけるんじゃないよ」

と大声で罵倒。取調室じゅうにとどろく音で机をバンバンたたく。

そのうえで、

「開き直ってんじゃないよ。なにこんな見え透いたウソついて、なおまだ弁解するか。なんだ、その悪びれもしない顔は。悪いと思ってるのか。悪いと思ってるんか。悪いと思ってるんですか。わたしは何度も聞いた、ウソはひとつもついてないのかと。明らかなウソじゃないか。なんでそんな悪びれもせずそんなことを言うんだ。なぜですか。なぜだ。大ウソじゃないか。よしんば、これでウソを認めて、会社のなかで口裏合わせしてましたと認めるならまだしも、そこからまだ悪あがきをするとはどういうことだ。どういうことなんですか。なにを考えてるんですかあなたは。ウソじゃないですか。ウソつきましたよね。ついたよね」

と一方的に罵声を浴びせ続けている。

拘置所で一部、反訳を読んでいたのである程度はわかっているつもりだったが、実際に映像を視聴し、その怒号を聞いてみて驚いた。これでは気の弱い小森なんかひとたまりもない。取調べの前半で優しい言葉をかけ、距離感を縮めた上で、突然怒鳴りまくる。ヤクザと寸分たがわぬ手法だ。

小森は田渕検事が詰め寄るにもかかわらず、必死になって何度も真相を伝えていた。しかし聞く耳を持たない。

思わず、一緒に視ていた上田先生と西先生に対し、

「ホンマにメチャクチャですね。これ、取調べと言えるんですか？」

と洩らしてしまう。

小森の表情を見ていて、彼の心が揺れ動いている様子も手に取るようにわかった。

彼は上司に詰問されると黙り込む。

「黙っとらんと質問に答えろ」

と言うと、上目遣いに相手の顔色をうかがい、どんな答えを求めているのか探りを入れたうえ、おずおずと話しはじめる。

田渕検事に罵倒され続けているうち、いつものあの表情になっていた。

「仕事でいい加減なことをしてオレに詰められてるときと一緒や。こうやって、ウソをつくように仕向けられたんやな」

と得心がいった。

このころ、小森と山本さんの取調べ録音録画の反訳があがってきた。それぞれ１４００ページと、広辞苑並みの分厚い大冊である。

ただし、いつ虚偽供述に陥ったのか弁護団が把握するのは困難を極めた。検察官が小森からわたしの関与について詳細な調書を作成したのは、逮捕後12日目。その調書を読むと、取調べの当初からわたしの関与を素直に認めていたかのような記述になっている。それまでの長い取調べの

ターニングポイントがなかなかわかりづらい。

膨大な取調べの録音録画を反訳してみてわかったこと。

それはテレビのドラマのように被疑者が「落ちる」瞬間がハッキリとせず、ウニャウニャと膨大な時間のやり取りを経て、虚偽供述の調書が作成されるということだった。

よく考えてみれば、そうせざるを得ない。事実とは違う本人の知らないことを「供述」するのである。その前に長い時間をかけて「検事の描くストーリー」をすり込んでおく必要があるのだ。

小森への取調べに問題があったことはわかった。ただし、裁判で使用するためには、反訳の解析にまだまだ膨大な時間が必要だった。

末沢岳志検事はたびかさなる調書の撤回要望を無視していた

山本さんも小森同様、2019年12月5日に逮捕されて以降、ずっとわたしの関与を否定し続けていた。

前述のとおり、逮捕から4日目の12月8日の日曜日、取調官である末沢検事からわたしの関与を供述しなければ、佐橋と同等の罪になると脅迫されていた。

しかし、この日の取調べはさらに続きがあった。

佐橋と同程度の罪になると聞かされ、弱気になった山本さんは、

「どうしたらいいんですか？」

末沢検事に助け船を求めた。すると、

「否認したいんやったら否認したってエエけど。裁判で自分の言いたいことを言って、それで通

ると思ってはるんやったら、そないしたらエエと思ってる」

と突き放す。さらに自分の義弟である桃木の処遇を心配する山本さんが、

「桃木はどうなりますか？」

と尋ねたところ、

「それも含めての話なわけ。桃木さんのこととかを含めて、どうなるかということを心配するにあたっては、それはもう事実を話す」

と言い放つ。

山本さんはすでに「本当の事実」を話していたのに。

ここで末沢検事が言う事実とは「検察官のストーリーに沿った事実」。すなわち、

「山岸の強い指示に従って横領におよんでしまった」

と「虚偽自白」するよう誘導しているのだ。

末沢検事はさらに、

「もう端的に言うと、山岸さんの関与も含めて全部しゃべりますというような腹づもりになっているのかな、なっているというふうに聞いていいの？」

「いまの（山本さんの）立ち位置だと、やっぱりそれは佐橋さんと一緒に、もう突っ走ってやっていったという話になっちゃうよね」

と追い詰める。山本さんはすすり泣きをはじめた。

「全部しゃべります。全部協力してしゃべる。助けてください」

彼は彼なりに明浄学院の土地をプレサンスに売らんがために精一杯努力した。最初から犯罪に加担するつもりなど毛頭なかった。しかるに結果的に横領の片棒を担ぐことになってしまう。自

分としては被害者だという意識もあったろう。

ところが末沢検事に主犯扱いされかねないと言われ悔しくてたまらない。そのうえ場合によっては義弟である桃木まで逮捕されることを示唆されたショックが入り交じった、極限の心理状態に追い込まれてしまったようだった。

山本さんの「自白」調書は12月15日に作成されている。この巧妙かつ悪質な取調べが行われた口からちょうど1週間後だ。小森と同様、取調べの当初からわたしの関与を素直に認めていたかのような記述になっていて、よもやこのような変遷を経て、「供述」されたものとは読みとれない。

しかもである。

録音録画を視てみると、山本さんは調書を取られた翌日、

「結局、ずっと考えてたんですけれども、昨日おとといの供述は全部なし。撤回しますわ」

「なんで?」

「思い出したから。思い出して山岸さんとの会話の部分とか最初の部分を、あのー思い出して、結局元々明浄学院にお金を貸してください言うて、佐橋が来てたんですよ。明浄にお金を出してくれいう形で」

と切り出し、末沢検事に対し、署名した調書の撤回と新たな調書の作成を要望していたのだ。

その日の朝、接見した弁護士に事情を伝えると、「すぐ撤回しなさい。真実を言いなさい」と告げられたのだという。

末沢検事は取り合おうとすらしない。

「せやから佐橋が入るから学校に貸す認識はずっと学校に貸す認識だったたんですけどね」

「いやいや、『ずっと学校に貸す認識だったたんですけど』、言うても、実際には学校は借りてませ

んやん！」

「うん、だけど、佐橋が（理事長に）なって（学校への貸し付けに）変わるいう話やから学校に貸す認識でおりましたいうことです」

「や、そしたら、いやいや、その後は、違う違う」

「わたしは知ってることしか言うてないから。ハナから昨日言うた供述の話はなんか、モヤモヤして、一生懸命考えていたら、違うなと。そない感じたから。供述が違うから」

必死に食い下がるのだが、末沢検事は怒気を含んだ言葉で言い返す。

山本さんは、

「あなたに怒られる筋合い、問題じゃないと思いますよ、それは」

「怖い顔をされるのはね、ボクもね、なんかね、脅されているように感じるんですよ。脅されているような」

と言って抗議すらしている。取調べの録音録画において検察官の顔は見ることができない。しかし繰り返し「事実ではないから撤回してくれ」という山本さんが、

「笑わないでください。真剣にしゃべってんのに」

と訴えかける様子も映っていた。必死になって真実を告げようとしている被疑者をせせら笑っているようなのである。

山本さんの取調べはわたしと同じく２０１９年12月25日で終わっている。

最終日になっても2度にわたり、

「ボクの山岸さんについての調書、あのままにしとくんですか？」

と尋ねている。

末沢検事は、

「そんだけ言うんやったら法廷でひっくり返したらよろしいやん」

とうそぶいた。

この言葉がやがてブーメランのように本人に戻ってくることを末沢検事はこのとき知らなかっただろう。

山口智子検事が仕掛けていた恐ろしいトラップ

わたしの取調べの録音録画についても一部反訳が行われた。

それを読み、あらためて取調べ可視化ビデオを確認した先生方は口をそろえて、

「いやー、山岸さんあぶなかったですね。山口検事があの手この手で自白を取ろうとしてきているのに、ギリギリのところで踏みとどまっているじゃないですか」

と言われる。自身の聴取はフェアで問題なく行われたと思っていたので、

「いったいどこが危なかったんですかね？」

と尋ねてみると、先生方はかみ砕いて説明してくれた。

まず、何度も言い合いになった「再建費用」か「買収費用」かの違いである。

山口検事は、取調べの当初から「貸し付けた18億円が買収費用として使われるとわかっていた」という供述を取ろうとしていたのが、わたしはあくまでも小森から説明されていたとおり「再建資金と聞いていた」と言い続けてきた。もっとも、わたしは今回なんで横領が成立するのかを理解できていなかったため、このふたつの言葉の違いにどのような意味があるのかはまったくわか

っていなかった。

わたしは、小森と山本さんの説明から、山本さんの会社を介して18億円を学校に貸し付けたと思っていた。この18億円は学校の移転といった再建資金に使われると説明されていた。そして、学校が移転のために土地を売ったら、その売却代金で18億円をわたしに返済してくれると説明されていた。学校が借りたお金を学校のお金で返すことは、法律的にもまったく問題ない。

しかし、実際にはわたしが山本さんの会社に貸し付けた18億円は、佐橋らの思惑によって、学校ではなく佐橋に貸し付けられてしまっていたようである。そして、佐橋は18億円を学校の買収費用に使っていた。佐橋は、その後、学校の土地を売ったお金でわたしに18億円を返済したが、佐橋が借りたお金を学校のお金で返すことは業務上横領である。だからこそ、佐橋が自分の借金を学校のお金で返すことを知っていた人物全員が共犯とされたのである。

小森や山本さんは、わたしの貸し付けた18億円が学校ではなく佐橋に貸し付けられ、佐橋が買収費用に使ったことを知っていた。だから彼らは業務上横領の共犯であった。検察官は、山岸も大金を貸し付けている以上、その貸付先や使途を当然知っていた、むしろそれ以上に、山岸が佐橋に学校を買収させて学校の土地をプレサンスに売らせた、すべての絵を描いたのは山岸だと考え、わたしを容疑者としていた。

ところが、小森と山本さんは、わたしに説明していたこととは異なる事態が生じてしまい、18億円が佐橋に貸し付けられたなどとわたしが知ったら激怒し、案件が潰れてしまうだろうと考え、そのことをわたしに対して隠してしまったのである。だからこそ、わたしだけが、佐橋が自分の借金を学校のお金で返すことを知らなかった。

そして、貸したお金の使途が「再建資金」であれば、それは学校が使うお金ということになり、学校に貸して学校が返すという無実の認識の裏付けとなる。わたしは、そうとは知らずに、記憶のとおり、小森から「再建資金」だと説明されていたとずっと話していたのだが、これが、実はわたしを容疑者にしたい検察官にとってやっかいな供述になっていた。検察官としては、貸したお金の使途が「買収費用」であれば、それは佐橋が使うお金と結びつきやすくなるため、佐橋に貸して学校が返すという業務上横領を知っていたことの裏付けになる。だから、山口検事は、わたしが「再建資金」ではなく「買収費用」として18億円を貸し付けたことにしたかったのである。

わたしはそんな山口検事の意図などまったく気づかなかったが、聞いたこともない「買収費用」という言葉に終始反発していた。弁護士の先生方は、わたしが取調官の意図や「買収費用」という言葉が持つ意味をまったく知らずに取調べを受けている様子を見て肝を冷やしたようであった。

それだけではない。

先にも述べたように、わたしがかたくなに「買収費用」と言わなかったため、山口検事は「お城」のたとえ話をはじめた12月21日あたりから戦術を変えてきていた。山口検事はわたしから、「貸していた18億円のうち少しぐらいは、再建費用以外のなにかに使われるかもしれないと思っていた。でも、基本的に貸した金で学校が再建されるんだし、自分自身がなにか不正な利益を懐に入れようとしているわけでもないし、まあいいかと思った。甘い判断をしてしまった」

という供述を取ろうと方針転換していたというのである。

わたしは、彼女が求める供述が変わってきていたことにすら気づいていなかった。ただ、「なんではやく終わらせた方がエエというようなことばっかり勧めはるんかな」と思っていたにすぎない。

なぜ山口検事は「少しぐらい再建費用以外に使われるかもしれないと思っていた」という供述

を取ろうとやっきになっていたのか。

この点も、弁護士の先生方が言うには、まず、貸し付けた18億円の「全額」ではなく「一部」であったとしても、それが学校に貸し付けられず佐橋に貸し付けられることを認識していれば、横領が成立するのだという。しかも、それは「確実」に「買収費用」として使われるという認識までなかったとしても、「買収費用に使われるかもしれない」という認識があれば横領が成立してしまうというのだ。この「かもしれない」という認識は、法律用語で「未必の故意」というらしい。そこで、山口検事はわたしを最低限度有罪にするため、「少しぐらい再建費用以外に使われるかもしれないと思っていた」という供述を得て、「貸付金の一部が学校以外に貸し付けられるかもしれない」という少なくとも未必の故意を証明する供述調書を作ろうとしていたというのである。

もちろん、わたしは18億円のうち1円でも佐橋などという会ったこともない人の買収資金に使われるとは思ってもいなかった。しかし、18億円を学校に貸し付けるとしても、その全額の使途を詳しく監視することなどできるはずもないし、細かい使途についてまで説明も受けていない。わたしが学校に貸し付けたと思っていたお金は、結果的に佐橋に貸し付けられてしまっていたという客観的な事実もある。このような状況を前提に、山口検事は、

「全額が再建費用に使われると言い切れるのか」

「一部が再建費用以外に使われないと言い切れるのか」

という趣旨の圧をかけてきていたのだ。そんなことを言われても、わたしは小森から「再建資金」を貸してほしいとしか説明されていないのだから、その説明を繰り返すしかない。検察官はすべて事件が終わった後の目線で質問をしているから、当時のわたしの認識通りの答えとかみ合わない。

さらにややこしいことに、わたしは基本的に山口検事のことを信頼していたため、うなずきながら話を聞くことも多く、部分的には肯定できる内容も多かった。弁護士の先生方に危ないと言われた12月22日のやりとりも、わたしは山口検事の話をうなずきながら聞いていた。そして、

「もっと話を聞かなければならないのに聞いていなかった」

「認識が甘かった」

「結果的に多くの人に迷惑をかけてしまった」

「迷惑をかけた人には謝らなければならない」

などの部分に対して「そのとおりです」と肯定していた。山口検事は、わたしのこの肯定の返事を、山口検事の「一部」の話についても肯定したということで、その内容までも調書にしようとしていたのである。

そのときに、わたしが「いやいやそこは違いますよ」と言って訂正を求めたからよかったものの、このかみ合っていない会話を見た弁護士の先生方は本当に恐ろしく感じ、「ギリギリのところで踏みとどまっている」という感想を抱いたのだそうだ。

「山口検事がやろうとしていたことは、山岸さんの供述をねじ曲げ、真実とは違う内容の供述を強要することだったんですよ」

わたしはまったく気づいていなかった。

心から信頼を寄せていた山口検事がこのような恐ろしい罠を仕掛けていたことを。

「もっとも悪質なのは、『買収費用』と『再建資金』の法律的な意味の違いすらまったく理解していない山岸さんに、あたかも供述のニュアンスをちょっと訂正するだけみたいな体で、行われていたことなんです。こんなやり方は、だまし討ちです」

わたしは、山口検事のしつこい誘導に屈することなく、当時のことを思い出して記憶のとおりに正直に話し続けた。だから、ギリギリセーフだった。

でも、閉じ込められた状態で長時間取調べが続くなか、検察官の言うことに「違います」と反論し続けるのは、すさまじい気力と根気がいる。これはきっと、逮捕勾留されたことのある人間にしかわからないだろう。

わたしは細かいところについても違和感を覚えて「違う」と言えたからよかったのだが、気の弱い人、口下手な人、長い拘禁で心を病んでしまっている人は、このひと言が出て来なくなってしまう。

小森の録音録画を視ても、2019年12月5日に逮捕されてから、しばらくの間は田渕検事の罵倒、恫喝、誘導に対し、必死になって抵抗している様子が見て取れる。

でも、最終的に、「もう、どうでもエエわ。むこうの言う通りにしとかな大変なことになってまうぞ」というところまで追い詰められてしまっていた。

わたしの取調べにおいても、執拗な山口検事の誘導が面倒になり、「自分の言うてることと山口検事の話はそんなに大きく違わへんから、まあエエわ」とあきらめて、彼女の言うとおりの内容の調書にサインをしてしまっていれば、「（未必の）故意」が認められ、佐橋らと横領を「共謀」したということになっていたのである。

田渕検事、末沢検事、そして山口検事の取調べ可視化ビデオは、この事件がいかにして作られていったのか、その過程をつぶさにわれわれに教えることになったのだが、長い議論と試行を経て、ようやくわたしの逮捕直前に法制化されたばかりの制度だった。

取調べの録音録画は2019年6月1日に施行された改正刑事訴訟法によって行われるようになったもの。村木厚子元厚労省局長の冤罪を生んだ障がい者郵便制度悪用事件から派生し、2010年9月に発覚した大阪地検特捜部証拠改ざん事件を契機に発足した「検察の在り方検討会議」が、供述調書への過度の依存を見直すよう提言し、法制審議会での議論を経て制度化された。

録音録画されているんだから、これまでのようにムチャクチャな取調べはしていないんだろうと思いきや、改ざん事件を起こした本家本元である大阪地検特捜部の検事たちはまったく変わっていなかった。取調べ可視化なんかまったく気にせず、いまだやりたい放題。取調べが録音録画されていることに慣れてしまい、のちほど検証される可能性があることなど脳裏から消え去っている。

そもそも、捜査官と被疑者との知識量や受け答えの技術は天と地ほどの差がある。わたし自身、取調べの際の山口検事が話した言葉の意味をようやく理解するに至り、法律のプロである検察官と一介の市民である被疑者との一対一のやりとりなど、プロボクサーと赤ん坊が同じリングで戦っているようなものだと実感した。

やはり取調べに弁護士が立ち会うようにならなければ、この問題は解決できない。

そのとき、あらためて強く感じたものだった。

敵性証人がひとり消えた

秋田先生が弁護団会議の席上で、

「できるかぎりはやめに小森証人や山本証人に対して面談をした方がいいんじゃないか?」

と提案したときはビックリした。

「えっ、わたしの関与について検察に対してウソをつきまくっているふたりに会いに行くことなんかできるんやろか」

と思ったのである。

西先生に聞いてみると、

「証人テストっていって、尋問の前に準備のために面談して事実関係を確認しておくことがあるんです」

と言う。刑事事件の証人尋問は誰もがぶっつけ本番でやるものだと思っていたのだが、そうではないのだという。

「もちろん罪証隠滅が疑われてはいけませんし、腹の探り合いですので、核心に迫るような質問はしませんよ。それとなく感触をうかがってみて、相手がどんな証言をするであろうかを読み取るんです。変に突っ込んでしゃべって、こっちの手の内を検察に明かされてしまってもいけませんから」

秋田先生によれば、検察が自分たちの有罪立証に有利な証言をする証人に対してテストを行い、望むような供述が得られなかった場合、本番にそなえて10回近く呼び出してリハーサルをし、細かい言葉尻まで指導することもあるという。もちろん弁護人側はそんなことをすることなどできようはずがない。

それって八百長やないか。

刑事弁護に携わる人にとっては当たり前なのかもしれないが、素人目にはテレビでいうところの「やらせ」が公然と行われているとしか思えない。

２０２０年11月12日、中村弁護士、秋田弁護士ら弁護団は山本さんの弁護人事務所で先方の先生方立ち会いのもと、証人テストを行った。

戻ってきてから、驚くべき報告があった。

「山本が供述調書をひっくり返してきます」

公判の尋問でわたしの関与を否定するようだというのである。

われわれの弁護団がさりげなく、

「山本さんの取調べの様子はどうだったんですか？」

と水を向けると、

「ボク、涙が出たんですよ。本当にひどい取調べをされました。撤回しようとしても聞いてくれなかったんです」

キッパリ自分からそう言ったのだという。

何度も言うように、わたしが共謀に加担したことを示す物証はない。あるのは小森と山本さんの供述だけ。

すべての弁護人が、

「ふたりの供述は相互に独立して裏付け合っている。２本立っているというのは証拠状況上、厳しい戦いになる」

と言っていた。

そのうちの１本が消えてしまったのだ。

検察官もまた山本さんに対して証人テストを申し込んでいた。彼の弁護人が立ち会いを求めたところ、主任の三谷検事は「それでもいい」と言っていたのに、検察上層部が「立ち会いを認めるな」と言いだしたようで、結局、検察官による山本さんへの証人テストは行われなかったという。

「弁護士立ち会いのもとでは、ひるがえすことが明らかな山本さんに対する有効な『説得』ができないと判断したのかもしれませんね」

「検察ってそこまで計算して動くんですか」

裁判がはじまる前から重要証人をめぐるこんなに厳しい駆け引きが行われるなんて想像だにしていなかった。


弁護団は山本さんの義弟である桃木に対しても何度かヒアリングを行った。

当初は自身の記憶通り、こちら側に有利な証言をすることをほのめかしていたのだが、検察側の証人テストを終えたあと、突如として、

「やっぱりわたしはいろいろなことを混同していたのかもしれません」

などと言いだし、検察側に寄ることを示唆した。

別れ際には、

「スミマセン。こっちもビジネスなんで」

と意味深なセリフを言い残したという。

「桃木は検事から『不起訴です』と告げられただけで、その理由はわからないということでした。嫌疑不十分なのか起訴猶予なのかはわかりませんが、どちらにせよ共犯であるのは間違いないので、まあ、検察の言いなりになると決めたんでしょうね」

とのことだった。

プレサンスの土井社長や仕入れ担当幹部の小谷勝久、小森とやり取りしていた会社の顧問であ

る奥野信悟弁護士などへの聴き取りは新倉弁護士、亀井弁護士が担当してくれ、その結果を弁護団会議で報告してくれる。

そして、わたしにとってもっとも重要な証人である小森に対しては、12月9日と21日に弁護団が聴き取りを行った。

ここでも、田渕検事の事情聴取について、

「取調べはどうだったんですか？」

と探りを入れてみたところ、

「取調べを受けたのは初めてだったので、よくわからないですね」

と返答。

「どういう印象をお持ちですか？」

と尋ねても、

「さあ、あんまり……」

と口を濁したという。

小森は、取調べで作成された供述調書どおりの証言をすることが確認できた。最後まで検察官の振り付けのままのロボットになるのである。

われわれのやるべきことは絞られた。

公判にて小森の証言を叩きつぶしさえすればいいのである。

明浄学院事件の原点

わたしは明浄学院事件において小森や山本さん以外とは会ったことはなく、電話で話をしたことすらない。横領したお金を山分けしたとして訴追されている仲介業者や不動産ブローカーに至っては山口検事から教えられるまで、その存在も名前も知らなかった。

そのため、事件の全体像もまったくわかっていなかった。

２０２１年に入るころになると、開示を受けた大量の証拠の分析なども進み、内容について弁護人から説明を受けたため、ようやくその構図を理解することとなる。

すべての発端は佐橋という特異な性格を持つ女性が激しく動いたことからはじまっていた。

当時、50代後半だった佐橋は学校の経営をやりたいといろんな地域の学校に声をかけまくっていた。彼女にとって学校の理事長になって采配を振ることは長年の宿願だった。

そのなかで出会ったのが明浄学院の理事長、吉村氏らだった。当時の学院は職員の退職金が用立てられないほど厳しい経営が続いていたという。

吉村氏らは佐橋に対し、

「明浄学院への寄付金5億円、そしてわたしに対する10億円の合計15億円を用意できれば理事長職を譲るよ」

と持ち掛けた。佐橋は持ち前の行動力と馬力で金主探しに猛進、１００人以上に打診したという。しかし、同じ理由で断られ続けた。

「担保も資産もないあなたに貸して焦げ付いたとき、どうやって回収するんですか」と。

そこで目を付けたのが明浄学院の土地だ。

高校の土地を担保にしてお金を借り、経営権を取得し、土地を売ったお金で返済するという計画を立案する。

不動産ブローカーを通じて出会った小森に打診したところ、小森はすぐさまわたしにその話を持ってきた。わたしが佐橋の逮捕歴を理由に峻拒した2015年12月10日のことである。

数日後、小森はわたしに対し、

「山本さんの会社を間に入れた取引にしたら検討してもらえますでしょうか？」

と再アタックし、土地の購入についてわたしの内諾を得ることに成功する。このとき小森はまだ山本さんにこの案件の話すらしていない。

土地の買い手（わたし）は見つかったが、吉村氏に払う資金のメドはまったく立っていない。にもかかわらず佐橋は、吉村理事長らに対し、「15億円かならず払う」と確約。だが、「そのお金がどこかにプールされている」という証明でも出してもらえなければ信用できないと突き放された。

年が明けて2016年に入って小森は山本さんに「佐橋の金主探しを手伝ってくれ」と頼み、応じてもらう。

1月9日、わたしが小森を呼び出して明浄案件の進捗について尋ねてみたところ、

「スポンサーを探しています」

と答えたため、まったく進んでいないと判断した。

実際、こんな虫のいい話に出資者が現れるはずもなく、佐橋、小森、不動産ブローカーは吉村理事長らをつなぎとめるため、山本さんにニセの残高証明書作成を依頼。小森がしつこく頼んだため、山本さんもしかたなく協力する。

もちろん残高証明書の偽造は犯罪であり、プレサンスにとってはご法度である。小森はこの偽造も隠蔽していたため、わたしはこんな姑息な工作をしていたことなど露ほども知らなかった。

佐橋には異様な迫力があったようだ。

「この学校を絶対に建て直す。わたしが明浄の理事になったら、5億10億すぐに寄付が入ってくることになっている。海外の学校とも提携して留学生も受け入れる」

とまくしたてる。

金銭目的のブローカーの暗躍もあり、小森や山本さんは佐橋という大きな渦に巻き込まれていったのだ。

残高証明偽造の1週間後である1月28日、金主探しに行き詰まった小森はわたしのところにやってきて、「18億円を山本さんに貸してください」と訴え、わたしは安請け合いしてしまう。

翌日、山本さんはみずからの会社の顧問弁護士に相談したところ、「学校法人口座への入金と決算書への記載、公正証書作成が必須である」と返答があった。

当時、小森も山本さんも、そして山本さんの会社の顧問弁護士もわたしが貸した金は学校に入ると考えていた。しかし、佐橋は学校法人への入金は難しいと言い出した。山本さんの顧問弁護士はこの計画に「賛成しかねる」と告げる。

山本さんは小森と不動産ブローカーに「ちゃんと佐橋を説得して来い。明浄への直接振り込みが条件じゃないと間に入ることはできない」と話し、その旨の議事録も作成した。小森と不動産ブローカーは「大丈夫だ」と言い、加えて山本さんみずから佐橋に電話を入れ、学校入金を確約させた。

そのため2月17日、山本さんの義弟である桃木は弁護士に対し、明浄学院を借主とする借用書と公正証書の作成を依頼。2月22日、山本さんは小森とともにわたしのところへ挨拶にきた。

3月17日、小森は山本さんをプレサンスへ連れてきて、わたしと山本さんの会社との間で金銭消費貸借契約書を取り交わす。その際、桃木が作った「3月17日付けスキーム図」を持参していた。この「3月17日付けスキーム図」にも書かれているとおり、この時点ではわたしが山本さんの会社に貸し付けた18億円は、そこから明浄学院に貸し付けられるはずだった。

ところがである。

わたしの貸し付けた18億円が山本さんの会社へ入金されたあと、4月に入ると、佐橋は、

「山本さんの会社から直接、わたしの関連会社に資金を入金し、明浄学院が連帯保証する形にしてほしい」

と言い出した。

当惑した山本さんはすぐに顧問弁護士に相談。学校の連帯保証のある金銭消費貸借契約書を公正証書で作成することを条件に取引続行を認めてもらった。佐橋との間で明浄学院の連帯保証つきの公正証書を作ることを確約した協定書を締結したうえで、山本さんの会社は明浄学院の寄付金口座に5億円を送金。契約書もできあがって印紙も用意し、公証人役場の予約も取っていたのだが、その作成がされないまま、山本さんの会社は佐橋のダミー会社へ残りの13億円を振り込んでしまい、佐橋は念願の明浄学院副理事長に就任する。

山本さんは佐橋に対して何度も公正証書を作成するよう迫り、その作成費用79万円までは振り込ませたものの、結局、佐橋は学校による連帯保証の約束も守らなかった。

わたしがプレサンス本社で小森を問い詰めた際、

「理事全員を連帯保証人にするつもりでした。それを公正証書にするつもりでした」

「するつもりだったんです。するつもりだったんです」

とうわごとのように口走ったのはこのことだった。

わたしが貸した18億円はトリッキーな佐橋の動きに翻弄された挙げ句、なんの保全もされないまま学校ではなく佐橋の関連会社に貸し付けられ、あちこちにばらまかれてしまった。

もちろん小森はわたしに対して学校ではなく佐橋に貸し付けられてしまったことなど報告していない。保全もないまままったく想定と違う借主にお金が渡ってしまい、そのお金が消えてしまったなど、怖くてとても言い出せなかったのだろう。

以降、小森と山本さんは明浄学院の土地をプレサンスへ売却することに全勢力を傾ける。そうしなければ、わたしの貸し付けた金は戻って来ない。なんとか取引を成就させ、埋め合わせねばならない。

貸し付け金が佐橋の手に渡ってしまったことも、その後すぐさま費消されてしまった事実も、校地さえ売却できれば手付金で返済できると考え、わたしには報告せぬままに土地取引に邁進する。

いざ不動産取引が成立し、プレサンスが振り込んだ手付金がわたしのもとへ還流したことで、業務上横領の共犯に問われるとは夢にも思っていなかったようだった。

拙速捜査と誤った見立て

以上、見てきたとおり、明浄学院事件は関係者の思惑が入り交じったなかで、偶発的に貸し付けが行われてしまい、結果的に横領という形で返済されてしまったというものである。

ところが検察の描く事件の見立ては、

「最初から横領を前提に18億円が貸し付けられたものであり、首謀者は山岸である」

本件土地売買時（2019年7月）の資金の流れ

図3　山岸氏の認識

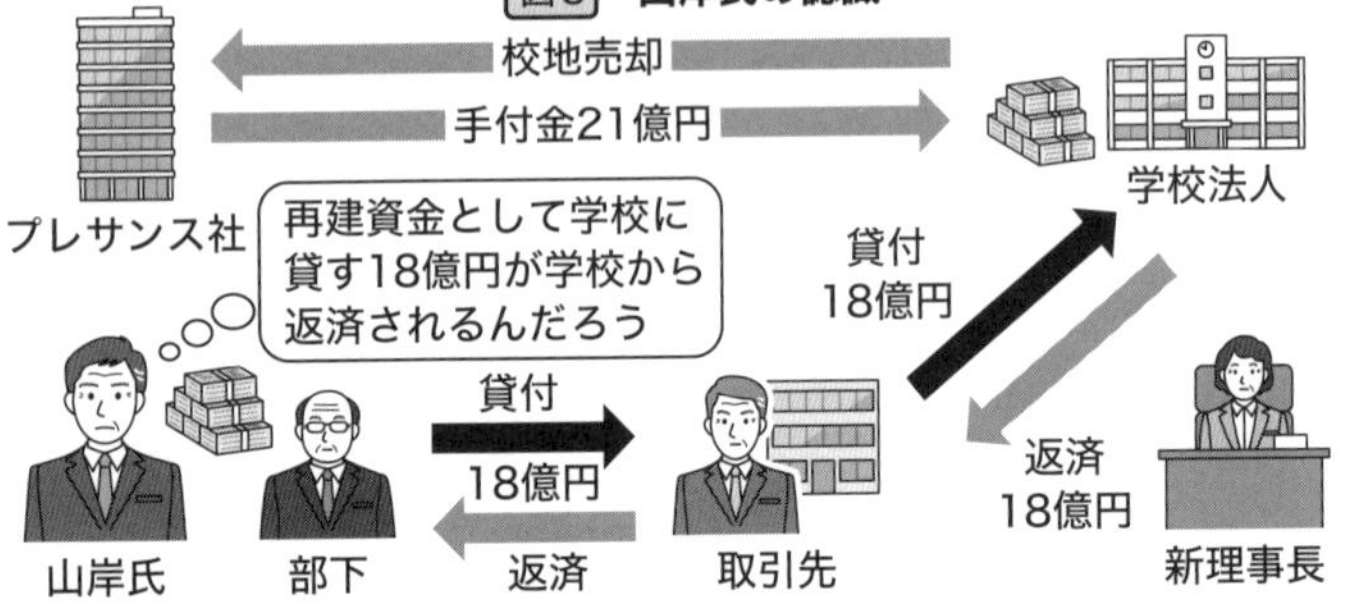

図4　特捜部の見立て

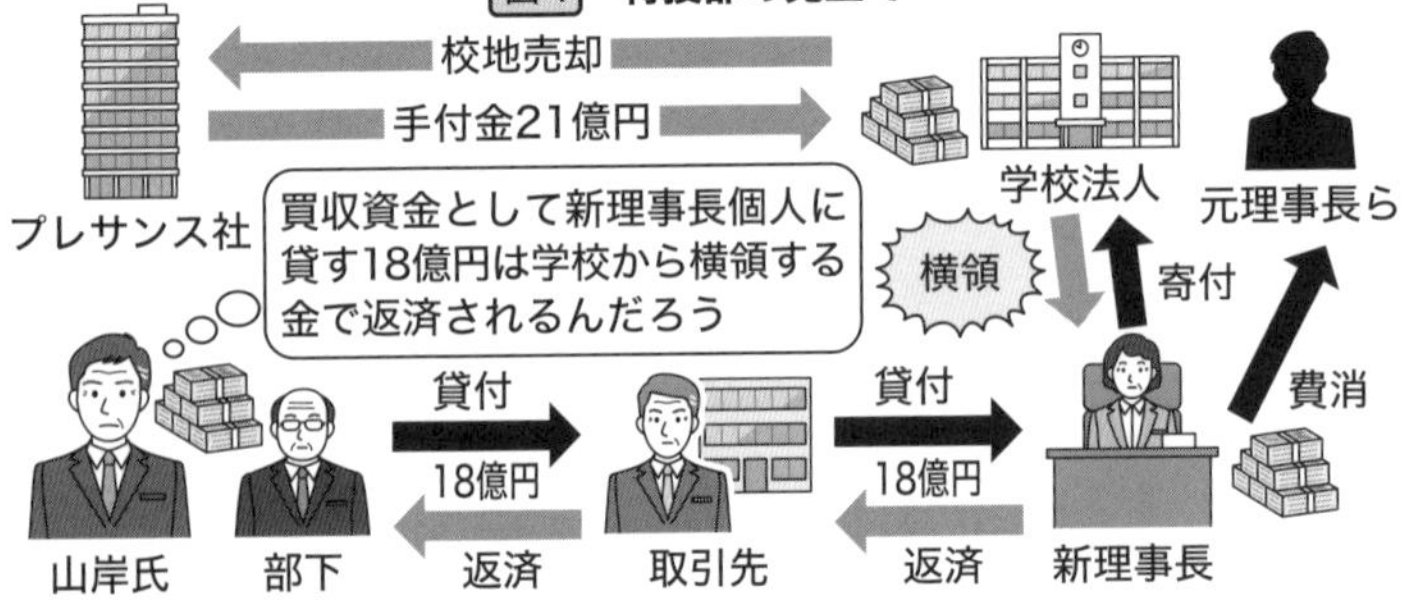

というものだった。

これはお金の流れの結果から後付けで導き出されたものであり、著しく事実と異なっている。

検察は、そもそも佐橋も含め、関係者全員が当初は学校に入金すべく動いていたことを見落としていた。直視しようとしなかったという方が正確かもしれない。

さらにである。

佐橋による突然の翻意ののち、小森や山本さんがわたしの貸し付けに明浄学院の連帯保証をつけるべく奔走していることに、特捜部はまったく気づいていなかった。

起訴内容は明確な日付で特定されておらず、時系列もきわめてあいまいなまま、わたしが首謀者ということになっていた。

どうしてこんなことになってしまったのか。

２０１９年10月29日に明浄と山本さんの会社を、翌30日にプレサンスを家宅捜索したあと、12月16日のわたしの逮捕まで1ヵ月半しかない。

その時点で起訴することは決まっていたわけだから、段ボール箱数百箱分の資料、および膨大な電子データといった押収物の分析に1ヵ月あまりしかかけられなかった。

そのため集められた膨大な客観的証拠、なかでも自分たちの見立てでは合理的に説明できないはずの無罪を示す証拠の検討を十分に行うことができていなかった。

捜査はスケジュール化されており拙速になされたため、見立てに沿った証拠を収集・検証していったことで、当初想定していた犯罪スキームこそが真実だという思い込みが増幅されていく。

佐橋や小森の残した書類は極めてあいまいなものだった。佐橋はとにかく経営権を取得する資金を引っ張れればよく、小森は土地を買うことだけが目的。ふたりとも、そのあとのことは深く考えていなかったのだが、検察官は残された書類を、みずからに都合よく読む一方、矛盾点を深く検討しなかった。

検察側が当初請求した証拠物は11点のみ。わたしの有罪立証にはそれで事足りると考えていたようだ。

このころの弁護団会議でも、

「特捜部はメールの分析をほとんどやってなかったんだろうな」

「その後の証拠開示の遅さを見ても、整理すらできてなかったんやろうね」

とよく話題にのぼったものだ。

われわれは新たに出した予定主張書面のなかで、「佐橋、小森、山本さんらが学校の連帯保証を取り付けることを模索していた」ことを指摘。検察側の見立ての不合理さを突いた。

最終的に弁護側は証拠物２１９点、メール３７１通の証拠調べを請求するとの方針を決めた。その後の検察官との協議により、客観的証拠の大部分を双方請求証拠とすることになる。

年が明けてからも、わたしの供述を裏付ける有利な証拠が次々に見つかった。

わたしが貸し付けた18億円を捻出するため個人預金を解約した大正銀行は、その後合併して徳島大正銀行になっており、同行に対して弁護士法23条に基づく照会をかけたところ、２０２１年１月７日に回答が届く。

わたしが預金解約を申し出たところ、２０１６年2月25日に担当者と部長さんが来てくれたのだが、そのときの面談メモが残されていたのだ。

なかには、

「事業用地取得に際し、間に業者を入れて進めている」「間に入った業者に貸し付けすることとなる」「資金は土地取得、手付けよりも前の段階」と記載されており、わたしの記憶通りのことを銀行の担当者にも話していたことが裏付けられた。

小森がわたしに貸し付けの説明をした日や、貸し付けを行った日よりもあとに、山本さんの会社が明浄学院を借主とする借用書を作っていたことも判明した。これは当時、山本さんも学校に貸し付けようとしていたという証拠である。

「出て来るのはこっちに有利なものしかありません。あのとき保釈されて、本当によかったですね」

西先生が言うので、

「いや、ホンマですわ。あのとき出られてなかったらと思うとゾッとします」

と答える。

長期勾留に耐えかね、

「7月16日の公判前整理手続で証拠の請求を終えてください。そして年内に裁判、はじめてください」

と何度も強く訴えたのだが、そのたびに中村先生、新倉先生、渡邉先生らから、

「それはできません。証拠を全部見ないとダメなんです。なんとかこらえてください」

と突っぱねられてきた。

その言葉の意味をようやく理解する。

正式決定ではなかったものの、２０２１年5月24日に第1回公判の期日を入れる予定であるとも伝えられた。

わたしは不思議でしかたなかった。

どうして検察庁は公訴を取り消さないんだろう。裁判になれば恥をかくのは明白であるのに。

このころの弁護団会議で議論されたのは、録音録画のデータ、および反訳書を公判前整理手続において証拠請求すべきかどうかである。

本来、このような弾劾証拠と呼ばれる証拠は事前に請求する必要がなく、事前に請求した場合には検察にそれを開示しなければならず、こちらの手の内を明かすことになってしまう。

とはいえ、取調べの実態とそこで得られた供述の信用性が公判で問題になることは明らかだ。公

判までこれを隠した場合、検察は確実に異議を述べ、証拠意見を述べるのに時間が必要だとして裁判は延期されてしまうだろう。

姑息に証拠開示を遅らせてきた検察に対し、わたしはきちんと事前にこちらの証拠を開示して、正々堂々戦いたいという想いもあった。

弁護団は小森と山本さんの取調べ録音録画の媒体と反訳書のすべてを公判前整理手続で証拠請求した。

これに対して検察官は可視化媒体については「必要性なし」、反訳については「不同意」とした。「法廷で公にされて困るような取調べなんか、すんな、ボケ」と思ったものだ。

証拠の採否は証人尋問を実施してから判断されることになったが、事前に証拠調べ請求していたため、裁判所は審理日程に予備日を1日設けてくれた。

とはいえ、共犯者の供述の信用性についての可視化媒体の使用についての規定はなく、これほど大規模なものをどうやって利用するのかも定まっていないという。そもそも取調べのすべてを反訳した事件などこれまで存在しなかった。

重要証人ふたりの取調べ録音録画、およびその反訳という「武器」をどうやって使うのか？　みずからの大失態を隠蔽すべく、検察が全力を挙げて阻止しようとしてくるのは明々白々である。

弁護団の模索は続いた。

特捜部の上司は恫喝取調べの実態を知っていた

なかでも手間取ったのは田渕大輔検事による小森の取調べ録音録画の解析である。

「ふざけた話をいつまでも通せると思ってる」

「検察なめんなよ」

「小学生だってわかってる、幼稚園児だってわかってる。あなたそんなこともわかってないでしょ」

「ウソまみれじゃないか」

「本当ににぶい人ですね」

田渕検事が小森の言うことに一切耳を傾けようとせず、机をたたきながら長時間、罵倒するシーンはいくらでも見つかる。これだけでも十分に取調べの問題を示すことはできる。

しかし、小森が法廷でも偽証した場合、取調べで罵倒されたとしても法廷での証言はその場に田渕検事がいないのだから関係がないなどと反論されかねない。だからこそ、問題のある取調べの結果、小森の供述がねじ曲げられたとわかる場面を抽出し、なぜ法廷でもウソをつくのかという理由を説得的に説明できなければ、小森が虚偽を述べていることを完璧に立証することは難しい。

そして、１４００ページにおよぶ反訳を読み返しても、なかなかターニングポイントをつかむことができないようであった。

小森は２０１９年12月5日に逮捕されてからもしばらくは「わたしに対し再建資金と説明した」と言い続けていた。

延々と続く罵倒シーンを注意深く解析しても、田渕検事の発言ばかりで小森の心境がわかりにくく、なかなか供述を変える端緒が見つからない。

西弁護士らが何度も反訳書を片手に録音録画を見続けてようやく見つけたのは公判直前である

5月のことだった。

ようやく見つかったターニングポイントは、意外にも激しく恫喝した日ではなく、その次の日である2019年12月9日の取調べにおいてのものだった。

田渕検事は前日の聴取において、山本さんたちがわたしの関与を認める話をしていると説明したうえ、

「もうさ、あなた詰んでるんだから。もう起訴ですよ、あなた。っていうか、有罪ですよ、確実に」

「もう遅いんだって。あなたひとりががんばったってしょうがないんだから。もう、あなた、プレサンスのなかでも売られてるんだよ。共犯者のなかでもうたわれてるんですよ」

と告げていた。

この日も山本さんの自白の内容を詳しく説明。小森の話している内容は小森しか供述していないと示唆して心理的に孤立させた。

そのうえで、

「プレサンス側でこの事件に関係している人間として一番いけなかったの誰、ということになると。小森さんということになるけど、それで合っているの？」

「あなたは社長を騙しにかかっていったってことになるんだけど、そんなことする？」

「それはもう自分の手柄がほしいあまりですか。そうだとしたら、あなたはプレサンスの評判をおとしめた大罪人ですよ」

と語りかける。

佐橋が突然話を違えたというのが実際のところであったが、小森としてもわたしにそのことを

隠蔽してしまったという後ろめたい事実がある。その弱点について、大阪地検特捜部という国家権力の最たるものから、詐欺であり大罪人だと言われてしまう。そしていまのままの供述を繰り返していると、小森がプレサンス社内で一番悪かったということになってしまうというのだ。

何度も言うが、それまでの日常生活から突然、切り離されて拘置所にぶち込まれ、接見禁止で誰とも話せない時間が続くと、検察官は神様になる。

閉鎖的な空間での孤独な日々は人を大きく変えてしまう。

唯一、そばにいてくれる人こそ無二の支援者であるように感じてしまう。

そんな全能の神から「大罪人」だと告げられた。

小森は気の弱い人間だ。

記憶の通りしゃべってしまっては大罪人になってしまうとするなら、どうすべきなのか揺れ動いたことだろう。

さらに、

「会社とかから、今回の風評被害とか受けて、会社が非常な営業損害を受けたとか、株価が下がったとか言うことを受けたとしたら、あなたはその損害を賠償できます？　10億、20億じゃすまないですよね。それを背負う覚悟でいま、話をしていますか？」

とたたみ掛けられる。

このままの証言を続けると一生借金地獄が待っているとおっしゃるのである。

そこで検事さまはこう導く。

「だとしたら、わたしがほしい話ではなくて、わたしがなるほどって思う話が出て来ないとおかしいですよね。でも、いまの少なくとも山岸さんに対する話って、全然なるほどじゃないですよ。

それは小森さんおかしいですよ。本当の真実の話をしたら、なるほどなって話になるはずなんです」

なるほどと思う話をしろと示唆する。この日の冒頭で山本さんの自白内容が詳しく説明されたのもこのためだ。

「結局あなたがなにをしているかというと、山岸さんをかばうためにウソをついているという評価になるんですよ」

激しい罵倒が続いても、なんとか持ちこたえていた小森だが、冷静な言葉で自分の利害に関する誘導が行われた結果、虚偽供述を開始してしまったのである。

弁護団は何度も何度も取調べ録音録画を視聴し直していたのだが、罵声を浴びせかける場面こそがターニングポイントではないかと気を取られていたため、その翌日という意外な時点の発見に時間がかかってしまったのだった。

膨大な取調べの録音録画を反訳しても、そう簡単にターニングポイントが見つかるわけではない。ひとつの部分を怪しいと思い込んでしまうと、別の部分が問題であることを発見することが難しくなってしまう。

取調べ過程の全反訳という前代未聞の取り組みの結果、わかったことのひとつである。

小森に対する取調べの録音録画反訳はもうひとつ、今回の捜査の問題点を浮き彫りにした。

2019年12月14日のデータには田渕検事の次のような発言が残っていた。

「実はね、このわたしと小森さんの取調べって、逮捕してるときから録音録画してるじゃないですか」

「そういうのを見ている人からするとですね、全員。別に大勢が見ているわけじゃないんですけれど、まあ見た人が言うにはね、わたしが小森さんにその供述を無理強いしているんじゃないか、っていうんですよ」

「わたしが最初の方、結構大きな声だして叱ったりしたじゃないですか」

「ただ、わたしの聞き方が、あなたに供述を強いているというか、そうだろってね、なんかこう押しつけているっていうか、誘導しているっていうか、無理矢理ね、あたかもね、ように見えるっていうことをおっしゃる方がいるみたいなんです」

大阪地検特捜部の上層部、すなわち捜査の指揮官である蜂須賀三紀雄検事や山本裕之特捜部長は田渕検事の異様な取調べの実態を知っていた。

わたしの有罪を立証するための欠かせない小森の供述は「無理強いし」「誘導して」取られたものだと認識していたのだ。

しかるに是正することも踏みとどまることもせず、わたしを起訴して裁判にかけようとしているのである。

検察庁の人事異動により公判担当が交代となり、4月8日の進行協議より末沢岳志検事が加わった。

山本さんが、

「本当にひどい取調べをされました。撤回しようとしても聞いてくれなかったんです」

と話していた検察官と法廷で顔を突き合わせて対峙することになるのだという。

田渕検事とともに、わたしを陥れる原因を作った男と直接対決できるのだ。

「やったろうやないか」

あらためて戦闘モードが高まってくる。

4月15日、わたしは明浄学院に対し1億8000万円を寄付した。山本さんらほかの被害弁償をし、すでに全額弁済していたわたしのところに入ってきた幾ばくかのものも含めての金額である。学校はすでに提携先も見つかり、順調な再スタートを切ったと聞いていた。せめてもの罪滅ぼしである。


わたしが保釈されてから後、出て来る資料やメールはことごとくこちら側に有利なものばかりだった。

そのたびに、

「こんなに明らかな証拠があるのに、検察は有罪が取れると思っているんですかね？」

と西先生に尋ねていたのだが、そのたびにはぐらかされていた。

西弁護士は弁護士職務経験制度が満了したため、アンダーソン・毛利・友常法律事務所を退所していったん裁判所へ戻ったが、家庭の事情により東京地方裁判所判事補を依願退官して弁護士になり、秋田真志先生率いる「しんゆう法律事務所」に入所。引き続き、わたしの裁判も担当してくれることになっていた。

公判も間近に迫ったある日のこと。

西先生が弁護方針の参考にするため、有罪・無罪両方の仮想判決を書いてくれた。読ませてもらうと、明らかに無罪判決の方に説得力があるように感じてしまう。

そこで、西先生に、

「無罪を示す証拠がこんなにいっぱいあるのに、検察はどうやってボクを有罪にするんですか。できるんですか」

と尋ねてしまう。

すると、

「わたしは弁護士ですので、公判について結果は保証できないことになっているんです。でも『にしよしゆき』という個人の立場で言うと勝てると思っています」

静かに、そしてキッパリと話してくれた。

第五章　わたしはこうして2000億円企業を育てた

戦国武将のごとく天下を取ったるねん

わたしは1963年1月2日、滋賀県大津市で生まれた。

父は消防士、母は近隣の製薬会社の工場で正社員として働いていて、当時としては少数派である共働き家庭。幼少期は家に母方の祖母がいたので、おばあちゃん子として育った。

オヤジは声が大きく、豪快な人だった。

わたしが40歳くらいのとき、ひょんなことでオヤジの面影を知る機会があった。

プレサンスの保養所がある琵琶湖でウェイクボードをしたあと、近隣の居酒屋へ飯を食いに行き、仲間らと語らい合ったところ、

「山岸って、おまえ、消防署の山岸の息子かいな?」

と大将から声をかけられる。

「はい。そうですねん。お知り合いですか?」

「よう知っとるわ。おまえのオヤジ、しょっちゅう、ウチへ呑みに来とったんやでぇ」

大津市消防局の北消防署志賀分署で署長をやっていたとき、よく足を運んだのだという。

「おもろいヤツやったわぁ。部下連れて、ワイワイやっとったわ」

外でも宴会部長のようなタイプであったらしい。

子どものころのことで印象に残っているのは、オヤジの元カノがよく遊びに来ていたこと。その女性はなぜかオカンとも仲がいい。

そして、来るたびにお菓子やオモチャを買ってくれる。

わたしはオヤジに向かって、

「なんで、あの人と結婚せえへんかったん？　ケチなおかあちゃんより、あっちのオバチャンの方がエエやん」

と尋ねた。すると、

「おかあちゃんはあんなうるさい性格やろ。せやからおとうちゃんが付いとったらなアカンねん」

と真顔で答えた。

なんとなくカッコええなと感じたものだった。

幼少期からよくスキーに連れて行ってくれた。この体験は、のちのちわたしの人生に大きな影響を与えることになるので、とても感謝している。

琵琶湖でボートを借りて投網をしたりもした。江戸時代から続く、定置網を使って誘導路に追い込むエリ漁を間近で見るなど、楽しい思い出も残っている。

仲はよかったのだろうけど、ベタベタとしていた記憶もない。

わたしの幼少期はまだ現場の消防署員として働いており、24時間ぶっ通しで勤務し、その翌日はずっと家にいる。別にガミガミ怒るわけではないのだが、威圧感があって一緒にいると気詰まりである。なるべく遅くなるよう外で時間をつぶして帰宅した。

子どものころのわたしはとにかく負けず嫌いだったらしい。トランプでも将棋でも負けると放り出し、怒り狂っていた記憶はかすかに残っている。小さいころから背が低かったのだが、親族と写真を撮るときなど、従兄弟に負けないよう大きな石の上に立っていた。

オカンは割と教育ママだったのだろう。幼少期からピアノ習字そろばんと習い事のかけもち。そろばんは教室すら行かずに外で遊んでいたため、すぐさま退室することに。ピアノはアップライトのものを購入したため、すぐにやめるわけにはいかなかったものの、練習を監視している祖母が居眠りしている間に時計の針を進め、

「おばあちゃん、終わったでぇ」

と言って遊びに行っていた。

小学校のころは家でまったく勉強をせずとも成績は一番だった。からだは大きくなかったが、態度はでかかったため、それなりに目立っていたと思う。本を読むのはそれほど好きではなかった。でも戦国時代の武将ものだけはむさぼるように乱読した。読み終えると、

「天下を取りたい」

「大金持ちになりたい」

などと夢想するのが常だった。

わたしの親族は公務員や勤め人ばかり。集まってビールを呑んでいても、堅実な話しか出て来

ない。おじさんに向かって、

「オレはみんなみたいにチマチマせんと、稼いだら稼いだだけ使うようになりたいんや」

とぶち上げ、あきれられたこともあった。

六年生に上がるころ、

「京都の塾へ行ってみいひんか？」

オカンが持ちかけてきた。

「あんたは地元の中学へ上がったら、悪うなりそうやから、附属受けなさい」

と、滋賀大学教育学部附属中学校をめざすようハッパをかけてくる。

当時の滋賀県民にとって京都とはあこがれの大都会。ひとりで通えるということに惹かれ、首を縦に振る。

ところが、成基学園というところの入塾テストに落ちてしまう。お山の大将だっただけに、衝撃だった。どんな塾なのか見学させてもらった。

教室のなかへ入ると、創立者である佐々木雅一という先生が竹の棒のようなものを持っている。生徒の名前を告げて前に呼び出すと、

「今回のテスト、〇〇点じゃ。ちゃんと毎日5時間勉強したんか？　してへんやろ。せやからこんな成績になるんじゃ。おまえのなかにはブタがおる。ブタを追い出すためにこうするんや」

と言い、竹の棒で尻を打擲《ちょうちゃく》しはじめるのである。

（なるほど、こりゃ、テストに受からんわけや。この人らは1日5時間も勉強してはるんや。オレもやってみよかな）。そんな気持ちになった。

夏期講習は無試験で受けることができたので、受講することにし、開通したばかりの国鉄・湖西線で京都駅まで出て、バスに乗り換えての塾通いをはじめる。

夏休みが明けてからも、毎週行われる模擬試験にトライしていたのだが、100点満点中、40点を取るのが関の山。当時の成基学園が教材にしていた『自由自在』『力の5000題』というテキストを毎日、5時間くらいかけて取り組んだ。

それぞれが志望校というものを持っていることにも気がつく。

トップクラスの男子生徒は灘、甲陽学院、洛星、東大寺学園といった私立中学をめざしていた。わたしの成績も上がってはいたのだが、このレベルには到底届かない。

そのうちオカンの言うよう、滋賀大の附属中に行っていいものかと思うようにもなってきた。この学校には高等学校が併設されていない。こんなに苦労して勉強したのに、また高校受験しなくてはならないことに気づいてしまう。

(こんなしんどい思い、二度としたぁないわ)

どうせなら京都へ通学したかった。

このような理由で同志社中学を受験したころ、首尾よく合格通知をもらう。

わたしはコンプレックスの塊だった

念願の京都生活だったのだが、のっけからカルチャーショックの連続だった。

当時はまだ着物業界に勢いのあった時代で、同志社には染屋、織屋、呉服屋などのお坊ちゃん、お嬢さんがたくさん通っていた。こちとら共働き家庭に育った消防士の息子である。金銭感覚や生活感がまるで違って話が合わない。そもそも弁当の中身が比較にならないくらいゴージャスであるし、制服のない学校だったので、着ているものの違いも歴然としていた。

最初、サッカー部に入った。滋賀県のスポーツ少年団でやっていたので、軽い気持ちで入部したのだが、埋めがたいほどの技量の差を感じる。

（ここでなんぼがんばってもレギュラーになられへんのとちゃうか）

そのうえ、みんなアディダスのベッケンバウアーモデルといった、最新のサッカーシューズを履いていた。わたしはというと、家計への負担をかんがみ、型落ちのものを六掛けとかで買って来ざるを得ない。

ほどなく退部してしまった。早々の挫折である。

授業が終わると、すぐさま今出川を出て帰路につき、地元の連れと遊んだ。

うつうつとした日々だった。いまでも中学3年間の記憶がほとんどない。

エスカレーター式の学校だったので、そのまま高校へ上がれるのだが、校舎は岩倉の方になる。この機会になんとか学校生活を変革せねばと考えた。このままでは負け犬で終わってしまう。もう一度、スポーツの世界で勝負したい。

とはいえいまさら球技などやったところで勝てるわけがない。そこでスキー部に目を付けた。この部活は同志社中学にはなかったので、高校からはじめても同じスタートラインに立てる。京都なので、それほどスキー人口が多いわけではない。子どものときからオヤジによく連れて行ってもらったので、心得もある。

入部の際の自己紹介で、

「ボクはなんとしても勝ちたい。勝ちたいからこの部活を選びました」

と先輩の前で宣言した。もちろんアルペン競技をイメージしていた。

しかし、ここでも壁は高かった。一緒に入部した同級生はすでに全日本スキー連盟の一級ライセンスを持っていた。ちょっとやそっとかじったくらいでは話にならないのである。

そこで、先輩から、

「おまえはクロスカントリーをやれ。アルペンでは通用せえへん」

と言われた。

「いやですよ。あんなしんどいのん」

即答すると、

「お前、根性ありそうやから、クロカンやったらインターハイ行けるかもしれへんぞ。入部のとき、勝ちたい言うてたやろ。勝てるところで勝負せえや」

と重ねて勧められる。

わたしは勝つことに飢えていた。心の中に飼い慣らされているコンプレックスをなんとか克服したかった。子どものときは、なにをやっても勝ち続けていたのに、同志社に入ってからは負け続け。ズタズタになっていたプライドを取り戻したかった。

「ボク、クロカンやります」

この日からランニング三昧だった。この競技は体力勝負。走る。とにかく走る。それも山を走らなくてはならない。大文字山ダッシュ。街道を上り続け、鞍馬寺までの往復など毎日ただ走る。それ以外の時間は筋トレ。徹底的にからだを鍛えた。

高校1年から2年に上がる春休みのこと。なんの気なしに入った祇園会館で見た映画もまたわたしの人生を大きく変えてくれた。矢沢永吉さんを追ったドキュメンタリー『ＲＵＮ＆ＲＵＮ』である。

とにかくカッコイイうえに、その生き方に共感した。

「成り上がり」

まさにわたしのめざすところを地で行っていて、身体じゅうに電気が走る。終わっても座席から立ち上がることができず、もう一度、最初から鑑賞した。

同志社にいても部外者意識にさいなまれていた最中だったこともあり、

「見とけよ。オレも永ちゃんみたいに、おまえらを必ず追い抜いてみせるんや」

と人生の指針となるほどあこがれる。

よりいっそうスキー部の練習に精を出した甲斐もあり、京都府代表としてインターハイに出場。スキー部のキャプテンにも選ばれるなど、苦しくもあったが充実した高校生活をおくることができた。

大学への内部進学に際しては法学部を選んだ。

当時の同志社高校では経済学部や商学部がもっとも人気があった。なぜなら簡単に卒業できるからである。法学部はゼミが必修なので不人気だった。わたしの成績からして法学部しか行けなかったというのが実情なのである。

入学後はスキー部の監督から熱心に誘ってもらった。でも、入部するには腰が引けた。

当時の同志社大学スキー部は1部に属していて強かった。選手のほとんどは北海道、東北、信州からセレクションで入学してきた学生ばかり。インターハイでも上位入賞した、名前に聞き覚えのある同級生がそろっていた。

ここでがんばっても、こいつらには勝たれへんかもしれへん。

そのうえ、お金の問題もあった。

体育会ともなると冬季は合宿三昧だ。クロスカントリーはアルペンに比べると安くあがるのだが、それでもアルバイトで補える範囲を超えていた。

結局、勧誘からは逃げまくり、入部することはなかった。みずから選んだ結果なのだが、これもまた小さな挫折と感じていた。

1年生のときは雀荘に入りびたり。でも自分の感情が顔に出るタイプのため、相手に手の内を読まれてしまう。そのうえ、勝ちにこだわりすぎて、勝負を降りることができず、「まあ、大丈夫やろう」と大きな牌を振り込んでしまうことも多く、負けるときは大敗してしまう。

そんなこんなでうだつの上がらない1年生を終えたころ、運命の仕事に出会ったのである。

商売の基本はすべてテキ屋のバイトで学んだ

いまでこそ道路交通法の規制でなかなか難しくなってきているが、80年代前半の当時はさまざまな露店が軒を連ねていた。

ひょんなキッカケからバイトすることになったのは、大きな机一枚ぐらいの板の上にキーホルダーやアクセサリーを並べて売る商売だった。

「ブレスレットがほしい」

とお客さんから注文を受けると、その場で名前を彫りつけて手渡すのである。

場所は新京極商店街のアーケード内の路上で、ターゲットはずばり修学旅行で京都見物に来ている地方のお上りさん。中学生・高校生相手である。

昼間もチラホラ店先をのぞいてくれるのだが、それほど多いわけではない。ほとんどの売り上げは夜の7時から9時までの間で、近隣の旅館に泊まっている学生たちが自由時間で街中を散策する時間帯に限られていた。

同僚たちは、道行く女の子に、

「そこの彼女、かわいいアクセサリーあるよ。見るだけ見て行って」

と声をかけ、店先にて品定めさせる。

わたしも最初はそうしていた。ほどなく、これはとても能率が悪いことに気がつく。修学旅行生の女の子は友だちと連れ立って、店先に立ち止まるのだが、いざ購入するかしないかを決断するときになると、

「ねえ、どうする？　買う？　やめとく？」

「うーん、どうしよう」

などと相談しはじめるのだ。さんざん時間を費やした挙げ句、別の店に目移りして行ってしまうということも少なくない。

購入単価も低かった。ワンセット1000円くらいのものを買うのに、たたみ一畳くらいの店先を数十分も占領されると、その間はほかのお客さんとの交渉もできない。なにしろ勝負は2時間で決するのである。

わたしは考えた。

「この問題を解決するにはひとり当たりの単価を上げていくしかない。そのためのターゲットは

女の子ではないのではないか。むしろ見栄っ張りの男連中に高いめの商品を見せたうえ、『彼女のために買ってあげろ。喜ぶに決まっている』という口上で攻めた方が落とせるのではないか」

こういう仮説をもとに実行に移してみる。

比較的時間のある昼間のうち、ライターに龍やサソリの絵柄を彫り込んでおく。

勝負の時間帯がやってきた。狙ったのはリーゼント頭で決めたツッパリ風の野郎どもの軍団。

「おい、にいちゃん、ちょっと待ってくれ」

女子生徒には目もくれず、ピンポイントで声をかけると、

「なんだよ、なになに、おー、かっけえじゃん」

と寄ってくる。

「せやろ、これ、世界にひとつしかない商品やねん。なにしろオレが彫ったんやからな」

「へー。そうなんだ」

「しかもおまえらの名前まで彫ったる。でや、かっこええやろ。ほな、これ、いっとこか？」

まずはリーダー格に買ってもらう。

そのうえで、

「次、おまえはこっちの鳳凰でエエな？　これかて世界にひとつしかないねんで。それに名前まで入れたら、もうプレミアや」

とかなんとか言って、仲間にも押しつける。

だいたい3人目くらいまではうまくいくのだが、ひとりくらいは、

「オレはいらねーよ」

とか言い出す。

「うえー、こいつ、こんなこと言い出したでぇ。おまえらどうする？　友だち甲斐のないヤツやな」

というセールストークで迫ってみると、

「おまえも買っとけよ」

と先に買った連中のアシストがついてくる。

いざ、お会計の段になり、

「はい、５５００円」と値段を告げると、

「えっ、たけーなぁ。それ、たけーよ」

「そんなん言うたかて、ここに値段書いてあるやん。だましてなんかないで」

「いらねーよ。そんなの」

「でも、名前彫ってしもてるがな」

「ひでーな。それ」

「わかったわかった。お前らの気持ちもよおわかる。じゃあ、このネックレス、この鏡、それにブレスレット、指輪、彼女の気に入りそうな分まで全部お土産につけといたる。全部で、えーっと、１万５０００円のところやけど、しゃーない、１万円ポッキリに負けといたるわぁ」

人間とは不思議なもので、スッと1万円札を出してくれるのである。５人組の男を捕まえただけで、ほどなく5万円の売り上げが立ってしまうのだ。女の子のお客さんなら50人分である。まわりの同僚がわたしに勝てるわけがない。

わたしはこの仕事が楽しくてしかたなくなってきた。なぜなら、わたしがもっとも高額な売り上げをたたき出すから。もう圧倒的だった。

工夫すれば工夫するだけ、がんばればがんばっただけお給金として目に見える形で支給してもらえる。40年も前の当時で月額30万円は稼いでいたし、夏休みは軽井沢の別店舗で50万円の実入りがあり、やりがいもあった。わたしは学生生活をドップリとテキ屋稼業につかって過ごしていたのである。

そうこうしているうちに同級生は就職活動をはじめる時期をむかえていた。

桁外れの超体育会系企業

わたしが社会人になった1985年というのは日本がバブル経済に突入する直前で、就活は完全な売り手市場。学生は3年の終わりくらいになると、行きたいと思う企業で働いている大学の先輩にコンタクトを取って会いに行くのだが、その場で内々定が出ることも少なくなかった。

建前のうえでは活動の解禁日というのが定められていたのだが、その時点で大手の企業は選考を終えていたような時代である。

同志社では銀行、損保、生保といった金融機関を第一志望にし、次いで大手のメーカー、もしくは京セラ、村田製作所といった地元優良企業を狙うというような学生が多かった。

周囲はどんどん決めていっていたらしいのだが、わたしはテキ屋稼業が忙しくて、そもそも学校へも行っていない。

内定をもらい、逃げられないよう会社の保養所などに囲い込まれ、連日飲み食いに明け暮れていた同級生がたくさんいたのだろうけれども、そんな経験もない。

なぜなら就職活動しなかったからで、

（どうせ会社員になったって、初任給は17、18万円くらいやったら、ここでがんばった方がエエ

んとちゃうか）

と考えていたのである。できたばかりの「フリーター」という言葉に、前向きなニュアンスすら感じられていた、のどかな時代だった。

ある日、オカンが不思議そうな顔をして尋ねてきた。

「あんたのまわりの人たちは就職活動してはるみたいやねんけど、なんであんたはなんもせえへんの？」

わたしは素直に答えた。

「ああ、オレな、いまの仕事続けるねん。社長も『フランチャイズで店持たしたる』言うてくれてはるし、そっちの方がエエと思てるねん」

悪びれもせず言ったのだが、

「あんた、なに考えてんのん」

オカンは切れた。

「わたしがこれまで一生懸命働いて中学からお金使うて同志社へ行かしたのに、そんな親の気持ちも知らんとバイト生活を続けるなんて、アンタは正気なんか」

延々とわたしのことを罵り続けるのである。

気持ちがわからないわけでもなかった。両親に負担をかけさせて中学から大学まで私学に通わせてもらったことには恩義も感じていた。

あまりにも怒り続けるので、

「わかった。わかった。就職活動する。するから、もうそんなに怒らんといてくれ」

と答えざるを得なかった。

わたしは甘かった。４年生の夏場ともなると、そもそも大手企業は採用活動を終えていたのである。

途方に暮れたわたしは大学の就職課へ相談に行ってみた。

「えっ、いまから就職活動するの？」

「そうですねん。気が変わって、やろかなと」

「もうほとんど残ってないけど。まあ見てみて」

ファイルのようなものを手渡された。パラパラとめくってみると、金融先物取引事業者と不動産業ばかりである。そのなかに、よくはわからないものの、名前だけは聞いたことのある会社があった。しかもファイルにあるなかでは一番規模が大きく、一部上場企業と書いてある。

オカンを納得させるために就職するのだ。でかいに越したことはない。

「あっ、ボク、ここに決めますわぁ」

「えっ、大京観光？」

「はい、ここにします」

「やめときやめとき」

「なんでですのん？」

「一年も持たへんから」

わたしはいったん決めたら引かないときがある。

「それやったら、この会社の従業員は22歳、23歳ばっかりなんですか？」

「………」

「そんなことないでしょ。ボク、ここでいいんです」

そう。わたしが不動産業界へ足を踏み入れることになった唯一の理由は就職活動をしていなかったこと。のちのち天職になるのだから人間とは不思議なものである。

入社して新宿・歌舞伎町にあるライオンズホテルで2週間の研修を終えると、大阪支店の営業部への配属が決まる。

わたしは滋賀の実家から通うつもりだったのだが、

「うーん、住んでるところと勤務先が離れてたらなかなかしんどいから、近くの寮に入りなさい」

と人事の人が言ってくれる。

会社が売った先から借り上げたライオンズマンション、しかも谷町4丁目という大阪のど真ん中のワンルームをあてがってくれると言う。なんて親切な会社なんだろうと思っていた。

働きはじめてすぐにわかった。

出社時間は朝の7時半で退勤は零時前。住居はただ寝るためだけのものだったのである。

長時間労働だけではない。

なかなか信じてもらえないかもしれないが、当時の大京観光の営業部は、だれかが顔面から血を流すことも珍しくないような会社だった。なんやかんや理由をつけ、鉄拳制裁されることが当たり前だったのである。素手で殴られるだけでなく、電話の受話器でどつかれるケースもあり、灰皿も飛んでいた。

（とんでもないとこ、来てしもた）

後悔しても、もう遅い。わたしの営業成績はふるわなかった。入ったばかりのころは人脈もないため、電話でマンションのセールスをするのだが、わたしがかけた先からは苦情が殺到する。

クレームの電話だけではない。

大国町の歯医者のオッサンが会社に怒鳴り込んできたこともあった。

応接室からわめき散らす声が洩れてくる。

当時の上司である課長はこう言った。

「なんかややこしいヤツが来とるぞ。もう、どないもならんさかい、オッサンの目の前でオマエをどつくから覚悟しとけよ」

わめき倒すオッサンの前にて上司が、

「大変失礼いたしました。当社の教育がなっておりませんでした。おい、山岸、歯を食いしばれ」

思いっきり殴られた。

これで溜飲《りゅういん》を下げるかと思いきや、眼前で行われた暴力行為を見たオッサンは興奮のあまりより一層、暴れ出し、その上司を殴ってしまう。事態を収拾するために登場したはずの上司だったのだが、修羅場になった。

結局、さらに上席のものが来てくれて、なんとか騒動を収めてくれた。

(ホンマにとんでもないとこ、来てもうた)

しみじみ思ったものである。

営業部長のところへ行き、

「やらかしてしまいました。すいません」

と言って頭を下げる。

すると、

「気にすんな。もっとじゃんじゃんやるんだ」

と逆にハッパをかけられた。

えっ、もっとやってもエエんや。

単純なわたしは営業部長の言葉を頼もしく感じ、「いい会社に入ったのかもしれない」と思い直すことにした。

スーパー営業マンを育てる「虎の穴」

営業成績は上がらなかった。いい数字をたたき出すこともあったのだが、長続きしない。

いまから思えば、上司の言うことを素直に聞いていなかった。わたしは自分の頭と心で納得できないと、人の言うことを受け入れないところがある。

当然、結果はついてこない。

成績を残せない自分がイヤだった。

(こんなとこ辞めるしかないわ)

いったん、こう決めると即座に実行に移す。

まず、当時の婚約者に報告せねばならない。

2年目の夏、8月も残すところ1週間となったその日はライオンズマンション今里の販売のため、朝から飛び込み営業をするはずだったのだが、辞めると決めたからにはそんなことをする必要はない。

「急で悪いんやけど、どうしても伝えたいことがあるねん。いますぐ今里公園へ来てくれ」

京都に住んでいる彼女を電話で呼び出すと、ベンチでうたた寝を決め込んだ。

しばらくしてやって来るや、

「どないしたん？」

と尋ねるので、

「いや、実はな、会社を辞めることにしてん」

と、神妙な顔つきで打ち明けたのだが、

「そうなんや。好きにしたらエエんとちがう」

あっさりそう返ってきた。

わたしはカチンときた。

なにかバカにされたように感じたのである。恐らく本人にそういうつもりはなく、ただ普通に伝えたのだろうけれども、わたしのなかの負けん気がそのように解釈させてしまう。

「やめた。辞めるのやめた」

「えっ、どうしたん？」

「どうもこうも、やっぱり続けることに決めてん」

その場で営業部長に電話を入れる。

「あの、ボク、会社を辞めようと思って朝からなんにもしてなかったんですけれども、彼女に伝えたらすごい見下されたんです。だから辞めるのやめます。がんばります」

数日後、直属の上司である課長が高橋さんという人に替わった。相性のいい上役だったこともあり、その月の販売実績ゼロだったわたしは8月の残り5日間だけで6000万円ほど売り上げた。

以降、毎月1億円を切ることはない。乾いたスポンジが水を吸うごとく、高橋さんの指示に従ってひたすらセールスに明け暮れた。

高橋さんは直接会ってセールスすることより、電話での営業を好んだ。

「会いにいくなんて、時間がもったいねえんだよ。そんなヒマがあるんだったら電話で決めるんだぁ」

得意先に電話をかけ、投資用マンションの買い増しをお願いするも、相手がなかなか首を縦に振らなかったら、イライラしながら近寄ってくる。

そして、受話器とは反対側の耳もとで、ああ言え、こう言えとツバをバンバン飛ばしながら命ずるのだ。

即座に言うことをきかなければ、ファイルの角で頭をどつかれるのは言うまでもない。

高橋さんには厳しい一面もあった。できる人間にしか怒らない。売れないヤツはほうっておかれるのである。なのでわたしが売り上げをたたき出すようになると、より一層、要求が高くなっていく。

あるとき売れ残りの在庫になっている物件を無理矢理売るように命じられた。こちらが買ってくれと頼むと必ず買ってくれる太いお客さんは何人もいた。しかし、大切な自分の顧客にそんなマンションを売りつけるのは気が進まない。

なので、電話をする振りをして、

「留守ですわ」

と報告すると、

「本当かよ。あやしいなぁ。台帳貸してみろ」

と言ってみずから電話をかけはじめる。

「出るな。出るなよ」

と念じていたのだが、通話ははじまった。

「あ、もしもし、あっ、こちら大京観光の夕、カ、ハ、シと申します。いつも山岸がお世話になっております。その上司でございます。実はですね、山岸はいま外出しておるのですが、先生のためにぜひともこの物件をと、彼も申している掘り出し物がありましてですね」

と営業をはじめた。

結果は想像通りだった。

「あーそー、山岸さんが信頼する上司の高橋さんがそこまで言ってくれはるんやったら、買いますよ。はい、買います」

あっさり決まってしまう。

そのあと、高橋さんから強烈なパンチを頂戴したことは言うまでもない。


大京観光はわたしが入社した時点で毎年、1万戸以上のマンションを売り上げていた。1987年には社名を大京に変更。日本経済はバブル期に突入していて、会社もまた破竹の快進撃を続けていた。

「辞めるのをやめます」事件のあとは成績上位者をキープし続けることができ、ようやく安定して仕事を続けることができてはいたものの、やっぱりすごいところだった。

たとえば、その月の20日を過ぎて営業部の成績がノルマに到達していなかった場合、

「一日中、立ったままで電話をしろ」

と命じられる。それでも達成できなければ、数日後には、

「全員、昼飯抜きー。飯を食いたかったらアポイントを切って外へ出ろ」

との指令がくだる。「面談の約束を取りつけてこい」という意味である。

お客さんに会いに行けば、そこでお昼ご飯が食べられるではないかと思われるかもしれないが、そうではない。

当時の大京は「一撃一殺」しか許されていなかった。会ってセールスして再アポを取るなんて言語道断。「アポイントを切る」＝「その日に売る」と同義であり、手ぶらで帰ってこようものなら全員の前でさらし者にされてしまう。

そんな日々が続くうえ、当時の大京はせいぜい月に1日しか休めない。しかもその大切な休みの前日の午後5時くらいになると、部長が、

「各課、一本決めたところから休み」

と宣言する。要は新たに一戸を売り上げろという命令である。

結局、電話だけで買ってくれるお客さんのところに連絡を入れるしかないのだが、売った本人は翌日、契約に行かなくてはならないため、休日返上となってしまう。

そのため、

「おい、今週はおまえやれや」

「そんな無茶、言わんといてくださいよ、先輩。ボク、先々週やりましたやん」

「じゃあ、おまえとこどうや」

「そんな客いてません」

と押し付け合いがはじまる。

ここまで苦労しながらも、固定給だったので、いくら売っても収入はまったく変わらない。

でも、わたしは楽しかった。

わたしは投資用マンションの販売が得意だったので、お客さんはその地域で名士と目される方々ばかりだった。そんな人たちから信用していただけることもありがたく感じていた。

商売というものの奥深さも知ることができた。

当時の上司はよく、

「ここはなんでも売れるスーパー営業マンを育てる『虎の穴』なんだ。おまえら、歯を食いしばってついて来い」

と言っていた。ちなみに「虎の穴」とは往年のプロレス漫画『タイガーマスク』に出て来る悪役覆面レスラー養成機関のことで、集められた孤児たちは過酷なトレーニングのためほとんど死んでしまうという設定になっている。

大京も新入社員のうち1年後に残っているのは2割ぐらいだった。ちゃんと辞表を出す男もいれば、突然来なくなるヤツも少なくないなど、「虎の穴」がおおげさな表現とは思えないような社風だった。

こんなところで生き残ったことは強固な自信となる。数多くの大京出身者が独立して成功しているゆえんだろう。もちろん、現在のモラルから考えると完全にアウトなことばかりで、そこで行われていたことを肯定しているわけではない。いまで言うところのブラック企業そのものだったことは間違いない。

それにしても、あれほどつらかった仕事がある日を境に楽しくてしかたなくなったことには理由があった。かなりあとになって、高橋さんは、

「おめえが辞める辞めないって騒いでいたときのことだけどよぉ、笹原部長がよぉ、課長連中を集めて、『このなかで、誰か山岸を助けるヤツはいないか』って言うから、手を挙げてやったんだぜ」と真相を教えてくれた。

わたしのことを買ってくれていた営業部長が働きやすくなるよう、手を回してくれていたのである。

上司の親身な指導があると、人は変わることができる。わたしは身を以て体験した。そのことに気づかせてくれたふたりにはいまでも感謝の念を抱いている。

そして大京で培った人間関係はのちのち独立した際にわたしを助けてくれることになる。馬車馬のように働いた二十代は決してムダにはならなかった。

不動産バブル崩壊の隘路を縫って

1992年、わたしは大京時代の先輩である長石久永さんが起こした創生という会社に転職した。熱心に誘ってもらったので、意気に感じたのである。専務という肩書きも用意してくれた。大京時代は課長心得だったため、大出世である。

もっとも当時は、先輩とその従兄弟、女子従業員の3人だけの小さな会社だったので、実質的には平社員と変わらない。事業内容は中古マンションの転売である。

ちょうどこのころ、日本経済は激変期を迎えていた。バブルが崩壊したのだ。

とりわけ不動産業界は、1990年3月に大蔵省が金融機関に対して行った融資の総量規制により、大きな打撃を受けた。土地の高騰を抑えるため、銀行に対して融資を控えるよう銀行局長通達を出したのだが、結果的に急激な景気後退と不動産価格の暴落を招く結果となる。バブル崩壊は政府の愚策によって引き起こされたのだ。

ただ、わたしが世の中の変異を敏感に察知して転職したというわけではない。しょせんサラリーマン、しかも売り子である。仕入れ担当なら、市況の変化を敏感に嗅ぎ取っていただろうが、自分の属する会社が高値で仕入れた土地の暴落で経営危機に陥っているとは気づいていなかった。

太平洋戦争中の末端兵士と同じく、現場に正しい情報がタイムリーに届くわけではない。マーケットが冷え切っていることは報道でわかっていたが、それが理由で動いたわけではない。

不動産市況が急速に悪化していくなか、大京は誰もが上によくない情報を報告しないようになってきていた。業況のいいときは究極のトップダウンが功を奏していたのだが、このような事なかれ主義がはびこってくると、風通しの悪い雰囲気が蔓延するようになり、会社に魅力を感じなくなったのである。

一般的にバブル崩壊は1991年と言われている。関西は少し遅くやってきて、まさにわたしが転職した時期と重なっていた。もちろん当時はだれもそんなことに気づいてはいない。

これまで新築ばかり売っていたわたしが、中古物件を手がけることになるのだが、タイミングに恵まれた。

大京時代、投資用の新築ワンルームを3000万円くらいで売っていた。お客さんのローンの支払いが15万円、家賃収入が5万円入るとして持ち出しが月10万円の計算である。

ところが、中古マンション市場はすでに価格が下落していて、同じような物件を1500万円くらいでお客さんに提供できた。ローンの支払い7万円として、家賃収入が5万円とすると月2万円の負担で済むので利回りがいい。顧客の多くは医者であり、本業の収入との損益通算で節税

効果もあるため、

「これは絶対に買いです」

と自信を持って売ることができた。

不動産の市況は冷え込み続け、倒産する会社が続出していた。しかし、値段が下がれば喜んで買ってくれる資産家もいる。医者は景気の先行きにあまり左右されない。そのうえ、人間関係で売っていたので、バブル崩壊をむしろ追い風にして営業活動に邁進できた。

創生は順調に大きくなり、従業員も80人を超えるまでになっていた。


仕事にやりがいもあったうえ、大京時代に比べると時間的な余裕も作れるようになっていた。そのうえ長石社長は何度も食事に連れて行ってくれたりと大変よくしてくれる。なんと言っても、大京時代はただの売り子にすぎなかったわたしに不動産ビジネスのイロハをたたき込んでくれた。いまでも感謝の念に堪えない。

辞めるよう勧めたのは当時の奥さんだった。

「はよ、独立しい。あんたやったら絶対に成功するから」

とけしかける。実家が八百屋で商売人の娘だったこともあり、事業はやってみてなんぼという感覚があったのかもしれない。

いつかは自社開発をやってみたいという夢もあったため、１９９７年、退職させてもらった。従業員を連れて行かないと約束していたので、ひとりではじめようと思っていたのだが、会社を辞めた翌日、もともと創生にいた事務員の女性ふたりからあいついで、

「山岸さん、辞めたって聞いたんやけど、一緒に働かせてよ」

と電話をもらった。

ひとりでよかったのだが、声をかけてくれたことがありがたかったので、わたしを含め、3人での船出となった。

「日経プレステージ」という会社を立ち上げ、まずはじめたのはやはり中古のワンルームの転売である。とはいえ、なんの信用もないわたしは仕入れ資金など借りるべくもない。

そこで、素早く商品をまわすことで、資金ショートすることを防いだ。

まず売れると見込んだ物件を800万円ほどで買い取る。購入先は大京住宅流通（現・大京穴吹不動産）というライオンズマンションの中古物件をあつかう会社。サラリーマン時代に売ってきたものばかりなので、場所はすべて頭に入っており、値段を聞いただけで、買う買わないを即座に判断できた。

購入に際しては、仲介手数料の半金と売買価格の5パーセントの50万円ほどを手付金として放り込み、決済日を3ヵ月後にしてもらう。

さらにその3ヵ月の間にお客さんをつけて1000万から1200万円ほどで販売。そのお金で手付金を引いた750万円を決済するのだ。

取引の際、わたしが売ったお客さんは来ないのだが、売主さんは登記の抹消書類を持って銀行にやってくる。そのため先方がこんなわけのわからない取引に不信感を持たれないよう、仲介業者が銀行に2部屋取ってもらうよう頼むこともあった。

要は自転車操業である。

ただ、わたしには買ってくださるお客さんがたくさんいたので、売ることには困らない。よく知っている商品を扱っているので、中身にも自信がある。

開業当初、ひとりで営業して月に１０００万円の利益を目標にしていたのだが、必ず達成できていた。

こうやって中古マンションをまわしているうちに、少しずつお金は貯まっていく。

とはいえ、ひとりでやっていたので、

（いまはエエけど、オレが倒れてしもたら、すぐアウトになるやんけ）

と寂しい思いも感じていた。

そんな最中、朝、会社に行ってみると、入り口にひとりの男が座っている。

「山岸さん。わたしを雇ってください」

創生を辞めてきたのだという。わたしが引き抜いたわけではなく、みずからの意思で来てくれたのなら、拒むわけにもいかず、入ってもらった。

そんなことが続いたおかげで、会社は少しずつではあるが陣容を拡大していく。

「もっと高く。もっと速く」を追い求めた末に

運にも恵まれた。

あるとき、創建というディベロッパーの吉村孝文社長から電話をもらった。

「ちょっと相談したいことがあるんやけど、来てくれへんかな」

なにか手違いがあって怒られるのかと思いきや、

「あんた、独立したんやったらウチの物件、売ってほしいねん」

と言う。開発済みの新築マンション5棟の販売をすべてまかせるというのだ。

普通、新築マンションを手がけようと思ったら、土地を買い、建築確認を下ろしてからでき上がるまで最短でも2年半はかかってしまう。もちろん先行資金もかかってくる。

ところが、売るだけでお金になるものが目の前に降ってきたのだ。

「ぜひ、やらせてください」

こうして創業から1年ほどにもかかわらず、初めての自社ブランド商品である「プレサンス難波東」の販売を開始。5棟の物件をすべて売ったところで会社には数億円の資金がたまっていた。

これら内部留保を元手に自社開発へと乗り出す。

とはいえ、わたしはずっと営業一筋だったので、土地の仕入れに関するノウハウを持っていない。

もう亡くなってしまわれたが、

「なんでも聞いてこい。いつでも教えてやる」

と言ってくださる大先輩がいた。

相談に乗ってもらっただけでなく、設計事務所などいろいろな業者まで紹介してくれる。設計士さんに大阪市中央区の島之内1丁目の土地を見てもらったところ、

「ここなら大丈夫」

というお墨付きをもらったので、買い取ったうえ、50戸ぐらいのワンルームマンションを建設。続いてJR神戸駅前、大阪市北区同心町でも50から60戸の物件を自社開発でき、売り切ることができた。

もっとも経験のないことにトライしていただけに、デザイン面で不満の残る物件もあった。い

ざ、でき上がってみて、

「なんじゃ、こりゃ。ぶさいくな建物やなぁ」

とビックリしたこともある。こちらとしては１００パーセント満足のいくものを、自信を持ってお客さんに売りたいという気持ちがある。住んでいただくにはまったく問題のないマンションだったのだが、自分がイメージしているレベルのデザインに到達していなかった。

「やっぱり図面だけ見てたらアカンのや」

工程の細かい部分まで自社でチェックできるような体制を作らなければならないと理解し、建築士の資格を持つ従業員を雇い入れた。

自社開発物件だけではなく、先輩ディベロッパーからもいっぱい卸してもらったこともあり、業容は順調に拡大し、独立から10年で東京証券取引所二部に上場させることができた。

プレサンスコーポレーションの企業理念は「一隅を照らす」というもの。

比叡山で天台宗を開いた最澄上人の言葉であり、一人ひとりが自身の置かれたその場所で精一杯努力し、他の人のためにも働くことでまわりを明るく照らす。それがひいては社会全体を明るく照らし、世界の人々の平和や幸福の実現に結び付くという考え方を表している。

わたしは比叡山のふもと近くの町で生まれ育っているので、街中のいたるところで、この言葉を目にしていた。自然に自分のなかに入ってきていて、現在でも大切にしたいと思っている教えである。

１２００年も前のこの国の人びとはいまよりももっと公共心が低く、動物に近い存在だったに違いない。伝教大師はそんなひとたちを束ねるために、この教えを説いたのではないか。いつもそんなことを考えていた。

会社という組織にはきれいごとではすまされない面が少なからず存在する。実力によって評価される競争社会でもあるので、嫉妬やひがみはつきものだし、ポジションはもらえる報酬と直結する。

ライバル心を持って仕事することはいいのだが、それが足の引っ張り合いになってしまっては、組織として成り立たない。やはりそれぞれが個々の持ち場でがんばることこそ、美しく、カッコイイんだよ。その精神を持っていれば売り手良し、買い手良し、世間良しという「三方良し」が実現できるんだよと社員に伝えたく思い、この言葉を理念にした。


プレサンスコーポレーションは営業力には定評がある。

会社が大きくなってからは新入社員の採用には関わっていないが、当初はもちろんわたしが面接して決めていた。

もっとも大事な素養とはなんなのか。

わたしは人柄だと思っている。

性格に欠陥のある人間は一時的にものを売ることができても長続きしない。結局、追われるように会社を去るはめになる。

「誠実かつ素直であれ」

と説いてきた。

もうひとつ社員に求めていたもの。それは、

「負けず嫌いであれ」

ということ。相反するように聞こえるかもしれないが、そうではない。勝とうという気持ちはなによりも大切だ。そのためにはお客さんに信頼してもらわなければならない。部下に仕事をしてもらえなければ上司にもなれない。結局、誠実であり、かつ素直でなければならない。

人柄につきるのだ。

不動産はとても大きな買いものである。イヤなヤツから買ってもらえるわけがない。最終的に決断していただく際にもっとも重要なのは、その相手が信頼に足る人物であるかどうか。年齢がいくつであっても、どんな地位にあろうとも、誠実かつ素直でなければ商売などできないのである。

その考えはいまも変わっていない。

わたし自身もこういった気持ちは失っていなかったと思う。

ただ事業が急速に拡大していき、東証二部から一部へ指定替え、その後も売り上げが順調に伸びていくなか、つねに物足りない気持ちを抱えていたこともまた事実である。

「もっと高く。もっと速く。もっとできるはず。できなくてはならない」

登っていけば登っていくほど、さらなる目標が見えてきて、そこにチャレンジしようとみずからを奮い立たせた。

取り扱う物件数も飛躍的に伸びてくる。

仕入れに関しては事実上、わたしが決断していたため、さばかなくてはならない情報量も際限なく増えてきた。

売り上げが1000億を超えると判断しなければならない案件がさらに増加。決断するスピードもよりいっそう加速しなくてはおっつかなくなる。

組織を再構築しなくてはならない規模にまで成長していたにもかかわらず、わたしは止まることができなかった。

プレサンスが急成長したのはなによりも決断がはやかったから。

「あそこへ持って行けば、すぐに結論が出る」という理由で、優先的に商談を持ち込んでくれる業者も少なくなかった。

成長の源泉のひとつである決断のはやさを手放すことなど考えも及ばない。

騎虎の勢いという言葉の通り、大きな虎の背中に乗って走っているような感覚に近かった。最初のうちは自分と虎が一体化して走っていること自体が誇らしい。その強さ、その速さが心地よい。自身の持つ全能感を最大限に謳歌できる。

しかし、走るスピードがどんどん速くなっていくと、次第にいろいろな気持ちがわき起こってくる。

「このまま走っていって、それでどうなるんやろ。振り落とされたらおしまいやないか。止まったところで食い殺されるかもしれへん」

かといって、走りゆく虎には手綱がなく、どうやって制御していいのかわからない。

ただ相手の背中に必死でしがみついたまま、流れゆく景色を呆然とながめている。

こころの片隅にぼんやりとした恐怖や孤独感を飼い慣らしながらも、走り続けていたなかで、事件が起こったのである。

第六章 法廷に響いた〝完全無罪〟

真っ向から食い違う言い分

2021年5月24日、月曜日。

この日の大阪は薄曇りだった。とはいえ梅雨空というには時期がはやく、汗ばむほどではない。まだ春を感じさせる日和である。

裁判所にほど近い弁護人の事務所を出て、

「山岸さんが派手なスーツとか着て来なくてよかったです」

「いやいや」

などと軽口をたたきつつ大阪地裁へ向け歩みを進める。入り口前には報道各社のカメラが放列をつくっていて、われわれを待ち構えていた。

取調べの最中に逮捕され、わたしのなかの時間が止まってしまってからすでに1年半が経っている。

パシャパシャというシャッター音を聞きながら構内に入るとまったくの偶然なのだが、建物の玄関前で三谷真貴子検事、末沢岳志検事ら公判担当の検事団と出くわした。公判前整理手続において何度か顔を合わせており、面識はあるので、

「おはようございます」

と大きな声で挨拶したのだが、返事はない。

「あいつら、ボクのこと、無視しましたね」

「直視できないんだと思いますよ」

西先生は苦笑いしながらそう話す。

わたしが本当に罪を犯したと思っているのだったら、にらみつけるなり、返事をするなりできるはずだ。挨拶すらまともにできないなど、なんて社会人としての常識が欠落した連中なのだろう。こう考えると優位に立ったような気がした。

さっきまで笑顔だった西先生が、

「なんか緊張してきますね」

と声をかけてきたので、

「いや、そうでもないですよ。むしろ楽しみなんです」

と返答して、法廷に入る。天井が高く、ひどく寒々しい大きな部屋である。廷吏にうながされ、着席して傍聴席を見渡すと、元プレサンスの部下や不動産業界の後輩、取引先の社長などと目が合った。だれもがわたしの無罪を信じて来てくれている。本当に心強い。

被告人はマスコミによるビデオ撮影が終わってから廷内に入る。わたし自身もいつもの精神状態ではない張り詰めた気持ちになってくる。

「えー、それでは被告人は証言台の前に来てください」

裁判長はうながす。

「氏名と生年月日を述べてください」

「山岸忍。昭和38年1月2日生まれです」

「本籍地、住所はこちらに書いてあるものでいいですね」

「はい」

検察官による起訴状の朗読。

続いて裁判長が黙秘権について説明したあと、

「いま検察官が読み上げた事実についてなにか違う点はありますか」

と尋ねた。

大きく息を吸うと、

「わたしが横領で共謀した事実は一切ございません」

腹の底から精一杯の声量で言い切った。

その後、起訴状の朗読、罪状の認否などの手続を経て、検察の冒頭陳述がはじまる。

わたしは業務上横領罪で起訴された。

末沢岳志検事は、２０１５年12月中旬、小森が最初に説明した際に佐橋に貸し付ける18億円の内訳を説明したこと、翌年1月にわたしが進捗状況について尋ねた際、佐橋に貸した金は土地の売却代金から回収すると説明したこと、2月に山本さんと一緒に小森が来た際、明浄の理事８名を佐橋側の人間と入れ替えたうえ、土地を売却させることができ、その手付金で貸し付けを回収すると説明をしたと言ってのけた。

そして以上の3回の会合ののち、3月22日に15億円を貸し付けたころまでにほかの実行犯との共謀が成立したと決めつける。まったく身に覚えのない妄言であることは言うまでもない。

対する弁護側の冒頭陳述。

担当するのは主任である中村和洋弁護士だ。

「大阪地検特捜部は、ふたたび同じ誤りをくりかえした。組織上位者は立件にこだわり、密室取調べにおいて関係者に圧力を加え、その供述をみずからの見立てどおりに歪曲する。障がい者郵便制度悪用事件で強く批判されたままの姿である」

力強い言葉が朗々と廷内にひびきわたる。

普段の中村先生は柔らかい関西弁を使う。

ただ、物事の白黒については決してぼやかすことなくハッキリと、

「それは無理なんです」

「できません」

と言い渡す。勾留中は、あまりにドライで、感情を表に出すことのないぶっきらぼうな物言いに反感を抱き、山口検事に対して、

「しょせん、人ごとなんですよ」

と愚痴をこぼしたこともあった。

勾留が長引き、弁護方針をめぐって激突した際は、何度も激しく言い合ったこともある。しかし、はじめからずっとわたしの無罪を信じ続けてくれた主任弁護人である。

そんな中村弁護士の朗読は熱かった。

「特捜部検察官らは、佐橋による明浄学院の買収資金を目的とした借り入れである以上、当初か

ら関係者間に横領の共謀が存在したものと決めつけ、その方針に基づく証拠を作ることに注力した」

ハキハキした言葉のひとつひとつに強い気持ちが込められた陳述を聞くにつけ、あらためて信頼感が高まってくる。

「佐橋個人または佐橋が支配する法人に対する貸し付けだと被告人に説明したこと、あるいは、被告人が佐橋への貸し付けを了解していたことを裏付ける確たる証拠はひとつも存在しなかった。そうであるにもかかわらず、大阪地検特捜部は誤った見立てを強行し、小森および山本の取調べで威迫や利益誘導を行い、起訴したのである」

冒頭陳述は次のようなセリフで締めくくられた。

「本件は、大阪地検特捜部によって作られた冤罪事件である」

事件を引き起こした女性あらわる

引き続き、裁判長が公判前整理手続の結果を確認する。

本件の争点は2016年3月から4月にわたしが山本さんの会社に18億円を貸し付けた時点で、横領の共謀があったかどうか。

検察はわたしが「18億円を買収資金として佐橋個人に貸し付けた」ことを認識していたから共謀があると主張、一方の弁護側は、わたしが「18億円を再建資金として学校に貸し付けた」つもりだったから共謀はないと主張。この争点をめぐって、これから審理が展開していく。

休廷ののち、佐橋の証人尋問が行われた。

分離して行われた彼女自身の公判はすでに一審が終わっていて、「業務上横領の事案においてもっとも高額な部類にあたる」として5年半の実刑判決が言い渡されており、控訴中の身の上だった。まぎれもなく一連の事件の主犯である。

わたしは法廷の場にて、ようやくの初対面を果たすこととなった。見てくれはどこにでもいる、ちょっとくたびれた中年の女性である。

（こいつか、詐欺の張本人は。この、とんでもないヤツ、どんな話しよるんやろ）

まずは検察側による主尋問がはじまった。佐橋はとにかく早口。検事の質問が終わるか終わらないかのうちに話しはじめる。まあ、検事による証人テストで繰り返し行われたリハーサル通りに話すので、考える必要がないのかもしれない。

ある程度、予想はしていたのだが、やはり検察は話の流れを微修正してきた。そもそもわたしを逮捕起訴したときの見立ては、最初から佐橋に貸すつもりで、その首謀者が山岸であるというものだった。しかし、公判前整理手続のなかでわれわれが出してきた証拠や予定主張などを見て、

「いったん学校本体に貸し付ける話が出ていたことまでは否定できない」

とさとったのだろう。検察官は佐橋に、

「『形のうえ』で、学校の借り入れに『付け替える』と申し上げました」

と言わせた。

佐橋が借りたお金で経営権を取得し、新理事長となって借用証に学校印を押し、形式上、明浄学院の借り入れに付け替えるつもりだったという理屈である。かなりはやい時期から学校法人への貸し付けは無理だとさとり、学校法人が債務を負担するという話が出ていたとしてもそれは形

の上だけの虚偽であり、山岸の金ははじめから佐橋個人に貸し付けられる予定だったというストーリーだ。

また、前にも述べたように、わたしが貸し付けた18億円に、佐橋、小森、山本さんらが明浄学院の連帯保証をつけるべく奔走していたことについて、検察は弁護側が予定主張書面で指摘するまでまったく気づいていなかった。

実際、佐橋はこの連帯保証を公正証書にするための資金として79万円を山本さんの弁護士宛てに送金している。この点についても、検察は佐橋に、

「公正証書という認識が、すみません、たくさんメールがあったので、取りあえず支払わなければいけないのは、すべてTGF（山本さんの会社）さんが言われたとおり払っていました」

と言わせた。要は公正証書とはなんなのかわからないけど、請求されたから払ったと言わせるという弥縫《びほう》策を講じてきたのである。弁護人の先生方は、それが当たり前のことだと思っているようだが、検察官はみずから描く物語の都合で証人の証言をコロコロ変えさせることができるということ自体、素人として驚きだった。

裁判所で証言する際、

「良心に従って、真実を述べ、なにごとも隠さず、いつわりを述べないことを誓います」

という宣誓をしなくてはならない。

本来は記憶に忠実に話さなくてはならないはずなのだ。しかるにその実態はというと、検察官の振り付けのまま証言させることがまかり通っている。

実際、目の前の佐橋証人は、三谷検事の質問が終わる前から話しはじめていた。建前と現実はこれほどまでに乖離していて、そこで引き出された薄っぺらくねじ曲がった言葉のやり取りで人

の人生が左右されてしまう。

恐ろしささえ感じた。

検察官からの主尋問が終わると、副主任弁護人の秋田真志弁護士による反対尋問となる。

秋田先生の尋問は、

「基本的に聞かれている内容は明浄学院に入る（佐橋が理事に就任する）までのことであるという理解で、これからの質問を考えてくださいね」

という言葉ではじまった。ただし、その後は、

「あなたに来たメールを、きっちりと読まないなんてこと、あったんですか」

「（覚書は）あなたが考えて書かれたということになるんでしょうか」

「金主をだまそうと思っていたことはあるんでしょうか」

といろいろな事情について問いかける形での質問ばかり続き、翌週の第2回期日へ持ち越しとなる。

初公判が終わると、傍聴に来てくれていた後輩の水上が電話をくれた。

「おもしろかったです。よくわからないんですけれども、悪い方向には行ってないんじゃないですかね」

「そうやったらエエんやけど」

「それにしても、佐橋が法廷に入ってきた瞬間、山岸さんの顔つき、変わりましたね」

「えっ、そうやった？」

「いつもの激怒してるときの目つきになってました（笑）」

コイツさえおらんかったら、小森も山本さんも破滅することはなかったんや。オレもこんな目

に遭わずにすんだんや、という気持ちから知らず知らずのうちに憎悪の視線を送っていたらしい。

2日目もまた佐橋に対する尋問だった。引き続き秋田弁護士が問いかける。前回と同様、細かい事項の確認が続く。

そのなかで、

「山本さんと小森さんの公判にあなたが証人として出廷して証言されていた話のなかに、あなたは、今回、明浄学院に入ることについて、救世主のようなつもりぐらいに思ってましたという、そういう表現をされたことを覚えていますか？」

「はい、覚えています」

「要するに、あなたが経営権を取得することが明浄学院を救うことになるんだという思いを持っておられたんだと、そういう意味でしょうね」

「はい、そうです」

というやり取りには興味を引かれた。

誰がどう見ても、苦しい経営が続く明浄学院に乗り込んで来て、内部をメチャクチャにして去って行ったのだが、本人は「救世主」のつもりだったという。彼女の供述調書や取調べ録音録画の反訳にも目を通してたので、奇矯な人物なんだろうなと想像はしていたが、やっぱりそうだった。

自分に都合のいいようにみずからにバイアスをかけて猪突猛進することのできるタイプ。やっているこ とはあまりに雑すぎるのだが、お金を持っている人間をかぎ分ける嗅覚とバイタリティーだけは突出している女性なのだ。

外堀を埋めるような質問を続けていた秋田弁護士だったが、徐々に矛先を狭めていく。そして、まず検察官が学校貸し付けに「付け替える」つもりだったと佐橋に言わせた部分について、前後関係や書面をもとに質問を重ねると、

「最終的に付け替えになったので、付け替えと申し上げた」

「第一段階から説明していたかどうかは覚えていないです」

「付け替えのお話は小森社長にはそこまでしていないと思います」

とボロが出はじめる。はじめに小森に話していないのであれば、小森から説明を受けたわたしが知るはずはない。

秋田弁護士の追及は続く。

「理事会も、先ほどあなたは救世主という言葉も使われた。学校のためにあなたは入ってきて、学校のためにお金を借りるんだと」

「はい」

「理事会でも、これは納得してもらえるものだと思ったと、そう思っていたのではないでしょうか？」

「そうです。事件になるとは思ってませんでしたから、最終的には穴埋めすればいいと思ってました」

とあっさり堀木博司検事の取った供述調書とは違う内容のことを話しはじめる。仮に佐橋に貸し付けられてしまったとしても、その債務を学校が負うことや保証することを理事会が承認するのであれば、学校がお金を返済したとしても横領ではなくなる。

さらに、

「あなたは（理事長に払うお金が）裏ガネだ、裏ガネだと言うけれど、学校の帳簿に載せるというこ

とは、表のお金であるということは理解できますよね」

「はい」

「あなたの説明、帳簿のうえで学校の債務にすると言っていて、でも裏ガネだからと（金主候補に）説明したことになるのですか？」

と矛盾点に切り込むと、佐橋は黙り込んでしまう。

そのときだった。末沢岳志検事がいきなり立ち上がる。

「異議です。たぶん、帳簿に載せるのか、どういう名目で載せるのかによって、たぶん異なってくると思うんです」

と言い放つ。

「いま、異議を申して、証人に対して模範解答を伝えようとしてます。異議のやり方として、非常に不相当です。非常に問題があります」

秋田弁護士は猛然と抗議する。

検察官が「異議」と言いながら、みずから押しつけたストーリーを教えちゃうなんてことがあるんだと唖然とした。

なんて手段を選ばない汚いヤツなんや。

取調べで山本さんを脅して供述をねじ曲げた末沢検事の、どんな手立てを講じても自分たちの都合のいいように人の供述を操ろうとする態度が裁判でも露呈した瞬間だった。

反対尋問はより狭いポイントを突きはじめた。

佐橋が金主候補のひとりに送ったメールのなかに、当時はまだ出ていなかった「（プレサンスから）

買付証明が出ました」という表現があることをとらまえて、

「12月12日の時点で買付証明は出ていましたか、出ていませんでしたか？」

「出ていませんでしたが、もう出る予定でした」

「あなたは簡単に言うけれども、話を盛ってますね」

と口八丁手八丁な佐橋のやり口を指摘。

そのうえで、本当にお金ができるか不信感を抱いていた吉村理事長に対し、お金ができたとウソをついていたのではないかと追及する。

佐橋は何度も「できていた」「5億円は用意できていた」などと話をはぐらかしていたが、最終的に、

「用意できていなかったけれども、用意できてたかのように振る舞いませんでしたか？」

と押し込まれると、

「はい、そのようなことがあったかもしれません」

とゲロしてしまう。要するに、佐橋は行き当たりばったりでその場しのぎのウソを周囲の人物にまくし立て続けていたのだ。

柔らかい口調ではあるものの、逃げ場のない質問が重ねられる。

「10億円を学校として承認させる予定と（この書面には）ありますが、これはあなた自身の当時の認識を書いたんですね」

「そうです」

あるいは、

「10億円を学校の費用にさせるんだという意味ですか？」

「そういう話も吉村さんとしていましたね」

また、

「3月14日から4月12日までの間にもお金を（学校に）入れる入れないという話があったんじゃないですか？」

「そうですね。あったと思います」

とあっさりうなずくなど、検察が主張する「かなりはやい時期から学校法人への貸し付けは無理だと悟っていた、学校法人が債務を負担するという話があったとしても、それは形の上だけのものであった」というストーリーを、借りた本人みずからが否定するような言葉を次々引き出していく。

さらにである。

検察官には「はっきり理解していなかった」とはぐらかしていた借用証の公正証書案の文面を渡したところ、

「これが公正証書ですか……。これは公正証書じゃないでしょう……。どれが公正証書ですか」

などと謎めいたつぶやきを発したのち、示された資料について、

「これ、持って帰ってもいいですか？」

などと意味不明なことを言いはじめる。

挙げ句の果てには、秋田弁護士の追及が続くさなか、

「あのー、疲れたので、もう帰ってもいいでしょうか？」

とのたまった。

「それはちょっと……」

裁判長も困惑げにそう答える。

その後、検事からの尋問に戻ったのだが、ダメージを取り戻すまでには至らない。

わたしは法廷に来るまで佐橋と会ったことはなかったし、電話で話したことさえなかった。

そのため、わたしの共謀についての直接的な証人ではない。

しかし、今回の事件の中心にいたことは間違いない。有罪とされた人物のなかでももっとも刑罰が重い主犯である。そんな人物から、「2016年4月まで山岸社長の拠出したお金を学校法人での借り入れにすることができると考えており、少なくとも5月ころまでは学校が連帯保証することにより、実質的に学校の債務にすることが可能だと思っていた」という証言を引き出せた。わたしが共謀したとされる2016年4月時点で、主犯すら犯罪の故意を有していなかったということを意味する。

主犯が犯罪の認識を有していなかったのに、なぜわたしが犯罪に共謀したことになるのだろう。最重要証人である小森の尋問を前にして、すでに検察を挽回不能ではないかと思われるところまで追い詰めることに成功したのである。

(やっぱり神様、おるんや。ウソはちゃんとめくれていくもんなんや)

あらためて再認識した。

裏切り者は検察のロボットだった

裁判は3回目、および4回目の公判期日にして最大の山場を迎えた。

わたしの有罪を立証する唯一の証拠である小森の証人尋問が２０２１年６月７日と10日の２日間にわたって行われるのである。

わたしは転職したいという元の会社の後輩である小森を招き入れた。

大京でノンビリとやっていて、生き馬の目を抜くプレサンスで年下の精鋭と競わされたことで、居心地はよくなかったのだろう。しかし、それでも彼を最後まで見放さずに目をかけてきたのである。

特捜部に逮捕勾留されるという極限状態のなか、田渕大輔検事の罵倒に耐えかね、虚偽供述してしまったことまでは理解できないでもない。しかし、彼はウソをつき通すことを決断した。

すでに自身の公判では３月25日に懲役２年執行猶予４年の判決が出ていて、控訴しなかったため確定している。検察の言いなりになったお陰で、刑務所にも行くことなく、外の世界でのうのうと暮らせるようになっていたのだ。

だが、その代償として、かつてのボスを陥れる証言をしなくてはならない。小森はどんな面《つら》を下げてわたしの前に現れるのだろう。こんなことを考えていた。

法廷に入ってきた小森はいつものように、つかみどころのない茫洋とした表情を浮かべ、証言台の前に立った。もちろんこちらの方にはまったく視線を送ってこない。

主尋問を担当するのは、山本さんを脅し、ウソの調書の撤回要請を取り合わなかった、あの末沢岳志検事である。

「まず、証人の経歴についてお聞きしていきます。証人は以前、株式会社プレサンスコーポレーションの子会社である株式会社プレサンスリアルエステートの代表取締役を務めていましたね」

「はい」

「これからプレサンスコーポレーションのことはプレサンス、プレサンスリアルエステートのことはリアルエステートと呼んでお聞きします。小森さんがリアルエステートの取締役を務めていた期間は、平成27年（2015年）の7月から令和元年（2019年）の5月までで間違いないですか」

「はい」

まずは身上から尋問がはじまった。その後、小森が明浄学院の土地取引に関わるキッカケに入り、徐々に核心部分へと迫っていく。とたんにウソのオンパレードがはじまった。

「確認ですけれども、平成28年（2016年）2月中旬頃の山本提案を説明する際、山岸さんのほうから、TGFに対する18億円の貸し付けについて、これがその後、手付けに移行するものなのかと、こういうふうに尋ねられたことはありましたか？」

「ないです」

「また同じ場面ですけれども、山岸さんのほうから、TGFに対する18億円の貸し付けについて、ブリッジのようなものかと尋ねられたことはありましたか？」

「ないです」

大きなウソから小さなウソまで入り交じっていて、なにが本当なのかわからなくなってくるほど。聞いているだけでムカムカしてきた。

小森は決してこちらのほうへは振り返らない。

実際の土地取引が行われた2017年7月6日のところで、尋問者が交代する。田中優希検事はこう切り出した。

「今日のあなたの証言内容を一部確認しますけれども、あなたは山岸さんに対して、18億円を学校に貸すという説明はしていなかったということでしたね」

「はい」

「また、あなたの知る限り、山本さんも18億円を学校に貸すという説明を山岸さんにはしていなかったという証言でしたね」

「はい」

メチャクチャ腹が立った。

目の前にいる小森に向かって、

（ウソつき！　卑怯者！）

心のなかでそう叫んでいた。


秋田弁護士の反対尋問の番となる。まず、検察との事前リハーサルについて問うた。

「今回、この法廷で証言されるに当たって検察官のいわゆる証人テストがあったと思うんです。山本さんの公判に出る前にもあったと思うんですけど、山本さんの事件以降、それとは別に何回ぐらい証人テストの機会があったのでしょうか？」

「何回か」

「だいたい何回ぐらいあるんですか？」

「4、5回くらいですかね」

「1回に当たり、どれくらい時間をかけてたんでしょうか？」

「1時間か2時間か」

「1時間か2時間を4、5回はしたということですか？」

「はい」

検察官と小森は事前に何度も尋問の準備を重ねていたことが確認できた。こちら側がこういう点を突いてくるだろうという想定問答も繰り返し行われているだろう。秋田先生はどう崩していくのか。

まず、佐橋に入ったお金に学校法人の連帯保証を付与することが、実質的に学校が借りたことと同様だと小森が思っていたかどうか、その認識について尋ねた。小森はなんとか否定しようとのらりくらりかわし続けていたのだが、別の裁判での尋問内容を突きつけられると、あっさりそう思っていたと認めた。

そのうえで、佐橋のときと同じように、

「これは小森さん自身のグーグルカレンダーのものであるかどうか、いかがでしょうか？」

「はい、わたしのです」

「ここに入力するのは小森さんご自身ということでよろしいんでしょうか？」

「はい」

とか、

「(このとき) 長々と話をしたという記憶はあるんですか？」

「誰と？」

「山岸さんと」

「いえ、そんな長いこと話した記憶はないです」

と一見、無関係であるかのような前提条件を延々と聞いていく。要は、「〜ですか？」という疑問形ばかりなのだ。

営業マン時代のわたしがマンションを売っていたときのセールストークとおんなじなんだな、と感じた。非常に高価なものをお客さまに買っていただく場合も、似たような戦略を採っていた。まずは外堀を埋めていく。

アポイントを切って会ってもらっても、最初は不動産の話などまったくしない。関係のない世間話をしながら、相手の価値観や求めるもの、喜ぶポイント、そして急所を探っていった。フリートークのなかで、もしこちらが物件を勧めた場合、こういう風に断ってくるだろう口上を想定し、先に全部つぶしておいた。

「買ってください」

という言葉を吐くまでに、相手の逃げ道をふさいでおくのである。秋田弁護士の尋問もそうだった。

小森のいいわけをあらかじめ潰しておき、また、ウソをつかせるだけつかせておいて、少しずつ少しずつ質問が狭まっていく。

まず、最初にわたしにこの案件を頼んだ2015年12月の時点では、

「学校借り入れにすると言われたらするんだろうなと思っていた」

とあっさり口を割ってしまう。

さらに翌年の2016年1月16日の時点において、小森自身が作った書類について問う。小森はこの資料を作ったとき、佐橋という理事長個人に貸し付けるのだと思っていたとウソの証言をしている。しかし、このときは、佐橋はまだ理事長になる予定もなく、理事長には石川という人物が就任する予定になっていた。石川さんとは、小森が明浄学院の売渡承諾書をわたしのところへ持ってきた際、見知らぬ人の名前だったため、「これ誰や」と聞いたところ、

「次の理事長になられる方です」

と説明された人物である。

小森が作った書類にも理事長予定者として石川さんの名前が書かれていたため、はじめからずっと理事長になる佐橋に貸し付ける予定だったという小森の証言は明らかに客観的証拠と矛盾していた。

「あなたはこれを見て、石川さん個人への貸し付けをするための説明文書だというんですね。それでいいんですね？」

「はい」

「間違いないんですね？」

「はい」

なんと小森は、証言が客観的証拠と矛盾していることを埋め合わせるために、佐橋ではなく石川さん個人に貸し付けることを考えていたという証言をするに至った。検察はわたしがなにもかも知ったうえで、佐橋に18億円を貸し渡したことで、共謀が成立したと言っている。その唯一の証人である小森がこれまでの取調べで一度も述べたことのない、石川なる人物に貸すことも想定していたなどと話しはじめたのである。

もはや自分でもなにをしゃべっているのかわかっていないに違いない。

このころには秋田先生の尋問は、

「〜ですよね」

というさらにクローズドな語尾に変化していた。外堀を埋めたうえで、ポイントに向かって質問を絞っていくのだ。そして、反対尋問がはじまってから数十分しか経っていないのに、敵の防御ラインを次々に突破していく。

山本さんがニセの残高証明を作成して、佐橋に渡していた件についての質問に移る。

「まず小森さんから山本さんに、残高証明、用意できないのかと聞いたことはあるかどうか、その点、どうでしょうか？」

「山本さんに、聞いたことはあると思いますけど」

「残高証明を作成してほしいと依頼しませんでしたか？」

「作成してほしいとは言いませんけど」

案の定、自分は関係ないところで行われたと、しらばっくれた答弁を続ける。しかし、秋田弁護士はやり取りされたメールを突きつけ、ウソを暴いていく。

「あなた自身が、ウソの残高証明を作ったという認識持っていましたよね。まず、小森さん、残高証明、今回作られていること、当然わかってますよね」

「はい」

「虚偽のものが作られるんだという認識も持っていたんじゃないんですか？」

「作ったことは知ってました」

「過去形でいいんですか、本当に。あなたが作っていく過程に関与していないのかという質問ですよ」

「関与してるかしてないか言うたら、関与はしていました」

「あなた、やってることが犯罪だっていう認識はあったんでしょうね」

「はい」

「こんなことをしているということ、山岸さんに説明したことありますか？」

「ありません」

「コンプライアンス上、大問題ですよね。佐橋も、そういう犯罪行為をしているっていうことは、その時点でわかってますね」

逃げ道のない質問が続き、顔面蒼白になった小森はもはや言葉が出て来ないのか、かろうじてうなずく。

裁判長が確認を取った。

「いま、うなずかれましたね」

小森はうめくように、

「この残高証明自身がダメだっていうことは、わかってました」

とつぶやいた。

この日の秋田先生のトドメの一撃は以下のような言葉だった。

「佐橋が手段を選ばない人間であるということもわかってたんでしょう。違いますか。わかってませんか？」

「それはそうですね」

「その報告を山岸さんにしてますか？」

「その点はしてないです」

「今日の尋問は以上です」

佐橋がリスクのある人物であることをわたしに報告しなかった。

それはすなわち小森が取引関係者のリスクを隠してでも営業成績が取りたかったということであるとともに、小森のいうように佐橋が貸付先になるとわたしに説明していたのであれば決定的に不合理な事実であった。秋田先生は小森にこの不合理な行動を認めさせると、言い訳をさせぬよう、即座に尋問を打ち切ったのである。鮮やかな反対尋問であった。

小森尋問初日が終わったあと、傍聴に来ていた後輩の水上からこう言われた。

「裁判のドラマみたいでしたね」

傍聴している人にもわれわれの手ごたえが伝わっている。次回の期日が待ち遠しくなった。

小森は田渕検事の罵倒を覚えていないと言い放つ

2回目の小森尋問となる第4回公判期日は2020年6月10日。

この日も秋田弁護士の反対尋問の続きからはじまった。

検察官の冒頭陳述によると、わたしと犯行グループとの共謀は、2015年12月から2016年4月にかけて順次、行われたということになっている。

まず、2016年1月16日に小森が作成した書類について、巧妙な質問を積み重ね、逃げ道を塞いだうえ、

「学校法人が債務者になるんだというふうに理解していたのではないですか、そう理解もせずに書いたというんですか？」

と問いかけたところ、

「いえ、それはもう、言われてそうできると思っていました」

「思っていたんですね」

「はい」

と想定していたとおりの証言をさせることに成功する。

さらに、2月中旬時点において、山本さん側の弁護士が学校法人への入金が必須であると主張していたことを把握していたかどうか確認したうえ、

「あなたは山岸さんに、『こういうリスクがありますよ』というような説明をしたこと、なにかありますか。山本さんがお金を借りに、頼みに行くまでの間に、あなたがそういう説明を山岸さんにしたことがありますか？」

「ちょっとわかりません」

「してないでしょ」

「はい」

と語らせる。

むろん、そのような説明を受けたことはなく、前回の反対尋問と合わせて、小森が通常すべき説明をまったく行っていなかったことが明らかになった。

その後、秋田先生は一転して、特捜部の捜査が入ったあと、プレサンスの小谷が小森のメモに加筆したことにより証言内容を変えられた、つまり「口裏合わせ」があったと主張している部分に移る。

秋田先生はメモの中身をつぶさに見ていったうえでポイントを絞っていく。

そして、小谷とともに事実関係を整理はしたものの、口裏合わせをして事情聴取で虚偽を話させるような時間的余裕はなかったこと、小谷自身もこの案件についてほとんど知識がないこと、小谷の加筆によって中身が変わっていないことなどを浮き彫りにする。

さらに秋田弁護士が、

「そもそも小谷さんからの聴き取りは1回だけだったんじゃないですか？」

と問いかけたときのこと。

末沢岳志検事がたまらず、

「異議あり。誤導です。小谷はプレサンスと明浄学院の土地売買契約を解消する件で、令和元年（２０１９年）10月29日より前に話をしています」

と話しはじめた。

すかさず秋田弁護士が、

「それは異議ではない。証人に答えさせる回答を検事が教えています」

と抗議。佐橋への尋問のときもあったが、またしても検察官が模範解答を教えようとしたのである。

ホンマに汚いヤツやな。

そう思うと同時に、末沢検事が自身の保身のため必死になっている様子をあわれにも感じた。

そして、いよいよ、弁護団が最重要証拠だと位置づけている「3月17日付けスキーム図」について聞くこととなった。

ちなみに小森は捜査段階の供述調書において経理担当者、もしくは顧問弁護士向けの書類だったと供述していたのだが、法廷での末沢検事との主尋問のなかで、この書類はわたし向けに作られたものだと認めていた。ただし、山本さんの義弟である桃木が勝手に作成したもので、その中身までは関知していないという立場を貫いていた。

しかし、秋田弁護士は、この書類が何度も修正されるたびに、桃木から小森に確認のメールが入っていることを明らかにする。

そのうえで、

「これだけ繰り返しメールが送られたなかで修正が行われ、あなたの指示で振込先の口座番号も記入されているということになれば、あなたはこのスキーム図の修正内容をその都度、承認していたことになるんじゃないですか？」

「承認したというか、目を通していたと」

「目を通していたんですね」

「はい」

さらに、

「あなたは、佐橋さんの借り入れなんだと話しておられますけれども、よく見てくださいね。あなたが目を通していたはずのこの資料には『学校法人への支払い』と書いてあるんですよ」

「はい」

「あなたは、この説明書を見れば、山岸さんは、佐橋個人への貸付金であるというふうに理解すると考えて、これを作ったんですか？」

「はい」

「ここに佐橋さん個人への貸し付けと書いていますか？」

「ここには書いていないです」

もはや支離滅裂であった。答えになっていない答えを繰り返す。

これほど綿密に作成に関わった3月17日付けスキーム図をなぜ小森は覚えていないと言い張る

のか。

「前提として、はっきり言いましょう。田渕検事から厳しい言葉で怒鳴られたことがありませんでしたか?」

「どの場面でですか?」

「取調べのなかで、どの場面ででも結構です。まず怒鳴られたことがあるかどうか?」

「あったと思います」

「この書面を示されているときに、あなたの説明に納得しない田渕検事が怒りだしたということはなかったでしょうか?」

「この場面で怒鳴ったかどうかはちょっと覚えてません」

「『あなたはプレサンスの評判をおとしめた大罪人ですよ』、そういう言われ方をした覚えはありますか?」

「そう言われたかどうか、はっきりした記憶は薄いです」

「たとえば、『今回の風評被害、あなたはその損害賠償ができますか』と聞かれた覚えはありませんか?」

「聞かれたのかどうか、ちょっとわからないですけど」

「『10億、20億じゃすまないですよね、それを背負う覚悟でいま、話をしていますか?』と言われたのはどうですか?」

「ちょっとわかりません」

あくまでも取調べのことは覚えていないと言い張る。それらの言葉を受けてウソをつきはじめたことを、小森は認めることができないのだ。

最後に秋田先生はたたみかける。

「あなたの話、いろいろありますけど、これまで聞いてきたところを言うだけでも、山岸さんに対して、佐橋の偽造残高証明書を説明せず、自分が偽造に関与したことも説明してないし、TGFの顧問弁護士の説明内容も説明していないですね」

「はい」

「佐橋が学校法人への入金を渋っていたという話も説明しなかったんですよね」

「はい」

「結果として学校貸し付けにできなかったことも説明してなかったんですね」

「学校貸し付けではないので、できなかったことを説明するというのはちょっと」

「連帯保証については、できなかったということを説明しなかったんですね」

「それはしてないです」

「にもかかわらず、『学校貸し付けやな』と山岸さんに聞かれたら、『はい』と答えたんでしたね」

「はい」

わたしが18億円を貸し付けるにあたり、いかに小森が伝えなくてはならない情報を彼のところでせき止めていたかをハッキリと法廷で明らかにした。


ふたり目の尋問者は中村弁護士だった。

「わたしの方は平成28年（2016年）4月以降のことを聞いていきます」

こう切り出すと、佐橋が学校の連帯保証を取り付けると約束しながらも、最後になって言を左右にしたにもかかわらず、山本さんがなんの保全も講じられないまま、佐橋のダミー会社へ13億円を振り込んでしまったあとの小森の対応について問いただす。

「佐橋さんがこういう約束をしてくれたんだけど、できなくて、いまこんなんですと、もし山岸さんに報告したら、あなたは山岸さんに怒られると思ってたんじゃないですか？」

「それはそうですね」

「それだけじゃなくて、『なんや、こんな話はもうあかんと、回収してこい』と、こう言われると思ったんじゃないですか？」

「そういうこともあるかもしれません」

「そうすると、山岸さんがどういう行動をとるかについて、佐橋さんと山本さんとの間の出来事については重要な事実ですよね」

「はい」

「そんな重要な事実を隠したまま話を進めるというのは、山岸さんをだますことになるとは思いませんでしたか」

「だますつもりは当然ないので」

「だましたつもりはなかったと、こういうことですか？」

「だましてないんで、土地をまとめれば全部、完了できるんで」

「最後、土地さえ売却できれば、途中、いろいろ不具合なことがあっても、それは報告しなくていいと、こう思ってたと、こういうことですね」

「はい」

秋田先生の尋問は真綿で首を絞めるようにジワジワと追い詰めていく。かたや中村先生は真っ正面から力強く攻め込んでいく。弁護士によって攻め方が違うのだ。

あまり感情的になることがなく、淡々と話す印象のある中村先生だが、法廷での追及はとても熱く、迫力があった。

勢いのある尋問は続く。

明浄学院から21億円がなくなっているという報道があったあと、小森はわたしに内緒でプレサンスに佐橋と不動産ブローカーを呼んで、善後策を協議していた。

その際、まったく無関係の会社から300億円程度の残高証明書を出してもらい、消えた21億円はその会社で運用していると発表して、事態を収拾しようと画策していたことが明らかになっていた。そのときのことを問いただす。

「あなたはうまいこと話をずらすのが上手なんだけども、そんなことを聞いてるんじゃなくて、300億の残高証明書を出したところで、21億とは無関係ですよね」

「それはそうです」

「まったく無関係ですよね。虚偽の説明ですよね」

「それはそういうのが用意できると言われたから、それだったら用意したらどうですかと言った」

「ウソの説明だということは理解されてますよね」

「ウソの説明というか、こっちには関係ない、そっちでやってくださいというような意味合いでわたしは言ってると思います」

案の定、自分は無関係だと言い出した。

ところがこのときの様子を小森みずから録音しており、そのデータは特捜部に押収され、弁護団はそれを把握していた。

「あなたは積極的に録音で言ってますよ。あなたはそんな逃げ腰じゃないですよ。『どっかの知り合いの、300億ぐらいあるような残高持ってきてね、ここに預けてますから、300億残高ありますよと言うて、いつでも戻してもらえるよって、300億、残高出したらいいじゃないですか、いまそうやって延ばす方法もありますよね。別に20億円の残高証明を持ってきたら話にならんけど、300億、500億、残高あるんだったら、実はここで運用して増やしてもらってるんで、いつでも出せますと言うて、預けてる会社ここですと言ったら、一日で出ますよ、残高証明は』。あなたはこんなことまで言ってるんですよ」

ここまで決定的な証拠を突きつけられても、小森はさらにしらばっくれる。

「それは、そういうところが用意できると言われたんで、それやったらそうやってしたらどうですかという意味でわたしは言ったと思いますが」

「ご自身の発言に問題があるとは認識しておられないんですね」

「もうこっちに持ってきてほしくないというようなことで、なにを言われるか不安だったんで録音を取ったというのもあるんで」

あくまでも他人に責任を押しつけようとする。

「佐橋さんらが来て、こういう相談があったこと、あなたは山岸さんに報告されてませんよね」

「はい」

結局、小森は今回の問題点をすべて隠蔽していたのである。

小森の稚拙な言い逃れが次々に封じられていくのを目の当たりにするのは痛快だった。言葉に詰まるたび、額から流れる汗をハンカチでぬぐう。

ただ、秋田先生や中村先生の尋問を聞いていて、不思議に思うこともあった。小森は明らかにおかしなことを言っている。だが、徹底的にその矛盾点を追及することなく、

「では、次に行きます」

と話題を変えてしまうのだ。

なんで、ここまで追い詰めておいて、たたきつぶしてしまわへんねん。

小森の言っていることの矛盾を浮き彫りにしていくことはとてもスリリングだったのだが、その一方、もどかしい気持ちを抱いたものだった。

録音録画をめぐる攻防、第一弾

われわれの手もとには検察官が佐橋、小森、山本さんの話をいかにねじまげて供述調書を作ったのか、その過程をすべて文字起こしした膨大な反訳書という武器があった。

ただ、わたしが逮捕された時点で、取調べの録音録画に関する改正法が施行されてから6ヵ月あまりしか経っていない。今回の事件のように共犯者の供述の証拠能力や信用性についての可視化媒体の利用については、規定もなければ実務上の運用も固まっていなかった。

可視化媒体や反訳書を実際の裁判でどのように使うのか。使えるのか。これほどまでに大規模な事件においては初めてのテストケースだったのである。

秋田弁護士は反訳を片手に田渕検事の罵倒によって供述が変遷したと小森を追及したものの、予想通り、

「覚えていない」

を連発した。

ここで弁護団は打って出た。

「持ち時間が残り30分程度あると思うんですけれども、その関係で、さきほどから何回か録音録画の反訳について、証人はご記憶がないということを言われました。こちらでもう絞って絞って、8分13秒、6分18秒、6分22秒で合計20分53秒、3ヵ所のみ、証人にその録音録画の反訳部分を再生してご確認いただいたうえで、30分の範囲ですべて終わるような形で、先ほどの証言の趣旨を確認するというようなことになります。そういう尋問をお願いしたいと思います」

秋田弁護士は田渕検事の取調べを法廷で上映して小森に見せることの許可を申し立てたのである。録音録画を証拠として採用されるよりも前に、まず張本人である小森にそれを見せて尋問したいということであった。

検察官たちは血相を変えて立ち上がり、

「まったく必要性のないものと考えます」

「不必要であると考えます」

と訴える。

裁判長が、

「合議します」

というと3人の裁判官はいったん法廷から姿を消す。

5分くらい待たされただろうか。

戻って来た裁判長はおもむろに言い渡す。

「ほとんど反訳書を読む形でだいぶ質問もされていたのではないかと思いますし、記憶喚起の関係で必要性があるというふうにこちらのほうもちょっと思えないので、提示は許可いたしません」

要するに、すでに質問で聞いていることを重ねて映像を見せて確認するまでの必要はないと言われてしまった。

こうして録音録画をめぐる攻防の第一ラウンドは、弁護側の主張が認められない形で終わってしまった。

すぐさま西先生が秋田先生に耳打ちし、立ち上がった秋田先生が別の尋問を再開する。

元々予定していた尋問時間の残り30分は裁判官同士の合議を待っていたことによって少し減っていたが、これは本来弁護側が使えたものなので、おそらく残り30分は弁護側が尋問を続けたとしても止められないであろう、だったら時間の都合で省略した質問で攻めようと即座に方針転換したのだった。

秋田弁護士はその30分をみっちり使って小森証言のあいまいさを追及し続ける。もはやロープ際で立っているのがやっとといった状況で、小森はまともに受け答えすらできず、裁判長からもたびたび突っ込まれるような状態だった。


続いて行われた末沢検事による再主尋問では面白いことがあった。

初日の秋田弁護士による尋問において、２０１６年1月16日付けの小森自身が作った書類をもとに、

〈「あなたはこれを見て、石川さん個人への貸し付けをするための説明文書だというんですね。それでいいんですね」

「はい」

「間違いないんですね」

「はい」〉

と言った部分について、

「前回の尋問のなかで、この新理事長は石川さんだという話であって、石川さん個人との間の〈説明文書〉というような話もあったんですけれども」

と問いかけ、

「そういう意味ではないです」

と小森に言わせることにより、証言内容を修正してきたのだ。

結局、石川さん個人への貸し付け話はなかったということにして、証言の不自然性を少しでもなくしたいようだ。しかし、それによって小森の証言は二転三転してしまったことになる。

すかさず再反対尋問で中村先生が嚙みついた。

「前回の証言のときには、あなたは秋田弁護人からの尋問に対して、これは石川個人と金主との契約のことであると、そう証言されましたね」

「そのとき、動揺してたとは思うんです」

「そう証言されましたね」

「そのときは、しました」

「秋田弁護人から、『どう読んだって、これは学校じゃないですか』というふうに言われても、あなたは譲りませんでしたね」

「いや、譲らなかったというイメージではないんですけど、『そうですね』と言われて、そうですって答えた気はします」

「前回、なんで、そんなウソの証言なさったの？」

「いや、ウソではなくて、そのときはそういうふうに、ちょっと思ってしまったんで、今回、訂正さしていただきました」

「前回の証言のあと、検察官とうち合わせされましたか？」

「はい」

「そのなかで、この話が出て来たの？」

「それは、はい、出ました」

誰の目から見ても、小森が検察官の指示により、法廷での証言を訂正したことは明らかだった。

チョウのように舞い、ハチのように刺す

最後に3人の裁判官による補充尋問となる。

わたしは公判がはじまるまでは、裁判官に対しあまりいい印象は持っていなかった。保釈が蹴られ続けていたときは、検察の犬だと考えたことさえあった。

「山岸さんの担当の裁判長はほとんど無罪判決を出したことないらしいですよ」

というような情報を流してくれる同業者もいた。ところが裁判が進むにつれ、そういった先入観が少しずつ消えていく。

尋問の途中で検察側、弁護側からたびたび、

「異議あり」

という声がかかるのだが、

「続けてください」

というときもあれば、

「質問を変えてください」

と促すときもある。あくまでも素人目ではあるが、公平であるように感じた。

左陪席、続いて行われた右陪席の質問は、それぞれ鋭かった。小森がごまかそうとしている部分、とりわけ共謀が成立したとされる２０１６年２月前後の証言をより細かく聞いていき、矛盾点を際立たせた。質問が深く、急所を突いている。一段、高いところに座っているだけあって、やっぱりすごいんだなと実感した。

ふたりの裁判官がともに尋ねていたのは、小森がわたしに対してありとあらゆる情報を遮断してまでも、なぜ、この取引にのめり込んでいったかということだった。

左陪席は、

「（残高証明の偽造を）された動機というか、理由っていうのは、どこになりますか？」

「土地を買えと言われて、買わないといけないという使命感」

「それを成功させると、あなたにとって大きな実績になるとか、そういうことですか？」

「いえ、わたしにとっては、そんなにメリットはないと思いますけど、買うと言って買えないと、なかなか厳しい状態になるんで」

という証言を引き出した。

右陪席とも以下のようなやり取りがあった。

「あなたとしては、この話を進めるメリットっていうのは、なんだったんですか？」

「わたしですか？」

「はい、あなた自身」

「成績ですかね」

小森がウソをつき続ける動機を知り、事件の全体像をより深く知りたいという意図が感じられる質問を重ねた。

裁判長は、

「あなたが初めて令和元年（２０１９年）10月29日に取調べを受けた直後の話なんですけど、まず会社のほうに戻って、口頭で、『なにを聞かれたのか』っていうのは聞かれたんですか？」

「はい」

「それは山岸さんのほうに説明したということですか？」

「そうですね、説明したっていうか、なにしゃべったんやみたいな」

「なにしゃべったんやって聞かれて、しゃべった内容を説明した？」

「しゃべったら、全部書けみたいなことになったと思います」

「じゃ、あんまりその場では、口頭では説明せずに、まず書けって言われたんですか？」

「ちょっとしゃべって、書けって言われた感じです」

小森が作成し、小谷が加筆したメモについて問いただす。

わたしが保釈申請をするたびに、堀木博司検事が意見書にて、〈まれに見るほどの明白かつ悪質な罪証隠滅行為〉と書き連ね、拘置所に留め置かれる根拠となった「口裏合わせの証拠」についてである。

メモを作成するよう指示したのは土井であって、わたしの知らないところで行われていたことは先にも述べたが、ここでも小森は裁判長に対して虚偽の事実を述べ立てた。

もはやなにが真実で、なにが検察官のストーリーなのかわからなくなっているのだろう。

その当時のメモ作成の流れを小森の口から細かく説明させ、尋問は終了した。

傍聴に来てくれていた後輩の水上が、

「小森のヤツ、検察官から大罪人って言われたこと、覚えてないって言ってました。そんなん言われて普通、忘れるわけないですよね。そんな人間いないですよ。あいつ、ホンマにウソつきですね」

と興奮冷めやらぬ様子で言ってくる。

かたくなに「記憶にない」を連呼する小森の証言は、事件のあらましをまったく知らない人間にとっても違和感があったらしい。

信和建設や信和不動産などを束ねる信和グループの総帥であり、毎回法廷に足を運んでくれていた前田裕幸さんは、

「山岸さん、なんであの弁護士、小森のとどめ刺せへんねん。もうちょっとでKOできるとこやったやないか」

と言っていた。

「なんか、それやったら損になるみたいやねん」

「そうなんか？　オレはそうは思えへんけど」

前田さんも、わたしと同様、隔靴掻痒《かっかそうよう》といった気持ちを抱いたようだった。

のちほど秋田先生に、

「なんでもっと徹底的に追い詰めないんですか？」

と聞いてみた。

「あのですね、反対尋問っていうのは寸止めして逃げるのが鉄則なんですよ」

「えっ？」

「攻めすぎると、相手にいいわけさせてしまうんですよね。まあ、われわれの言葉では『塗り壁尋問』って言うんですけれども、弁解の言葉を引き出させることになってしまう」

「たしかに小森なんか、なんとしても言い逃れしようとしますよね」

「そうなってしまう手前で止めて『これおかしいよね』って思わせることをずっと続けるだけで十分なんですよ」

「言い負かさないということですか？」

「そうなんです。論破することが目的じゃないんです」

わたしは得心した。中村先生の「刑事裁判は攻めることではない」という言葉にもつながってくるのだろう。

この考え方はわれわれ不動産業者がマンションを売る際のテクニックとも似ていると感じた。下手くそな営業マンはお客さまを論破しようとする。買わない、買えない理由に反論を重ね、ねじ込もうとするのだが、これをやってしまうと絶対に決まらない。

マンションを売る場合、まずは相手の言っていることにすべて同調する。どんな理の通らない言葉で文句を言われようと、

「そのとおりです、先生」

といったん受け流す。そのうえで、

「だからこそなんですよ」

というトークを続ける。人を説得する場合、白か黒かハッキリさせようとしすぎることで失う

ものもある。どんな業界でも一流の技術の奥底には通ずるものがあるのかもしれない。

山口検事による取調べでは、18億円の貸し付けが佐橋への個人貸し付けと説明されていたかどうかが焦点となっていた。小森が学校貸し付けと説明していたのか、それとも佐橋個人への貸し付けと言っていたのかで、水掛け論のようにもなっていた。しかし2日間にわたる小森の尋問を通じ、共謀が成立したとされる2015年12月から2016年4月までの間、関係者がみな学校貸し付けになるよう動いていたことまで立証できた。

小森がわたしに対して「言った」「言わない」という争いではもはやなくなっており、そもそも佐橋への貸し付けだとわたしに説明する客観的状況すらなかったということがわかったのである。そのうえ、小森がいかに大切な情報をわたしに伝えていなかったかも浮き彫りにできた。実際、裁判官からの質問の半分はその部分に焦点が当てられていた。

何度も言うように、わたしの有罪を立証するための検察側の唯一の証拠は小森の証言である。特捜部事件においては第一審で無罪判決を勝ち取ったとしても、高裁と最高裁を見据えなければならず、そのためには第一審の段階で小森証言を完膚なきまでにたたきつぶしておかなければならない。保釈を得て証拠を十分に検討し、取調べの録音録画を全文反訳して分析するなどのいくつもの努力を経た結果、われわれはようやくそれを果たすことができたのである。

勾留中、先生方が言っていたのはこういうことだったのかとあらためて実感した。

「そこにいる検事に脅されたから」

わたしが18億円を貸し付けるにあたり、みずからの会社を間に入れることで、クッション役になってくれたのが山本さんである。ところが、いったん彼の会社に入ったお金は明浄学院の口座には入らず、佐橋のもとへと流れることになってしまった。その後、学校に入金された手付金からわたしへの貸付金が返済されていたため、業務上横領の共犯となっている。実際、山本さんは検察官の手による供述調書によると、「佐橋にお金を貸してくれ」とわたしに説明したことになっていた。

しかし、開示された取調べの録音録画を視てみると、末沢岳志検事による執拗な誘導尋問によって「虚偽自白」させられたことが明らかになった。しかも山本さんは何度となく調書の取り下げを懇願したにもかかわらず応じてもらえず、挙げ句の果てには、

「そんだけ言うんやったら法廷でひっくり返したらよろしいやん」

と冷笑されていた。

そう言い放った末沢検事が公判担当となって、法廷に座っているというのも因果としか言いようがない。

はたして山本さんはどんな証言をするのだろうか。２０２１年6月14日と17日の2日間にわたって尋問が行われた。

検察による主尋問は三谷検事によって行われたのだが、冒頭から異例の展開を迎えることにな

る。

　刑事裁判において、検察官は被告人が起訴状に書かれた罪を犯したと、確実な証拠をもとに証明する責任を負っている。逮捕された共犯者のなかでわたしと面識があるのは小森と山本さんのみ。最重要証人であるはずの山本さんが検事の意図する方向と真逆の証言を続けたのである。

　まず18億円がどこに入ると思っていたのかについて、時系列で問いただされたのだが、どの時期のことを聞かれても、

「明浄が必要なお金だと言われるから、そうなんかと思って聞いていました」

「明浄が借りるから明浄が返すもんだと思ってましたけど」

　とぶっきらぼうに言い切った。

　さらに、2月初旬に佐橋が、

「やっぱり学校入金はできない」

　と言い出した際のこと。

「わたしが佐橋の携帯に電話して、彼らふたり（小森や不動産ブローカー）の言葉じゃなくて、佐橋の言葉で確認を取ろうと思って、佐橋さんに聞きました」

「そしたら、なんと答えていたんですか？」

「大丈夫やと言うてました」

　検察の描くストーリーでは2月初旬の時点で佐橋がわたしから直接借りることになったとされているのだが、それ以降も佐橋みずからが学校入金であると断言していたというのである。

　さらに結局学校入金できないことになり、佐橋のダミー会社への入金に学校の連帯保証を付けるというスキームに変わった際も、

「（佐橋が）『明浄学院を連帯保証にするのであれば、明浄に貸したことと同じでしょ』ということを言ってきた」

と証言。

そして山本さんがわたしのもとにやってきた、２０１６年２月22日、まさに共謀が成立したプロセスのなかでもっとも重要な日について、

「山岸さんに対して、この２月20日ごろには、なにに使うのかという話はしていないということですか？」

「明浄学院側にお金を貸すというふうに説明しました」

「明浄学院側にお金を貸すという話をしたんですか？」

「はい」

検察官は、山本さんがいかにわたしに対して気を遣っていたかを際立たせようと、質問するのだが、重ねれば重ねるほど、こちらに有利な証言がつるべ打ちに表白される。棚からボタ餅が次々に落ちてくるようなものだった。

さらにである。

「検事の取調べのときには、『５億円はＴＧＦ（山本さんの会社）が直接明浄の寄付金口座に振り込むんだけれど、貸金である10億円は新しく理事になるグループが吉村理事長の口座に振り込みます。３億はブローカー手数料です。そういうふうに山岸さんに話した』と。こういうことを検事に言ったんじゃないですか？」

「脅されて、そういうふうに説明しましたよ」

「説明したんですか？」

三谷検事が質問を重ねると、山本さんは末沢検事の方へ視線を送りながら指をさし、

「そこにいる人に脅されたから」

検察官の主尋問において、脅されたから虚偽供述をしてしまったとハッキリ言い切ったのである。しかもその脅した張本人である末沢岳志検事はすぐそばに座っている。

まさに前代未聞の展開となったのだった。

信念を貫いた男の憤怒の反撃

秋田弁護士の反対尋問は、時系列に従ってどの時点においても佐橋個人に貸し付ける共謀が成立しえないことを立証していく。と同時に、われわれにとっての最大の武器である山本さんの録音反訳を使いながら、いかに常軌を逸した取調べを末沢検事が続けたうえ、調書をでっち上げていったのかを明らかにしていった。

田渕大輔検事による事情聴取は大声で罵倒したり、机をたたいて威嚇したりと、ある意味問題点がわかりやすい。山本さんの取調べをした末沢岳志検事にはそのようなあからさまな恫喝は見当たらない。その一方、狡知に満ちた誘導で山本さんに虚偽供述させていた。

弁護団の一部はこちらの取調べの方がより一層、陰湿かつ悪質であると感じているようだった。怒鳴られたわけではないにもかかわらず、なぜウソの調書が作られるに至ったのか。

取調べ状況についてなにを聞かれても念仏のように、

「覚えていない」

を連呼した小森と違い、山本さんは秋田先生からの問いかけにより、大阪拘置所内の取調室で

のやり取りについて思い出していく。

末沢検事による遠まわしな誘導を山本さんはどのように受け取っていたのか。

それまでの任意での事情聴取、および２０１９年12月5日に逮捕されて以降も、山本さんは、

「（山岸には）明浄側に貸しますと説明しました。山岸さんは明浄にお金が入ったと思っていると思います」

という説明を繰り返していた。

12月８日の取調べにおいて、

「山岸さんが主導する、そういうプレサンスの意向があったならば、それは、おのずと責任の重い軽いというのは変わってくるでしょう、言っている意味わかりますか？」

と問いかけられているのだが、この言葉についてどう感じたのか秋田弁護士に尋ねられると、

「（山岸の関与を認めなければ）重罪になるみたいなね。（佐橋と）同罪というふうに聞こえました」

と言う。

さらに取調べにおいて末沢検事は、

「山岸さんがなぜ逮捕されへんかというのは、今回の件でおおきなポイントになるかもしれない」

とほのめかしたうえで、

「山岸さんの関与が本当にあるんやったら、それ言わへんかったら、いまのこの立ち位置だけからしたら、佐橋さんと同じくらい、山本さん、すごくこの件に関与した、非常に情状的にやっぱりかなり悪いところにいるよ」

と語りかけていた。

この発言について山本さんは、

「黙っとったら佐橋と同罪になると、そういうふうなことをした考えがないので、なんでそんなことになるんだろうと思って、『小森さんに聞いてください』と何度も言ってたんですけれども、どうしたらいいのかわからないので、『どうしたらいいですか』と言ったと思うんです」

と検察官の求めるものがなんなのか理解できず、困惑し、助けを求めたと述懐する。

秋田弁護士は、

「（末沢検事は）『お金を貸すのはＴＧＦを通じて貸すんだけれども、学校へ入れるみたいな話じゃなくて、いや、佐橋個人に貸しまっせということは、そこはキチッと伝えていたんやないの？』という質問をされているんです」

と録音録画の反訳を読み上げると、

「そういうの、それ、末沢さんの口調ですね」

と記憶が喚起された様子がうかがえた。

「われわれから言うと、誘導尋問の典型なんですけれどね。まあ、それはちょっと置きますけど、それに対してどういうお答えをしたか、覚えておられますか？」

さすがに山本さんも正確になんと返答したかまでは覚えていない。

「山本さんの答えは『まあ、伝えていましたかね』なんですよ。どうしてそういう言い方になったか、いま説明できますか？」

「（山岸に対し、佐橋個人に貸すと）伝えた記憶がないから」

密室での取調べにおいて、真実を語ろうと必死になっている被疑者に対し、虚偽供述を引き出していく様子が法廷でつぶさに再現される。

もちろん検察官は黙って聞いていたわけではない。

尋問の途中、再三にわたって、

「まず記憶喚起をしてから言ってもらえますか？」

「弁護人の意図する方向に、ずっと意見を言っているやり取りが続いているようなので、かなり重複になっているんですが」

と何度もしつこく異議を申し立てる。

取調べ録音録画の反訳を読み上げられることを阻止したいと考えていることは明白だった。


秋田弁護士の反訳を使っての尋問は続く。

山本さんが「自白」した2019年12月8日の取調べに戻ろう。

末沢検事は量刑について不安を抱える山本さんの心の隙も突いてきた。

「なにか山岸さんとの関係を言われたということ、記憶にありますか？」

「山岸さんの関与を認めなければ、その量刑は変わらないでしょうねというようなフレーズだったと思います」

とわたしの関与を認めなければ、みずからの罪が重くなってしまうと示唆されていたと明言する。また義弟である桃木が刑事罰を問われるかどうかについても山本さんは不安を抱えていた。

そのため、「桃木はどうなりますか？」と切実な様子で末沢検事に尋ねている。

すると、

「そこを含めての話なわけ、桃木さんのことを含めて、どうなるかということを心配するにあたっては、それはもう真実を話す」

と返ってきている。

山本さんはこの言葉について、

「ちゃんと（山岸に）説明しているというふうに言わないと、桃木もボクも重罪になるというふうに理解しました」

と解説した。

取調べで落ちそうになった山本さんを末沢検事は一気に寄り切ろうとしていた。

「もう端的に言うと、山岸さんの関与も含めて全部しゃべりますというような腹づもりになっているのかな、なっているというふうに聞いていいの？」

検事の放ったこの言葉をどのようにとらえたのか。

「そういうふうにしゃべれば、佐橋と同罪という嫌疑を変えてくれるんかなと思った」そうだ。

なぜ山本さんは取調べ検事の前で嗚咽したのか。

「山岸さんが関与していたと言わないと、やっぱり佐橋と同罪でボクが主犯に近くなるというふうに言われたので、そういうふうになっていくと思ってね。そういうことを言われるのが悔しくて、涙が出て……」

大阪拘置所の取調室で山本さんはこう叫んだ。

「全部しゃべります。全部協力してしゃべる。助けてください」

どういう気持ちだったのか？

「佐橋さんと同罪になるし、ボクはそういうつもりで佐橋さんにお金を貸したつもりでもないのに、横領の主犯になるし、どうしたらいいのかわからなくなって、『助けてください』と言いました」

この全部しゃべるというのは真実を話すという意味なのかと秋田弁護士は問う。

「末沢さんの言っているように全部しゃべるという意味です」

供述調書の末尾には、「以上のとおり録取して読み聞かせたうえ、閲覧させたところ誤りのないことを申し立て、各葉の欄外に指印したうえ、末尾に署名捺印した」と書かれている。

なぜ山本さんは虚偽の内容を記した書面にサインしてしまったのか。

「いろいろなことを言われまして、家族のことや、桃木のことや、佐橋と同罪になるということを言われまして、もう、心が折れてしまって、拇印をついたと思うんですよね」

秋田先生は取調べを通じて虚偽供述が「作られていく」過程を、被疑者の内面も交え、忠実に再現していった。

山本さんの証言がなされる間、わたしは言葉巧みに彼の不安感をあおりながら、その心理につけ込んで脅迫・利益誘導を図った様子が暴露され続けている末沢検事の顔を凝視し続けた。

その表情は能面のようでまったく感情を表にださない。微動だにせず、うろたえた様子も見せないその姿にだけは、プロ意識を感じたものだ。


いったんは虚偽供述をし、調書にサインしてしまった山本さんだが、

「（拇印をついた２０１９年12月）15日の晩はずっと考えて寝られなかったです」

「そのなかで、どんなことを思い出しましたか？」

「やはり山岸さんに説明（２０１６年２月22日）した、あの10分から15分の間のことばかりです」

まんじりともせずに迎えた翌日の朝、弁護士に相談したうえ、取り消すことを決意。

「12月16日に撤回しますわということを言ったときの末沢検事の態度はどういうものだったか記憶にありますか？」

「記憶にありますよ」

「どんな感じでしたか？」

「すごく恐ろしい感じで言い合いみたいになってたと思うんですけどね」

実際、山本さんは録音録画のなかで、

「ボクもなにか脅されているように感じるんですよ」

と末沢検事に抗議している。

このときの様子について、

「撤回することに対して、『そういう（山岸の関与を認めた）調書を作って、山岸さんを陥れようと、だまそうとしたのか』と、逆になにか怒られてしまうたから、そういう逆のへんなプレッシャーを掛けてくるし。撤回を撤回しろみたいな（ものだった）」

と打ち明けた。

さらに可視化ビデオのなかでは、末沢検事に対して、

「笑わないでください」

と言う山本さんの姿もあった。

「ボク、撤回するということを一生懸命言って、録音録画のビデオまで見て、ボクの顔がちゃんと映るようにして言って、一生懸命言っているしぐさをにやけ笑うような感じがありました」

「そういう末沢検事の態度を見て、どういうふうに感じましたか？」

「とんでもない人やなと思いました」

その日の撤回要請については、

「最後に考えるという言葉をおっしゃったから、それで終わったんですけどね」

ということで、いったんは矛を収めている。

秋田先生が続けて、

「12月25日が最終の取調べだったと思うんですけど、そのときまでの間に、結局、末沢検事は撤回した内容の調書を取ろうとしなかったわけですよね」

「最後の25日に撤回した内容を入れてくれるんかなと思ったんですよ。まとめの調書でね」

「そのことについて、検事に言ったことでなにか記憶はありますか？」

「『なぜ撤回してくれないんですか』と言って話したんです」

「具体的には、『ボクの調書は、あのままにしておくんですか？』という表現ですね」

「はい」

「あともうひとつは、『訂正しないということやね』という発言でした」

「はい」

「それに対して、検事がどういう言い方をしたか覚えてますか？」

「『そんだけ言うんだったら、法廷でひっくり返したらよろしい』って。『ほかに、山岸さんに対する証拠がたくさんあるので、法廷でひっくり返したらよろしい』と言うたから、それも頭に刻み込んで言おうと思っていました」

山本さんは、取調べ最終日の末沢検事の言葉を「頭に刻み込んで」、それを実行に移した。そして、その場には言い放った本人がいたのである。

わたしの知る山本さんはとてもおだやかで素直な方である。そんな彼の口から出た言葉の端々には、検察官に対する本物の怒りが込められていた。わたしを有罪にしたいという功名心を満たさんがため、無理を重ねた特捜部に山本さんは巻き込まれた。

わたしはというと、わが子と同じ気持ちで接していたプレサンスは失ったものの、まだまだ起き上がれる経済力も、それを基盤にした精神力も、人脈も残っている。今回の事件についても、「おもろい経験したな」というような感覚も持ち合わせている。

しかし山本さんは今回の事件でかなりの打撃を被った。

にもかかわらず、筋を通し続けたのである。

わが身かわいさのあまり、最後まで国家権力の犬に成り下がってウソをつき通した小森と違い、毅然とした態度を貫いたその姿に頭の下がる想いを抱いたのだった。

球速80キロくらいのスローボール

その後の公判では山本さんの義弟である桃木に対する尋問が行われた。

桃木は姉の伴侶である山本さんとは食い違う証言をした。当初はこちら側に有利な証言、つまり記憶通りのことを話すと言っていた桃木は検察の証人テストを経て、向こう側に寄ることを示唆するようになった。

不起訴となっている桃木が検事からどのように脅されたのか知らない。わたしとは会ったことすらなかったので、極めて重要な証人というわけではないが、気持ち悪いヤツだと思って見ていた。そもそも客観的証拠や山本さんの証言と食い違う証言内容だったので、弁護団はキッチリと矛盾点を引き出すことができた。

個人的にもっとも痛快だったのは、新倉先生によるプレサンスの顧問だった奥野信悟弁護士への尋問だった。

わたしは山本さんにお金を貸し付けるにあたり、法律的な問題点の有無を、

「ウチの顧問弁護士にも確認しとかなアカンやろ」

と小森に対して指示をだしていた。

たしかに小森は2016年3月18日、つまりわたしが山本さんと金銭消費貸借契約書を取り交わした翌日に奥野弁護士に対して借用書もどきの書類を添付したメールを打っている。

果たして小森はわたしの指示通り動いていたのか。

このメールについて新倉先生が小森への尋問の際、

「これはなにを相談したんですか？」

と問いかけたところ、

「山本さんに山岸社長がお金を貸すことになった件を奥野先生に相談しました」

と証言した。

ところが新倉先生があらためて相手方である奥野弁護士に対し、

「小森さんは、どうしてこういう借用書を書こうとしているんだとかいう説明はしてないんですか？」

と確認したところ、

「一切、聞いていません。ただ単に、質問の趣旨が『借用書として有効ですか』という問い合わせですんで、わたしも『有効だと思います』という趣旨を答えて、それで『わかりました』言うて電話を切りはったから。そこからもう全然、それ以外の会話ないですね」

と明かす。わたしにプレサンスの顧問弁護士と相談しろと命じられたので、ニセの借用書のひ

な型を作成してメールで送り、相談したフリをしていただけなのだった。

だいたい契約が終わったあとに相談したってなんの意味もない。平気ですぐバレるウソをつく小森ならではの行動を浮き彫りにした。

小森は2017年6月にも奥野先生のところを訪問している。

このときのことを新倉先生が小森に対して尋ねると、

「奥野先生には、山岸社長がお金を以前に出してますんで、手付けを入れたらそれが戻ってくるという話もしながら、プレサンスの手付金の保全をどうしたらいいかということで相談しました」

と答えたのだが、新倉先生が奥野弁護士に、

「この土地、本件土地をプレサンス社が買うに至った経緯の説明は？」

「一切聞いてません」

「この土地を買うまでに、山岸さんが山本さんにお金を貸しているんだとか、そんな説明もないんですか？」

「そんな説明、一切なかったです」

という証言を引き出し、小森が法廷でもウソをつき続けていたことを明らかにした。

まさにとどめの一撃といった感じだったろう。奥野弁護士以外にも、多くの証人が小森の虚言を証言している。

もはや、このころになると検察官も完全にやる気を失っているようにしか見えず、事務的に敗戦処理をやっているような気配が濃厚に漂っていた。

2021年6月28日、18億円の振り込みを担当したプレサンスの経理職員・市川、およびプレ

サンス土井豊社長への尋問ののち、いよいよわたしに対する被告人質問がはじまった。

そして、検察からの反対質問が行われる前日である6月30日、リハーサルを行う。

なにもかもが順調に進んではいるのだが、

「ここまで来たら完璧を期して準備しておきましょう」

とのことだった。元検察官である中村和洋弁護士、生粋の刑事弁護人である秋田真志先生が検事役となってわたしに対して質問する。

これは手強かった。中村先生は普段通り淡々とした口調でズバズバと、秋田先生は日頃とは打って変わって陰湿な表情を浮かべてギリギリと切り込んでくる。

わたしの供述には1ヵ所、言い間違えたまま調書になってしまっている部分があるのだが、そこを厳しく突かれたり、

「そもそも18億円ものお金を貸しておいて、その行き先を確認しないなんていうことが常識的にあるんでしょうか？」

などと攻め込んでくる。ムッとしてわたしが思わず言い返すと、些細な言葉尻をとらえられてさらに押し込まれる。営業マンとして人とのやりとりには自信のあるわたしだったが、説明が難しく口ごもってしまうこともたびたび。

(こんなん、明日、やられたらたまらんなぁ。オレ、大丈夫なんやろか)

かえって不安になってくる。質疑応答の想定問答は夜の11時半まで続いた。

そして迎えた反対質問。一番手は主任の三谷検事ではなく、3ヵ月前に着任したばかりの田中優希検事だった。

はじまってすぐ、拍子抜けした。

（検察官、やる気ないんやろか）

前日のリハーサルで150キロレベルの速球を打ち込んでいたのだが、実際のバッターボックスでは80キロくらいのものしか投げ込まれない。なんなく打ち返すことができた。

少し深みのある質問をしようとすると、弁護団から、

「異議。誘導です」

「異議。重複です」

との声が飛び、

「質問を変えます」

と追及をやめてしまう。

途中で末沢検事に交代した。やはり捜査を担当していただけあって、この事件の細かいところまで頭に入っていると思わせるような質問となる。末沢検事に替わって10分くらい経ってからのこと。

「小森さんが話をもってきたときは、山岸さんにお金を貸してくれというのは、お金を貸したら、3ヵ月とか4ヵ月ぐらいで返ってくるという話だったですかね」

「はい」

「それは、山岸さんが先にお金を出したら、3ヵ月か4ヵ月後には明浄と契約ができて、手付金を入れることができるんだと、こういう説明だったんですか」

「そういうことです」

「そうすると、3ヵ月、4ヵ月のために、その数ヵ月のためだけに、なぜ先にお金を出す必要があったんですか」

田中検事からも似たような質問を受けていたため、

「これ、先ほどから説明してますけど、もう一度しますね。移転先を確保しないと、生きている（運営中の）学校の用地が契約できないんではないでしょうか。生徒さんがいらっしゃるのですよ」

こう答えるも、

「それが小森さんの説明だと、28年（2016年）の1月の終わりにお金を貸してほしいと言った時点では、3ヵ月後か4ヵ月後にはもう契約ができそうで、手付金も入れれる状況に、もう土台として乗ってるというふうな認識なんですよね」

「ですよね、はい」

「すると、その3ヵ月か4ヵ月のためだけに、なぜ山岸さんがお金を出さないといけないんですかと」

末沢検事はまたしても同じ問いを投げかけてきた。

「ですから、生徒さんがいらっしゃる明浄学院の土地を契約するということは、次、その校舎を移転する先の用地を確保しとかないと、わたしが経営者だったら絶対契約は怖くて、ようしません。だから確保のための資金だと私は理解しました」

くどいので、少しイラッとしたものの、同じ説明を繰り返す。

「先ほどのお話を聞いていると結局、学校が移転して、土地の明け渡しというか引き渡しをしてくれるのは、3年後ぐらいになるんじゃないかという話でしたかね」

「はい」

「そうすると、何度も言うように、3ヵ月、4ヵ月といっても、最終的にプレサンスがこの土地を引き渡ししてもらえるのは、場合によったら3年後ぐらいになるかもしれませんよね」

「はい」

「すると、何度も言うように、3ヵ月か4ヵ月のためだけになんで先にお金を出さないといけないのかということです」

またしてもまったく同じ質問。

（こいつホンマに世間のこと知らんねんな。まず移転先の土地を確保せなアカンやろ。そのために資金いるやん。その土地確保しなくて、なんで現在の学校用地売ることができるねん。生徒さんいてはるねんで。先にその金いるやん。そして、その金が学校にないやろ。だから先に貸したんや。そんなこともわからんのか。絶対に言い負かしたる）

そう思い、口を開こうとした瞬間、中村弁護士が立ち上がり、

「議論になってるので、もうこれ以上、同じ質問を続ける必要はないんじゃないでしょうか？」

と異議をとなえ、裁判長も、

「質問の仕方を変えるなら別ですけど、今のままだと重複なので」

と言ったため、この話は終わってしまった。

（なんで止めるねん）

子どものころ、もう少しで勝てるケンカに仲のいい友だちが割って入ってきたときと同じような感情を抱いた。

知らず知らずのうち頭に血がのぼり、末沢検事の鼻っ柱を折ってやろうと戦闘モードになっていたのである。公判のはじまる前、中村先生から、

「刑事事件の裁判はあくまでも減点主義なんです。相手をやっつけてやろうなどとは考えないで

ください」

と何度も釘を刺されていたことを思い出し、冷静さを取り戻す。

とはいえ、やっぱり止めてほしくなかったなという気持ちも残った。あのまま続けていたらわたしが勝っていたに違いないと思っていたのである。

恫喝取調べのビデオが法廷で流された

法廷での証人尋問や被告人質問が続く一方、証拠の採否をめぐる攻防も並行して繰りひろげられた。

まず検察側は山本さんの検察官調書の証拠採用を求めてきた。そのなかの一本はわたしの関与を認める供述をしている。

本来であれば、法廷での証言だけで十分なはずなのだが、日本の裁判所は往々にして密室での供述調書を証拠採用し、そちらの方を信用するような判決を書いてきた歴史がある。

「取調べでいったん自白してしまったら、裁判でひるがえしても、有罪になってしまう」

とよく言われるのは、裁判所が検察官調書を証拠調べすると決めてしまうからなのである。

弁護団はもちろん反対の意見書を出した。現に、山本さん自身が末沢検事に脅されて虚偽供述したと証言しているのである。裁判所はわたしの関与を認める供述をしている山本さんの供述調書の取調べ請求を却下。

7月8日付けの証拠の採否についての「決定」には「供述内容の信用性に疑義を生じさせる」と書かれており、弁護側の主張がほぼ全面的に認められた形となる。

われわれの側からは、小森の取調べの録音録画の証拠採用を請求した。

とはいえ、小森の取調べは70時間にも及んでいる。裁判所が設定した予備日は1日だけ。すべての部分を公判において再生するのは不可能だ。弁護団は20場面、合計3時間44分を抽出し、その反訳書を添付して裁判所に提出した。

案の定、検察は採用に強く反対する意見書を出してきていた。

裁判長が淡々と告げた。

「弁60および弁64のうち、証拠調べ請求書5別紙1の番号11のみ採用し、その余を却下します」

検察官、弁護側双方の異議はともに棄却。

最終的に裁判所は被告側が求めた20場面のうち、小森が供述を変更する直前の48分の1場面のみの採用を認め、そのほかの部分は必要なしとして却下した。

それでも、弁護団が問題視する取調べの一部が法廷で上映されるのである。決定を聞いた弁護団席が色めき立つ。この日の傍聴席は満席となっていて、中央前列にはマスコミ各社の記者が勢揃い。そのなかで、裁判所の書記官と再生作業担当の弁護人たちが上映準備のためバタバタと動き出す。

田渕大輔検事の声が廷内に響き渡った。

「山岸さんも、みなさんと同じように佐橋さんに対する、これは実質的にはね、形式的にはどうあれ、佐橋さんが買収するために、経営陣として入るために必要なお金なんだと、ということを山岸さんが理解しているのかどうだったのか？」

「理解してないですね。そこは」

「うーん、それはなぜ、そういうふうにあなたは」

「わたしもそういう説明をしてないのと、そこは、それ以外に山本さんが説明しただけなので、そこはたぶんそういう理解はしてないと思います」

「じゃあ山岸さんは、その、自分のそのお金がね、佐橋さん個人への貸し付けであって、えー、個人、あるいは佐橋さん側へのね、貸し付けであって、その土地を売ったお金っていうのは、なんていうのかな、弁済してもらうってていうのは学校への貸し付けを返してもらったという認識だったと思う？」

「だったと思います。そこは」

傍聴席に座っている記者たちがわたしに視線を向ける。

映像では、前日、田渕検事から机をたたいて激しく罵倒されていたにもかかわらず、小森はまだ当初の供述を維持していた。

「結局、佐橋さんに貸すっていうことになっちゃってるわけでして」

「はい」

「で、最初貸すときはわからなかったかもしれないけど、あとあと結局、返済期日も延びに延びて、移転先が見つからず、延びに延びて、どうなってるんだってことで、山岸さんから確認を求められませんでしたか？」

「求められました」

「うん、で、そのときに実は貸しているお金っていうのは学校に行っているのではなくて、佐橋さんのスクールメディアという法人、まあ社名までは出なくてもいいんですけれども、佐橋さん個人サイドに行っているということは伝わっていないんですか？」

「はい」

「それは最終的に土地を売るまで一度も伝わってないの？」

「はい」

「それはなんで伝わらないんですか？」

「言えなかっただけですかね。わたしが」

小森は正直に自分の記憶をたどってしゃべってるようにしか思えない。

しかし田渕検事は納得しない。

なぜ山岸に佐橋に貸すと正直に言わなかったのか、おかしいじゃないかと責め立てる。小森は本当のことを言えばわたしが融資を断ってくるのがわかっていたからこそ、あえてぼやかして伝えたのだが、そのへんの機微を理解しようとしない。

なんとか学校貸し付けにしようと考えていた小森や山本さんと、コロコロ言っていることが変わる佐橋とのせめぎ合いのなかで、話が二転三転していき、結果的に佐橋に貸し付ける形になってしまったのだが、田渕検事をはじめとする特捜部はそのあたりの経緯をまったく把握できていないまま、自分たちの見立てに固執して強行突破しようとしている様子がよくわかる。

小森は困惑していた。

何度、説明しても相手がわかろうとしないので、途方に暮れていた。

それでも、

「立て替える費用に18億いりますとしか言っていない。スキームしかしゃべっていないので」

と説明しようとするのだが、田渕検事は聞く耳を持たない。

左手の人差し指で小森の顔を指しながら、

「それはもう自分の手柄がほしいあまりですか？　そうだとしたら、あなたはプレサンスの評判をおとしめた大罪人ですよ」

小森はなにかをしゃべろうとした。

しかし、それを遮って、

「会社が非常な営業損害を受けたとか、株価が下がったとかいうことを受けたとしたら、あなたはその損害を賠償できますか？ 10億、20億じゃ、すまないですよね。それを背負う覚悟でいま、話をしていますか？」

と恫喝する。

5秒ほど沈黙があったのち、

「背負えないですよね」

ガックリ肩を落とした小森はつぶやいた。

「背負えないよね。そんな話してて大丈夫？」

「………」

「だから、あなたの顔が穏やかになりきってないって見えるんですよ。見えるんですよ。見てわかるんですよ。ボク、半分くらいそういう説明なさるのかなとちょっと実は思ってた。いまみたいな説明をするんじゃないかな。半分は、いまわれわれが把握している証拠、簡単に言えば、山岸さんも事実上ご存じのうえでお金を出されていたっていう風にこっちは見えているんだけれども、そうじゃないんだよと小森さんがそう言うのであれば、それは、これこれこういう事情があるので、と言うんだったらわかります。だけれども、だけれどもですよ。あなたの説明はハナからおかしいじゃないですか」

「………」

「結局、あなたはまだプレサンスの人間なのかなぁと思って」

田渕検事は小森が社長であるわたしをかばうためにウソをついていると決めつけていた。このあと、小森は真実を放棄し、特捜部の描くストーリーの語り部に変わったのである。

放映が終わると、

「ふー」

といたるところでため息が洩れた。

だれが見ても脅迫しているとしか感じられない特捜部の異様な取調べの状況を法廷で再生できたことは、取調べ可視化という制度がはじまって以来、おそらく初めてのことだろう。

しかし、われわれが満足していたわけではない。

本来であれば、小森への尋問の際、本人に見せたうえ、記憶を確認させたかったのだがそれはかなわなかった。予備日を使って流すことはできたものの、膨大な費用と手間ひまをかけて録音録画を分析し、20場面合計3時間44分の映像に編集し直したにもかかわらず、小森の公判での証言との矛盾点が明らかである1場面だけに限られてしまった。

そのため、田渕検事が一方的に怒鳴り続けていて、小森が黙っているという場面は、まったく表に出すことはできていない。

実際のところ、

「バカな話あるわけない」

「ふざけた話をいつまで通せると思ってる」

と大声で怒鳴りつけたり、

「ふざけんな」

「検察なめんなよ」

と罵声を浴びせかけ、机をたたくといった常軌を逸するシーンが延々繰り返されたうえ、翌日の、

「10億、20億じゃすまないですよね。それを背負う覚悟でいま、話をしていますか？」

という脅迫につながり、小森が虚偽供述をはじめるのであるが、前段の尋常ならざる恫喝部分の再生を許されなかったことは極めて残念だった。

弁護団の先生たちも、録音録画やその反訳の法廷での活用についてはまだまだ課題が残されたと考えていた。とはいえ最低限必要な部分の録音録画は証拠として採用されたということで、たしかな手ごたえを感じているようだった。

裁判長は「は」と言うか、それとも「を」と言うか

8月10日、第12回公判期日、論告弁論が行われる。

わたしは不思議でしかたなかった。

すでに検察官は100パーセント敗北を確信していただろう。弁護団は当初の検察の見立てそのものが間違っていて、犯罪の嫌疑すら存在し得なかったところまでキッチリと立証できていた。にもかかわらず、この場でいったいなにを言うつもりなのだろうか。この期に及んでも、わたしのことを有罪にしろと裁判官に求めるのか、求めることができるのか。

三谷真貴子検事の第一声は、

「本件公訴事実は、当公判廷において取調べずみの関係各証拠により、証明は十分である」

というもの。もしかして、無罪論告をするのではとの期待はあっさり裏切られた。

小森の証言がいかに正しいかを力説したのち、

「被告人は、明浄学院に対して21億円を弁償し、さらに寄付をするなど、金銭的な被害回復には努めている。しかしながら、前記のとおり、被害結果の重大性、態様の悪質性、被告人の役割の大きさ、被告人の規範意識の鈍磨が著しいこと、犯行後の情状、本件の社会的影響等を考慮すれば、被告人の刑事責任は極めて重大であり、自己の行為の重大性を自覚させ、十分な反省を促すため、被告人には厳罰をもって臨む必要がある」

検察庁のでっちあげ起訴をおとなしく認めないどころか、「自己の行為の重大性を自覚させ、十分な反省を促す」必要があるという。とはいうものの、その声色は弱々しく、投げやりな態度でボソボソと朗読されたため、正直、なにを言っているのかよくわからない。

（ああ、三谷検事はこんな論告したくないんだな）

そう実感した。有罪の確信があるならまっすぐ裁判長に向かって力強く厳罰を求めることができるはず。彼女は公判担当の主任として誰よりもこの事件が冤罪であるとわかっているのだ。検察庁という組織のなか、こう言わざるを得ないポジションに立たされていて、粛々と機械的に役割を果たしているのかもしれない。

三谷検事はわたしが自身の刑事司法手続において出会ってきたなかで、唯一高潔さを感じさせる検察官だった。保釈に反対する意見書でさえ、前任者たちのもののような根拠のない誹謗中傷は書かれていなかったし、彼女が主任になってからは証拠の開示も劇的にはやくなった。

戦い方がフェアなのである。

わたしの被告人質問の際、証拠物の確認のため証言台の近くに来られることもあったが、その立ち居振る舞いには気遣いがにじんでいた。

ところが、そんな三谷検事が小さな声で、

「以上諸般の事情を考慮し、相当法条の適用のうえ、被告人を『懲役3年』に処するのを相当と思料する」

とつぶやいた。

求刑懲役3年。怒髪天を衝くとはこのことだった。

わたしの怒りは目の前にいる三谷検事へのものではない。その矛先は検察庁という組織そのものだった。わたしは刑事司法というのは真実を追求する場所であり、検察という役所はその一端を担うものだと思っていた。社会正義を実現するために必要不可欠な組織だと考えていた。

しかし違ったのである。

事実上、公訴権を独占するほどの強大な権限を持つ検察庁は、その権力の大きさに鑑みて慎重に行使するのではなく、いったんコイツが有罪だと決めたら、その真偽などどうでもよく、組織としてのメンツを取り繕うため手段を選ばず、なにがなんでも罪に陥れることだけを目的とする集団だった。


弁論のトップバッターは秋田弁護士だった。

124ページにわたる長大な論考を書き上げるのに、弁護団がどれほど心血を注いでくれたのかわたしは目の当たりにしていた。

冒頭、

「結論。山岸忍さんは無罪である。本件横領について、故意も共犯者と共謀をした事実も認められない。本件は大阪地検特捜部が荒唐無稽な事実をねつ造した、一大冤罪事件である」

と喝破した。

その後、「3月17日付けスキーム図」を映し出して書類の意味を論じ、そのほかの物的証拠すべてがそもそも学校貸し付けを前提に作られていると断じたうえ、検察側の唯一の証拠である小森証言がまったく信用できない理由を丁寧に検証していく。

中盤で中村弁護士にバトンタッチ。客観証拠を軽視した拙速な捜査がどう進んだかを解説していった。

わたしが初めて中村先生の事務所を訪れたのは2019年12月10日のこと。それから1年と8ヵ月の月日が流れていた。

拘置所での接見では何度も激しく衝突した。その後、わたしの意向もあり弁護人の数はどんどん増えていった。

西先生はいつも弁護団のことを、

「ドリームチームですよね」

と目を輝かして呼んでいた。

たしかにすごい面々がそろったと思う。ただし、元検察官、企業法務のプロ、生粋の刑事弁護人、元裁判官と、法律家としての出自がまったく違うためなのか、弁護団会議では激論になることも多く、中村弁護士はチームをまとめるのにひとかたならぬ苦労をされたことだろう。

フリーエージェント制を使い有力選手をかたっぱしから集めたにもかかわらず、弱かったときの讀賣ジャイアンツみたいにならず、一丸となって戦えたのも、中村先生の手腕によるものだ。

いよいよ終盤を迎える。情感あふれる弁論はますます熱を帯びてくる。

「248日。山岸さんが身体拘束された日数である。本件に関わった検察官たちは、山岸さんが一体どのような思いで、この248日間を過ごしたか、想像したことがあるだろうか。閉ざされ、外部から遮断された狭い空間のなかで、1日24時間、とどまることなく、検察官による『理不尽』が、全身に襲いかかってくる。それが248日にわたり、続くのである。自由だけではない。その『理不尽』は山岸さんの名誉、地位、信用、財産をきずつけたのである。同時に、この冤罪は、山岸さんが背負っていたプレサンス社をも危機に陥れたのである」

ひとりだと思っていた拘置所生活。実際はわたしの気持ちをわかってくれている人たちがそばにいたのである。いまさらながら、この方たちがいたからここまでがんばることができたんだと実感する。

「『あなたはプレサンスの評判をおとしめた大罪人ですよ。……あなたはその損害を賠償できます? 10億、20億じゃすまないですよね。それを背負う覚悟でいま、話をしていますか?』。小森にこう迫った田渕検事に、深刻な冤罪被害の責任を負うだけの覚悟はあったのだろうか」

少し間を置いたのち、中村先生は最後にこう締めくくった。

「本件で真に裁かれなければならないのは、大阪地検特捜部による『理不尽』そのものなのである」

最後に、わたしの意見陳述の番となった。

刑事裁判とは不思議なもので、自分にまつわる審理がされているにもかかわらず、横から口をはさんではならない。黙っていなくてはならないというのもそれなりにストレスがたまるものである。

これまでの弁護団のすべてを注ぎ込んだ弁論に触発され、わたしは冤罪に陥れられた者として、きちんと裁判所に伝えなければならないことがあるという使命感に駆られていた。胸を張り、声を張り上げ、ありったけの想いを込めて陳述する。

「坂口裁判長、湯川裁判官、若園裁判官、最終陳述の機会を与えていただき、ありがとうございます」

「今回の事件の取調べが開始して以来、2年近く歳月が経過しております。取調べがはじまって以来、今日までわたしの主張は終始一貫しております。それは、『わたしがＴＧＦに貸した18億円は明浄学院に入り学校の再建費用として使われると説明を受け、そう認識していた』というものです」

この説明は一瞬たりとも揺らいだことがない。

「令和元年（２０１９年）、10月29日に取調べがはじまり、わたしがＴＧＦに貸した18億円が学校の買収資金に使われ費消されていたと検察官から知らされたときは、なにがなんだか意味がわからなくなりました」

「もちろん、小森からＴＧＦを通じて、会ったこともない佐橋さんに18億円を貸してほしいと頼まれたら、いくら明浄学院の土地が魅力的でも貸すはずがありません。わたしはその説明を何百回と繰り返してきました。こんな当たり前の常識を検察官は当然理解してくれるものと思い、家宅捜索を受けたプレサンス社の汚名を晴らすために捜査にも全面的に協力してきました。それがいきなり逮捕されたときは、本当におどろきました」

拘置所に入ってからも、しばらくの間はなにかの間違いだろうと思っていたのである。

「小森はなぜ正確な報告をしてくれなかったのか？　なにより彼が途中でリスクに気づいたとき、なぜ真実を報告してくれなかったのか？　そのことが一番残念でなりません」

坂口裕俊裁判長の目を見据える。

「わたしが横領に共謀した事実は一切ございません。なにとぞ公正なご判断をお願いいたします」

２０２１年10月28日は晴れていた。

裁判がはじまったときはまだ春めいた日和だったが、このところ朝夕はめっきり冷え込み、冬の訪れも間近だと感じさせるような時候である。

初公判のときと同じく、裁判所入り口に陣取るマスコミのカメラの放列へ向け足を運ぶ。

そもそも日本の刑事裁判における有罪率は99・９パーセントと言われるなか、特捜事案の有罪率はそれ以上で１００パーセントに近い。

しかし、わたしは結果を確信していた。

なぜなら今回の事件は大阪地検特捜部が創作した想像上の産物だからである。彼ら彼女らはその妄想を現実のものとすべく、事件関係者を罵倒、恫喝、誘導して虚偽の調書を作り上げた。そして、その過程を法廷で明らかにすることができた。

大阪地方裁判所の２０１号法廷に入ると、いつも通り傍聴席に陣取る知人たちに会釈をする。業界の後輩たち、親しくお付き合いさせてもらっている取引先の方々、プレサンスの元社員たち。みな忙しいだろうに毎回足を運んでくれていた。

午前10時30分。

「前の席に来て、座ってください」

法壇中央の裁判長にうながされ、証言台の前の椅子に座る。

「山岸忍被告人に対する業務上横領被告事件について判決を言い渡します」

わたしは裁判長が「は」と言うか、「を」と言うかだけに神経を集中させていた。

もし被告人「は」となれば、そのあとに続くのは「無罪」という言葉であろうし、被告人「を」と発すれば、必然的に「懲役〇年」とつながる。

「主文。被告人は無罪」

その瞬間、傍聴席からどよめきとともに、

「ヨッシャー」

という声があがり、続いて拍手が鳴り響く。

ほどなく裁判長が判決理由を述べはじめた。

思わずわたしは目をつぶり、うなずいていた。

正義はあるのだ。

わたしは無実であり、それを裁判所にもわかってもらえた。

正しく判断してくれたことがなによりもありがたい。

そして正面に座る末沢岳志検事に目を留めた。

(こっちを向け。そしてオレの顔を見ろ)

しかし、彼が目を上げることはない。

傍聴席に視線を送る。

わたしの無罪を信じて差し入れを続けてくれた友人、毎回のように傍聴に足を運んでくれた知人や後輩たちの姿が目に入る。

ガッツポーズを示してくれるヤツもいれば、涙を拭っている者もいる。

ひとりひとりと目を合わせ、おたがいにうなずき合う。

こんな仲間たちが励まし続けてくれたからこそ気力を失うことがなかった。
こんな仲間たちがいたからこそ戦い抜くことができた。
本当にありがたい。
傍聴席に向けVサインを送る。
わたしは幸せだ。
みなが見守る法廷の中心で、そう実感した。

第七章　検察は正義ではなかった

検察は控訴しなかった

判決文には、〈小森が故意に虚偽供述している可能性が高いといえる〉という一文があった。証人が偽証している可能性が高いとまで断じるのは、ある意味踏み込んだ判断らしい。

〈（取調べ担当）検察官の発言は、小森に対し、必要以上に責任を強く感じさせ、その責任を免れようとして真実とは異なる内容の供述に及ぶことにつき強い動機を生ぜさせかねない〉という記載もあった。

火のないところに煙の立ったわたしの冤罪が、検察の取調べによって生み出されたものだということを、裁判所も認めてくれたのだ。

また、判決文にはこうも書かれていた。

〈（被告人は）小森らの説明時の認識に基づき、基本的には明浄学院への貸付である、あるいは最終的に明浄学院に債務を負担させる資金であるなどと説明されていたことがうかがわれるのである。そうすると、被告人が本件貸付後のＴＧＦの貸付につき、当時、明浄学院の債務になると認識し

ていてもなんら不合理ではなく、逆に、明浄学院の債務にならない可能性があると認識していたというには合理的な疑いが残る〉

これは、小森がわたしに言った、言わないではなく、そもそも客観的状況から推認される小森らの説明時の認識からすれば、わたしが単なる証拠上の無罪を超えて無実であり、冤罪だということを意味していた。

弁護人たちは「検察庁が、威信にかけて控訴してくるだろう」と言っていた。その一方、「この事件、いったいどうやって控訴するのかな」とも話していた。

検察庁は控訴しなかった。

2021年11月11日、大阪地検の八澤健三郎次席検事は、

「関係証拠を精査したが、控訴審で判決の認定を覆すことは困難であると判断した」

というコメントを発表。

一番で無罪判決が確定した。

その知らせを聞いた瞬間はうれしかった。この刑事事件から解放されることが決まったからである。数年かけて最高裁まで戦わなければならないと思っていたが、第一審で完封してしまったのだ。

しかし、その直後、怒りの気持ちがこみ上げてきた。

（おまえら、控訴すらでけへんのかい。冤罪丸出しやんけ。それでも公益の代表なんか――）

もっとも、そのニュースが報道されるや携帯が鳴り止まず、LINEとメールが次々に入ってきて対応に忙殺されたため、すぐに落ち着くことができた。

自由の身になってからほどなく、わたしはプレサンスコーポレーション社長の土井とともに、とある飲食店へ足を運んだ。

特捜部の取調べの際、山口智子検事が贔屓《ひいき》にしていると話していた店であり、わたしたちもまた常連だった。土井に声を掛けた際、

「あの店、ヤバいんちゃいますか。山口検事もよう行くって言うてたですか」

と言うので、

「せやから行くんやないか。たしかめたいことがあるねん」

と返答する。

彼女が、本件横領にわたしも加担していたという特捜部の見立てに疑問を持っていた違いない。わたしの供述は終始一貫揺らぐことがなく、どんな方面から質問をぶつけられて回同じ回答を繰り返した。

取調べにおいて、わたしの反論に対し、彼女の方が言葉に詰まることもたびたびだった。冤罪事件の被疑者を取調べていたのであるから当然である。2ヵ月間、ほぼ毎日取調べをし、客観証拠もないのに最後まで犯罪者だと思っていたというのなら、そんなアホ、すぐさま取調官という職から外れたほうがいい。

わたしは山口検事に尋ねたいことがふたつあった。

ひとつめはなぜ、わたしの無実を知りながら上司に異議をとなえなかったのか。反論しなかったのか、それとも反論したけれども、排斥されてしまったのか聞きたかった。

もうひとつ尋ねたかったこと。

それはわたしへの取調べにおいて、未必の故意の供述を取ろうと執拗に誘導尋問を繰り返した

ことに対し、彼女の良心はとがめなかったのか。録音録画を視ると、彼女がわたしを有罪にしようと躍起になっている様子がよくわかる。上司に命じられたのだろう。あえて「有罪」を創り出そうとしたことを、いま、どう振り返るのか聞きたかったのだが、あいにく、その店で山口検事と再会することはかなわなかった。

その後、あるルートを通じ、山口検事をメシに誘ってみた。

すると、

「ゴメンナサイ」

という返事が届く。

わたしを冤罪に陥れたことに対する「ゴメンナサイ」という意味なのか、単に食事の誘いを断ったことについての「ゴメンナサイ」なのかはわからない。

本書校了時点では、大阪高検の検事をしているようなので、どこかでお目にかかったら問うてみたい。わたしの信頼していた取調官が、当時なにを考え、なにと戦っていたのかということを

小森から虚偽供述を引き出した田渕大輔検事。

中央大学法学部を経て2000年に検事任官後、東京、大阪、甲府、那覇の 現在は東京保険機構出向などを経てわたしの事件に関わった彼は、その後、東京地 高検の検事も兼ねているという。

田渕検事は2019年12月8日17時20分から行われた小森への取調べに際し、以下のような発言をしている。

「お試しで逮捕なんてありえないんだよ。まず捕まえてみて、どうなるかわからないから、調べ

てみて、しゃべったら起訴しようとかじゃないんだよ。オレたちはそんないい加減な仕事はできないんだよ。人の人生狂わせる権力持ってるから。こんなちっぽけな誤審とかで人を殺すことだってできるんですよ、わたしらは。だから、慎重に慎重を重ねて、証拠を集めて、その上であなたほどの人間を逮捕してるんだ。失敗したら腹切らなきゃいけないんだよ。命かけてるんだ、こっちは。だから、失敗しないように証拠集めて、何百人の人から話を聞き、何千点という証拠を集め、何万という電子ファイルを見て、何十万通ものメールを見て、あなたたちを逮捕してるんだ。命かけてるんだよ。検察なめんなよ。命かけてるんだよ、わたしは。あなたたちみたいに金をかけてるんじゃないんだ。かけてる天秤の重さが違うんだ、こっちは。金よりも大事な命と人の人生をかけてこっちは仕事してるんだよ。なめるんじゃねーよ。必死なんだよ、こっちは」

まず、「何十万通ものメールを見て」とおっしゃっているが、「そもそもお前ら、全然メール見てへんかったやんけ」というツッコミを入れておこう。

そのうえで言っておきたいことがある。

わたしは今回の事件において、刑事罰を受けるような行為はしていなかったものの、企業経営者として不注意だったことは間違いない。その責任を取り、断腸の思いで代表取締役を辞任したうえ会社を手放した。佐橋らによって横領された21億円についても、結果的に関わっていたことを鑑み、被害弁償させてもらっている。

そんなわたしから見ると、取調室で「失敗したら腹を切る」「命かけてる」と絶叫していた田渕検事がひとりの人間として責任を取ったとは思えない。

お会いする機会があったら聞いてみたい。小森に対して吐いたご自身の言葉とどう向き合うつもりなのかということを。

無罪が確定した2021年のある会社の忘年会で、偶然にも佐橋を刑事告発した明浄学院の元理事と同席する機会があった。彼はこう言っていた。

「わたしは佐橋のやったことを明らかにしたくて告発したのに、検察庁で聞かれるのは山岸さんのことばっかりだったんですよ。『山岸さんとは会ったことも話したこともないので、そんなこと尋ねられても知りません』と言っても同じことを聞いてくるんです」

捜査に着手した当初から「山岸の立件ありき」だったのである。

特捜部は事件の時系列をしっかりと把握できていなかった。関係者のメールすらまともに検討できていなかった。物的証拠を冷静に吟味していれば、捜査の途中で自分たちの見立てが間違っていたことに気づいたはずなのだが、関係者の証言をねじ曲げることによって、自分たちの物語を押し通した。

公判前整理手続が進むにつれ、弁護団からの指摘で大阪地検は青ざめたことだろう。有罪にできないとわかっていて、なぜ公訴取り消しができなかったのか。弁護団の主任であり、元検察官でもある中村和洋先生にもう一度尋ねてみた。

「公訴を取り消すとなると、検事長の決裁が必要になってきます。そう簡単な手続ではありません。普通の窃盗とかだったら、あり得ますよ。ただ山岸さんの件は特捜部の事案。検察庁という組織として、最高検も了承したうえ逮捕起訴しているわけです」

たしかに山口検事も、

「社長が一部上場企業の代表であることは、検察はみんな知っているんだから、最高検までわたしがどういうふうな話を聞いているか、調書とかもたぶん全部読んでいるでしょう。わたしたちのわからないところで全部ね」

と言っていた。

でも、組織として決めていようが決めていまいが、わたしにとって知ったことではない。むしろ、当時の稲田伸夫検事総長の承諾を経て決めたことが間違っていたのなら、なおさら引き返すべきなんじゃないのかと思うので、さらに中村先生に問いかけてみたところ、

「本来、フェアな検察だと国民に思ってもらうためには公訴取り消しすべきだったのでしょうけれども、上場企業の社長を逮捕してしまって、『やっぱり間違いでした』となったらトップの責任問題になってしまいますよね」

と話してくれる。

誰も責任を取りたくないから事実から目を背けたということなのか。

いざ公判になったものの、初日の佐橋尋問の時点で土俵際まで追い詰められ、ふたり目の小森尋問の時点で事実上、勝負はあった。それなのに検察庁はわたしに対し、懲役3年を求刑した。

この本の最初にも書いたように、わたしは司法の場とは真実を追求するところだと思っていた。論告求刑の時点において、公訴が間違っていたことを誰よりも当の公判検事は知っていた。どうしてこんな卑劣なことができるのだろうか。

やはり中村先生に聞いてみる。

「ボクは若いころ、無罪論告をしたことがあるんです。立派な先輩検事の指示でやっただけなんですけれども、要はキッチリと調べたら無罪でした、スミマセンという事案でした。普通の事件だったら、それができることもあるんですよ。でも今回の件は検察庁の威信がかかってますからね」

「公判担当の検事が『この件はやっぱり無罪です』と上司に訴えることはできないんですか？」
『無罪だと思います』なんて言った日には、即座に担当を降ろされるだけでしょう。末沢検事は捜査も担当しているので、有罪を取らなくてはならない立場です」

２０１０年に発覚した、村木厚子元厚労省局長をめぐる捜査での大阪地検特捜部主任検事の証拠改ざん事件は、検察庁の信頼を一気に失墜させた。その後、法務大臣の私的諮問機関として設立された「検察の在り方検討会議」は２０１１年3月31日、「検察の再生に向けて」という提言をまとめた。

そのなかには、
〈公判段階における『引き返す勇気』を実効化するため、一定の場合に高検を含めた協議を実施することとするなど、公判段階における組織的なチェック体制を構築するべきである〉
という文言がある。

わたしの事件において、公判がはじまる前にはすでに検事たちは冤罪であると気づいていたに違いない。

この提言を活かし、引き返す勇気が持てなかったということなのか。

「検察の在り方検討会議」の報告書を受け、２０１１年9月28日、最高検察庁は「検察の理念」を公表した。

あまりに素晴らしい内容なので、ここにすべて掲載させてもらう。

1 国民全体の奉仕者として公共の利益のために勤務すべき責務を自覚し、法令を遵守し、厳正公平、不偏不党を旨として、公正誠実に職務を行う。

2 基本的人権を尊重し、刑事手続の適正を確保するとともに、刑事手続における裁判官及び弁護人の担う役割を十分理解しつつ、自らの職責を果たす。

3 無実の者を罰し、あるいは、真犯人を逃して処罰を免れさせることにならないよう、知力を尽くして、事案の真相解明に取り組む。

4 被疑者・被告人等の主張に耳を傾け、積極・消極を問わず十分な証拠の収集・把握に努め、冷静かつ多角的にその評価を行う。

5 取調べにおいては、供述の任意性の確保その他必要な配慮をして、真実の供述が得られるよう努める。

6 犯罪被害者等の声に耳を傾け、その正当な権利利益を尊重する。

7 関係者の名誉を不当に害し、あるいは、捜査・公判の遂行に支障を及ぼすことのないよう、証拠・情報を適正に管理するとともに、秘密を厳格に保持する。

8 警察その他の捜査機関のほか、矯正、保護その他の関係機関とも連携し、犯罪の防止や罪を犯した者の更生等の刑事政策の目的に寄与する。

9 法律的な知識、技能の修得とその一層の向上に努めるとともに、多様な事象とその変化にも対応し得る幅広い知識や教養を身につけるよう研鑽を積む。

10 常に内省しつつ経験から学び行動するとともに、自由闊達な議論と相互支援を可能とする活力ある組織風土を構築する。

これら「検察の理念」は残念ながら絵空事になっている。それどころか、現場の検察官はその高邁な理念と正反対の所業を相も変わらず繰り返している。

山口検事はわたしに対し、「ウチの会社、完全にブラックやねん」と言っていた。彼女は「働く者の労働環境が悪い組織」というつもりだったのかもしれないが、清廉潔白な理念からはほど遠い検察の在り方を見るにつけ、もともとの使われ方である「反社会的な組織」という意味やったんかな、とすら思えてくるのである。

なにもなかったかのように口をつぐむ検察庁

2022年3月29日、わたしは国に対して7億7000万円の損害賠償請求訴訟を提起した。なぜ、このような裁判を起こしたのか。

同年6月13日に行われた損害賠償請求事件の第1回口頭弁論期日で意見書を読み上げた。この文章にわたしの思いが詰まっている。

少し長くなってしまうのだが、お目通し願いたい。


まずは、この場を設けてくださった、小田裁判長、鷺坂裁判官、柏木裁判官に御礼を申し上げます。

約半年前、わたしはこの隣の法廷で、無罪判決を宣告されました。

わたしにとってはあまりにも当然の判決でした。巨額の横領を共謀したとして起訴されたものの、わたしにはまったく身に覚えがなかったからです。

さらにその約2年前、わたしは逮捕勾留されていましたが、ウソの供述をしてわたしを陥れている部下や取引先の社長を、恨んでいました。しかし、その後、弁護士から彼らの取調べの反訳の差し入れを受け、それを読んで、驚きました。検事が彼らを脅して、ウソの供述をさせていたからです。

突然逮捕され、拘置所に収容されて自由を奪われ、特捜部の検事に脅迫されたなら、誰しも、真実の供述を維持することは難しいです。これは経験した人でないとわかりません。

わたしも、自分を取調べた検事のことを、ずっと自分の味方だと思っていました。しかし、だまされていました。実際には、わたしの担当検事は、弁護人との信頼関係を崩そうとしたり利益誘導をしたりして巧妙にわたしに自白させようとしていたということが、いまとなっては、よくわかります。

無罪判決から2週間後、検察は控訴をあきらめ、わたしの無罪が確定しました。

それを聞いた時、わたしは「ようやく検察が真相をわかってくれた」とほっとしました。

その後、報道機関の方々から話を聞かせてほしいという申し出をいくつもいただきましたが、基本的にはお断りしました。「検察が真相にたどり着いた以上、今後、検察内部で冤罪が生じた理由について検証が行われるだろうから、それにまかせればいい」と思っていたのです。

しかし、それから約半年。いまだになんらの検証も謝罪も行われず、行われる予定もないようです。

納得ができません。

冤罪によって、わたしは多くの物を失いました。わたしが創業し、東証一部上場企業に育て上げたプレサンスコーポレーションは、わたしの逮捕・起訴によって、倒産の危機に瀕しました。わたしにとって子ども同然の会社です。そして、会社は、従業員・取引先・株主はじめ関係者の方々の生活や事業と密接に結びついています。

わたしのせいで会社を殺し、関係者の方々にご迷惑をおかけするわけにはいきません。だから、わたしは会社の代表を辞任し、株も手放しました。

また、冤罪事件に巻き込まれたことで、わたしは莫大な経済的損失も負いました。この裁判で損害として計上したもの以外にも、多くの損害が発生しました。さらに、逮捕起訴されたことで、手掛けていた事業や、これから手掛けるはずだった事業が頓挫しました。

このような出来事を踏まえても、わたし自身は、これからの人生を有意義なものにすべく、前を向いて歩いて行きます。

しかし、冤罪でこれだけの被害が出たにもかかわらず、あたかもなにも起こらなかったかのように検察は沈黙しています。このままわたしが黙っていれば、きっとこの冤罪事件はなかったものとして忘れ去られるでしょう。

誰にだって間違いはあります。検察もそうです。どれだけ優秀な人間がどれだけ一生懸命にやっても、人間である以上、ミスからは逃れられません。ただ、ミスをしたときに、そのことを認め、その原因を検証し、改善策を講じなければ、ふたたび、同じ過ちが生じてしまいます。

わたしがなにより許せないのは、わたしに対する事件が証拠の無視と無理な取調べによってねつ造されたものであることについて、検察がなにも反省していないことです。これまで謝罪の言葉もありませんし、原因の究明や再発を防止するための方策を講じられてもいません。

普通の企業であれば、不祥事が起こったときに第三者の調査を入れるなどして、原因と再発防止策を講じます。これは組織として当たり前のことです。国の機関は、それをしなくてもいいのでしょうか。

わたしの無罪判決後、多くの方から「約10年前に大阪地検特捜部が起こした村木事件と同じ構造だ」とのご指摘をいただきました。わたしの冤罪事件こそが、まさにミスにきちんと向き合って改善を行わなかったことでふたたび生じた「同じ過ち」そのものだったのではないでしょうか。

わたしはこの「同じ過ち」をさらに繰り返させたくありません。わたしが冤罪の被害に苦しめられた最後のひとりになりたい、そう思っています。

今回の事件について、わたしは、違法な取調べをした検事を刑事告発し、また、この国家賠償の訴訟を起こしました。それは、厚生労働省の村木さんのような、また、わたしのような、冤罪の被害者が二度と生み出されないようにするためです。

検察は見苦しい言い訳をするのではなく、正面から罪を認めて反省してほしいです。これは、検事がいつも被疑者や被告人に言っていることではないでしょうか。

検察が過った原因がなんであるのか、その過ちによってどれだけの損害が生じたか、公平で公正な第三者である裁判所のご判断をいただきたく、この裁判を起こしました。わたしがこの裁判に望むことはひとつです。法律的な見地からこの冤罪事件を客観的に検証していただくこと、これに尽きます。

裁判官の方々におかれましては、なにとぞ適正なご判断をお願いいたします。

以上

もし、検察庁が真摯に今回の事件の検証に取り組んでいたのなら、わたしは国家賠償請求訴訟も起こさなかったし、このような本を出版することもなかった。

そのままビジネスの世界へ舞い戻っていただろう。

謝罪はそもそも期待していない。

ただ、再発防止のための取り組みはやってくれるものと疑ってもいなかった。

しかし、無罪が確定したときの検事総長・林眞琴氏をはじめとする検察庁幹部は、なにごともなかったかのように頬被りした。

「林さん、最高検検事時代のあなたが中心となって作った『検察の理念』、誰も守っていませんよね。この理念はお題目ですか。空念仏ですか。組織の腐敗をただそうとしないリーダーなんて民間企業だったら即座に失格の烙印を押されますよ。国民に対して恥ずかしくないですか」

トップである林眞琴氏にはこう問いかけたかった。

冤罪事件が起こった原因を探ろうとすらしない。

このままでは、あの人たちはまた同じことを繰り返すに違いない。

無責任な上層部の怯懦《きょうだ》と不作為がわたしを突き動かしたのである。

2021年11月2日、わたしの無罪判決を受け、関西テレビの『報道ランナー』というニュース番組で事件を検証する企画が放送された。

そのなかで、ある検察幹部のコメントとして以下のような言葉が紹介されている。

「特捜部という大きい権力で逮捕起訴したわけなので、無罪に対する批判があっても当然だし、その批判は受けるしかない。体質が変わっていない、という指摘も仕方がないと思う。ただ組織としての意識改革もやっているし、変えようとしている最中なのは間違いない」

本当に驚いた。

この報道をアメリカで知った次女も、

「あんだけのことをしといて、『変えようとしている最中なのは間違いない』とかふざけるにも程がある」と怒っていた。

普通の会社が事件を起こした際、経営陣がこんな発言をしようものなら、どれだけ社会からバッシングを受けるだろうか。社会の常識から隔絶したところで暮らしているとしか思えない。

本書においては、田渕大輔検事、末沢岳志検事、山口智子検事について厳しく記述しているが、責任を取らなくてはならないのは、彼ら彼女らだけではない。

山口検事みずからが、「最高検まで調書とか全部読んでいる」と認めている。

国家賠償請求訴訟においては、蜂須賀三紀雄主任検事と山本裕之特捜部長との間でどのようなやり取りが行われ、どのような過程を経てわたしの逮捕が決まったのか。それは、どういう証拠に基づいての判断だったのか。上級庁に対してどのような報告書を上げていたのか。蜂須賀三紀雄主任検事と山本裕之特捜部長のふたりの上司は田渕検事による恫喝および脅迫取調べのあり様を認識していたにもかかわらず、なぜ放置したのか。大阪地検の田辺泰弘検事正や大阪高検の上野友慈検事長、そして稲田伸夫検事総長へはどのような報告が行き、どう決裁され、わたしの逮捕起訴が決まったのかといった点を明らかにしていきたい。

肌身で感じたこの国の刑事司法の非近代性

現在も進行中の国賠訴訟において、わたし自身あらためてビックリしたことがあった。

今回の事件でわたしの有罪を示す物的証拠はなにもなかった。あったのはわたしの関与を認めた小森と山本さんの供述調書のみ。それらは恫喝や罵倒を繰り返したうえで創られたものだった。威迫と誘導による取調べが行われたということは、わたしの冤罪事件の根幹である。その取調べの様子を映した録音録画のデータも手元に残っている。

ところが国賠訴訟において原告の側からそのデータを証拠として提出することは基本的にできない。刑事訴訟法には証拠の目的外使用を禁ずる規定があるとのことで、刑事裁判以外に用いると刑事罰を与えられるのだという。冤罪の証拠を他人に見せたらそれが犯罪になるというのは、そもそも国の在り方として理解不能である。

原告弁護団はしかたなく、「小森、山本および山岸の取調べがすべて記録された録音録画媒体」の国側からの証拠提出を求めているものの、いまのところ果たされておらず、頑強に抵抗する姿勢すら見せている。

動画が表沙汰となり、取調べにおける罵倒、恫喝、誘導の実態を国民に知らしめることを、なんとしても阻止しようとしていることだけは間違いない。

録音録画データは捜査機関が権力と税金を使って収集したものであり、国民共有の財産。そして国民には検察官による違法な権力行使の実態を知る権利がある。正当な理由のある開示証拠の利用については、証拠の目的外使用禁止の対象から除外する旨の法改正が行われるべきである。

２０２２年12月１日、われわれは裁判長から検察に対し録音録画の動画ファイル提出を命じてもらうよう、「文書提出命令」を申し立てた。この国で行われた冤罪を生む過程を、その取調べを、ぜひ皆様の目に届けたい。

障がい者郵便制度悪用事件で逮捕起訴され、無罪判決を勝ち取った村木厚子さんも、国と当時の検察関係者を相手に国家賠償請求を起こしていた。

密室での取調べでいったいなにが起きていたのか明らかにするためだった。なぜ自分がターゲットになったのか知りたかったのだという。

しかし、国側は「認諾」という手続で、村木さんに賠償金を支払うことで、検察関係者の証人尋問を回避した。もちろん、その原資は税金である。国民のお金を使って検察の責任追及や実態解明をさまたげたということだ。

わたしは今回の大阪地検特捜部によるでっち上げ逮捕起訴のため、個人保有の株式の売却損だけでも75億6168万円の損害を被った。ちなみに、この金額にはみずからの資産管理会社の売却損は入っていない。

国賠訴訟は金銭目的ではなく、真相を究明するために起こしたもの。そのため損害の一部である7億7000万円を請求するという形にしており、国側が認諾したとしても追加で残りの損害賠償請求をする余地を残している。その額が莫大でもあるので、事実上、国は「認諾」で逃れることはできない。法廷にて検察官に「なぜあのようなメチャクチャな取調べを行ったのか」を語ってもらうまで、全力で戦い抜くつもりである。

訴訟と並行して、日本弁護士連合会などのイベントにお声掛けしてもらった際は参加し、みずからの体験を話させてもらうようにしている。

わたしは今回の事件に巻き込まれるまで、この国の刑事司法の在り方についてまったく知識を持ち合わせていなかった。しかし、日本の司法の常識が世界の非常識であると身を以て知ることができた。自身の体験を話すことで少しでもお役に立てるのであるのなら、うれしい限りである。

今回の事件でもっともひどいと思ったのは人質司法の問題だ。

本書でも弁護人の言葉として何度か出て来た人質司法という言葉。読んでもらっておわかりいただいたように、逮捕・勾留された被疑者・被告人は自白しない限り、釈放されず長期にわたって身体拘束が続いてしまう。結果的に被疑者・被告人の身体を人質にして自白を強要することになってしまっているという実態を表す際に人質司法という言葉が使われる。

法律では原則が保釈であり、勾留が続くことは例外とされている。そして保釈を決めることができるのは裁判官だけだ。ところが検察官が強硬に反対すると、その理由がいかに根拠なく、メチャクチャであっても裁判所は保釈を認めない。実際、わたしの保釈請求に対する検察官意見書は虚偽のかたまりのような内容だったのだが、裁判所はそちらの方を信用し、われわれの主張に一切耳を貸さなかった。いざ外に出してしまい、逃げられて責任を負うことがイヤなのだ。刑事収容施設に入れておけば問題は起きないという事なかれ主義が定着してしまっていて、裁判官たちは思考停止に陥っている。

罪を認めれば小森のようにウソをついていてもすぐに出してもらえる。認めなければ、わたしのようにずっと身柄を取られたままというのが実態だ。こういった運用がなにを招くのか。

冤罪の発生である。

検察が被告の身柄を人質にして、有罪の方向に追い詰めるのだ。

長期の勾留が続くなか、精神的に疲弊していたわたしは弁護団に対し、「証拠なんか見なくていい。はやく裁判をはじめてくれ」と訴え続けていた。

弁護団が「それはできません」とつっぱねてくれたこと、そして6回目の保釈請求に際し、何度も裁判官に掛け合ってくれ、ようやく出ることができたこと、その後の証拠開示でわたしの無罪を示す物証が次々に出て来たこと、山本さんが検察官調書をひっくり返して法廷で真実を語ってくれたことから、かろうじて冤罪を免れることができた。

そうでなければ、いまのわたしは前科者になっていたかもしれない。

取調べの問題点も肌身で感じた。

長期勾留とも深く関わってくるのだが、あんなところに入れられて、連日検察官とだけ相対していると、なにが本当なのかわからなくなってくる。うまく誘導されると、検察官の思うがままに話をしてしまう。

実際、わたしの事件において、山本さんは公判で供述をひるがえしたものの、彼を含め、小森、佐橋、桃木の4人が虚偽の供述調書にサインしている。

先進国ではあり得ないほど長時間の取調べが許されていることもまた、捜査官の暴走をうながす要因のひとつだろう。

はじまったばかりの取調べ可視化についても様々な問題点が浮上した。

検察官は録音録画されていることに慣れてしまい、録音録画されているにもかかわらず、怒鳴り上げたり罵倒したりして自白を強要する。しかも、あまりにも取調べ時間が長いため、仮にわたしのように反訳書を作成しても、供述の変遷をたどるのは容易ではない。そもそも日本は取調べの時間が世界的に見ても長すぎる。

公判において取調べの録音録画を使用する際にも、課題が浮き彫りになった。

わたしの事件のように、共犯者の供述の証拠能力や信用性について録音録画を利用することに、規定もなければ実務上の運用も固まっていないという。

法廷で田渕検事による小森の取調べ録音録画の上映が48分だけ許されたが、誰が見ても問題があるとわかるシーンについてはすべて却下されている。

録音録画が逮捕後に限られていることもまた課題である。

任意での取調べの段階では、誘導、恫喝、なんでもありで、まず調書を取ってしまうからである。現に小森との口裏合わせを疑われたプレサンス社員・小谷勝久は取調べの際、

「あんた、被疑者になったって奥さん、家族に言ってるの？」

などと激しく恫喝されたとわたしに話してくれた。可視化されていないところではなんでもやるのである。

佐橋の検察官調書は逮捕前に巻かれているものも多く、録音録画の反訳を追っても、どうして証拠と一致しない話をしているのかたどりきれなかった。

また桃木は当初、公判においてわたしの認識通りの話をすると言っていたのだが、検察側の証人テストを経て、検察の言いなりになると態度をひるがえした。そのとき、公判担当検事とどのようなやり取りがあったのかはわからない。

取調べの可視化は被疑者の逮捕後だけではなく、任意での取調べや、参考人として呼ばれた人の聴取、さらには証人テストの際と、全過程にわたって実施されなくてはならない。

もちろん特捜事案や裁判員裁判だけでなく、全事件の取調べが可視化されるべきである。

今般のわたしの事件においては、取調べが録音録画されているにもかかわらず、様々な問題のある取調べが行われていることが明らかになった。可視化だけでは冤罪は防ぎきれなかったので

ある。取調べを受けている際、「この部分、弁護士に聞いてみたいな」と思うことはたびたびあったし、実際に山口検事に頼んで断られたこともある。

やはり欧米先進国と同様、弁護士の立ち会いも認められるようにならなければならない。

わたしは逮捕された直後、黙秘を勧める中村和洋弁護士に対し強硬に反発し、山口智子検事の取調べに対して素直に話をすることを決断した。黙秘することはやましいことであり、正々堂々と話せばわかってもらえると思っていたからだ。

しかし、いま、わたしの身内や親しい友人が似たような状況に陥ったときは、全身全霊で黙秘するよう勧める。

「絶対になにもしゃべるな」

と伝えたい。

司法手続が公平公正でないからである。

わたしの場合、公判で供述調書が不利になることはなかった。しかし、わたしの保釈請求に対する検察官意見書のなかでは、

〈(取調べの際、山本さんや小森に対し)強い態度で憤怒の態度をあらわにし、「あいつらはウソつきだ。絶対に許さない」「裁判では絶対にオレの前で話はできない」などと強い口調で申し立て、みずからの責任に向き合おうとしない〉

と書くなど、わたしの言葉を極端に誇張した表現で記述している。取調べに応じたところでろくな結果は招かない。

黙秘は憲法にも記されている正当な防御権の行使である。たしかに、黙秘は悪事を隠すために

行うものであるという根強い思い込みを持っている人が少なくない。わたしもかつてはそうだった。

しかし、秋田先生いわく、黙秘は真実を守るためのものなのだという。

なんらためらう必要はなく、むしろ積極的に行使すべきであるということも伝えていきたい。

いまでもわたしは検察庁がこの国にとって、なくてはならない組織だと思っている。ただ、わたしが出会った検察官のほとんどは残念な方ばかりだった。世間知らずで一般常識に欠けているにもかかわらず、変なプライドを持っている。そこから来る功名心のため間違いを起こしてしまうと、今度は手段を選ばず自己保身する。こんな体たらくな姿を見て、前途有為な若者が検察官をめざすのだろうか。このような先輩方を見て、現役の検事でも優秀な人ほど辞めていくのではなかろうか。

わたしはこの国にチャンスを与えられた人間であり、四季に恵まれたこの国が大好きだ。

だからこそ思う。

これ以上、この国をダメにしないでいただきたい。

そのためにも内部の職員が立ち上がり、二度とこのようなことを引き起こさないような組織作りをしてもらいたい。

エピローグ　わたしは運がよかった

逮捕されてしばらくは、

「これはなんかの間違いや。数日のうちに『ゴメン』と言われ、家に帰れるやろ」

と考えていた。

年が明けても勾留が続くと、

「もうオレの人生、終わってもうたな」と感じた。

世の中の人間は家族以外、みんなわたしのことを見捨てるだろうと思っていた。

ところがそうではなかった。

勾留中は接見禁止がついていたので連絡は取り合えなかったが、拘置所の独房はさまざまな差し入れですぐいっぱいになった。

保釈後は厳しい条件が課されていたため、こちらから誰にも連絡を入れなかったのだが、どこからかわたしの居所を探し出し、電話を寄越したり、熱い手紙をくれる友人がいた。

裁判中は多くの仲間が法廷に来てくれた。

「無罪になったら、また一緒に仕事しよう」

「このまま終わったらアカンでぇ」

と励ましてもらった。


いまのわたしはとても幸せだ。

仕事もプライベートも人生を二回やっているようで、得をした気持ちにすらなっている。

このような理不尽に負けなかった自分のことを以前よりもっと好きになることができた。

どんなことが起ころうとも、乗り切れる自信がついた。

自宅近くの南禅寺を散策しながら思索する。

プレサンスの社長をやっていたときは「やらなくてはならないこと」をやっていた。

これからは、本当に自分がやりたいこと」ができる。

思い起こせば起業したばかりのころも似たようなことを考えていた。

サラリーマン時代に上から「やれやれ」と言われ、「もっとやりたいことをしよう」と思って独立したのだったと。

しかし、「やりたいこと」を爆発的にやりすぎて、いつしか「やらなくてはならないこと」へと変わっていった。

その結果、「やらなくてはならないこと」に追い詰められ、部下にも厳しい態度で臨むようになっていた。

特捜事件に巻き込まれるようになった遠因のひとつなのだろう。

今回こそ、周囲の人びとを大切にしながら、

「やりたいこと」

「人さまのため、社会のためにできること」を着実に進めていきたい。


わたしは運がよかった。

精神的に支えてくれる家族や友人、仕事仲間たちがいた。

親身になって戦ってくれる優秀な弁護団に恵まれた。

そんな先生方を雇える資金も持ち合わせていた。

ギリギリのタイミングで保釈が認められた。

しかし、運がなければ冤罪を晴らすことのできないような国であってはならない。

今回の刑事事件で主任を務めてくれた中村和洋弁護士は国家賠償請求訴訟を提起することがつらかったという。

中村先生はこう話す。

「わたしは自分の法律家としての能力を検察で養ってもらいました。弁護士としてそこそこやっていけるのも、検察で育ててもらったおかげです。今回の事件に関わった検事たちとも、面識があります。そんな人たちを訴えるのは心苦しいです。でも山岸さんが逮捕されてから、無罪が確定するまで見てきた立場として、親を訴えるようなつらさはあるものの、キッチリとただしていかなくてはならないなと思いました」

わたしとて、復讐のために裁判を起こしたのではない。

刑事手続は国家そのもの。

真に罪を問われなくてはならない者を裁き、無辜《むこ》の者を罰するという過ちを犯さないという両輪で成り立っているからこそ、国民は法に従って生きていく。

しかし、検察庁はプレサンス元社長冤罪事件において、関係者を恫喝、脅迫、誘導するなどし、罪をでっち上げたにもかかわらず、お詫びの弁を述べるどころか検証すら行わず、まるでなにもなかったかのようにふるまっている。

民間企業ではあり得ないことが起こっている。

村木厚子さんの事件を機に出直すことなどまったくできていなかった。

反省なき組織は同じことを繰り返す。

あなたが冤罪に陥れられるようなことは、あってはならない。

参考文献

・『私は負けない　「郵便不正事件」はこうして作られた』村木厚子　江川紹子　中央公論新社
・『人質司法』高野隆　ＫＡＤＯＫＡＷＡ
・「プレサンス事件での可視化媒体の取扱いをめぐる理論上・実務上の諸問題」秋田真志『季刊刑事弁護』２０２２年秋号（111号）現代人文社
・「連載　冤罪の構図―プレサンス元社長冤罪事件」西愛礼『季刊刑事弁護』２０２２年秋号－２０２３年夏号（111号－114号）現代人文社

本書は書き下ろしです。事件関係者、関係会社の一部には仮名を使用しています。

企画・構成　赤澤竜也
装丁　城井文平

山岸　忍（やまぎし・しのぶ）
1963年、滋賀県生まれ。同志社大学法学部卒業後、大京観光（株）入社。（株）創生を経て97年に（株）プレサンスコーポレーションの前身会社設立。2020年全国分譲マンション供給戸数トップの業界大手に成長させる。19年12月、大阪地検特捜部に横領容疑で逮捕されるも、21年11月、無罪判決確定。

負《ま》けへんで！
東証《とうしょう》一部《いちぶ》上場《じょうじょう》企業《きぎょう》社長《しゃちょう》vs
地検《ちけん》特捜部《とくそうぶ》

2023年4月12日　第1刷発行
2023年4月25日　第2刷発行

著　者　山岸《やまぎし》　忍《しのぶ》
発行者　小田慶郎
発行所　株式会社　文藝春秋
〒102-8008
東京都千代田区紀尾井町3-23
☎03-3265-1211（代）

印刷所　図書印刷
製本所　図書印刷
組　版　明昌堂

　ISBN978-4-16-391686-6